MW00439324

EDAF

MADRID - MÉXICO - BUENOS AIRES - SANTIAGO - SAN JUAN

ERIC FRATTINI

SECRETOS VATICANOS

De San Pedro a Benedicto XVI

CRÓNICAS DE LA HISTORIA

Diseño de cubierta: David Reneses
Fotografía de cubierta: © Cordon Press/REUTERS
Fotografía del autor: Ángel Colina

Editorial Edaf, S. A.,
Jorge Juan, 30. 28001 Madrid

Licencia editorial para Bookspan por cortesía de Editorial EDAF, S.A.

Bookspan
501 Franklin Avenue
Garden City, NY 11530

I.S.B.N.: 84-414-1633-8

PRINTED IN U.S.A.   IMPRESO EN U.S.A.

A *Hugo*, por estar siempre presente en mi vida y por darme cada día de su vida su amor...

A *Silvia*, por su amor y su incondicional apoyo en todo lo que hago...

Índice

Págs.

Agradecimientos

A *Nino Bello,* verdadero pozo de conocimientos sobre la historia y el complejo mundo del Vaticano, que nos ha legado en cuatro magníficos volúmenes.

A *Javier Paredes, Maximiliano Barrio, Domingo Ramos-Lissón* y *Luis Suárez,* maestros y expertos vaticanistas y los más sabios en materia de biografías pontificias.

A *Damián de Alcázar,* por sus paternales consejos y por su sabiduría.

A *Luis Arbaiza Blanco-Soler,* por meterme en el cuerpo el deseo de escribir sobre el misterioso y secreto mundo del Vaticano.

A mi querida *Pilar,* por concederme una «bula papal».

A *Anna Soler-Pont* y *Ricard Domingo,* mis agentes, simplemente por estar ahí y aconsejarme.

A todos ellos, mi más humilde y sincero agradecimiento. Una parte de este libro es de todos ellos...

Prólogo

Los secretos de Dios

Dios es el «absolutamente Otro», dicen los fenomenólogos de la religión. Es decir, el Misterio absoluto, que apenas cabe en categorías humanas. El catolicismo se asienta en el Misterio. Porque lo mistérico atraviesa los fundamentos de cualquier religión, y también de la católica. Más aún, durante siglos, la Iglesia jerárquica cultivó con profusión el misterio desde cualquier punto de vista. Porque el misterio protege, aísla, separa, mantiene en otra órbita. Durante siglos, los clérigos (de toda clase y condición) eran los únicos intermediarios entre los simples mortales y Dios; los únicos que podían acercarse a la «zarza ardiendo». Todo era misterio. Desde la lengua con la que solo los iniciados podían dirigirse al Altísimo hasta las ceremonias litúrgicas. Desde los hábitos y las sotanas que apartan y segregan hasta el halo mistérico que envuelve templos, ermitas, conventos y monasterios. Y al Misterio de los Misterios hay que protegerlo con el mayor de los secretos; desde las fórmulas ininteligibles para los simples mortales y ritos musitados con medias palabras hasta el secreto de confesión. Y es que, rodeado de secreto, el Misterio es más Misterio, y los intermediarios entre el Misterio y los mortales cobran mayor protagonismo. Solo los iniciados pueden «ver» a Dios.

La Iglesia primitiva, comunidad de hermanos en la que «todo es de todos» (primeros comunistas de la Historia), deja de ser modelo de fraternidad y transparencia cuando pasa de ser una Iglesia minoritaria y perseguida de convencidos que se jugaban la piel (mártires de las persecuciones) a una Iglesia que, en la época de Constantino, pasa a ser masiva y copia el modelo jerárquico del Imperio romano para su estructuración. Es el paso del círculo (todos iguales y hermanos, donde el que preside es un servidor) a la pirámide: los pastores mandan y las «ovejas» obedecen, y el que manda es un señor. Del servidor de servidores al señor de los señores.

Desde entonces, con mínimas variaciones, la Iglesia es por su propia constitución jurídica una institución piramidal, jerarquizada, con una cabeza, el Papa, que detenta un poder más absoluto que el del rey más absolutista. Como dice el célebre teólogo Hans Küng, primero amigo y colega en la Universidad de Tubinga y en el Concilio Vaticano II y, después, el más crítico «adversario» de Benedicto XVI, el «Papa es el último monarca absoluto». Lo puede todo y, una vez elegido, no está sometido a nadie, solo a la autoridad de su conciencia y a la autoridad suprema (y un tanto lejana) de Dios.

Aun después de haber pasado por el «tamiz» del Concilio Vaticano II (1962-1965), que intentó «aggiornar» y poner al día a la Iglesia, al tiempo que abría sus ventanas para que entrase el aire fresco del Espíritu y arrastrase anacronismos y el polvo rancio de los siglos acumulado en el corazón de Roma, la Iglesia católica como institución sigue siendo una organización sumamente piramidal en la práctica. En la teoría, tras el Concilio, se habla de corresponsabilidad y de Iglesia-comunión o Iglesia-pueblo de Dios. Pero en la práctica sigue primando la Iglesia jerárquica y clerical por encima de la laica.

Como cualquier institución piramidal, el funcionamiento de la Iglesia se fundamenta en una serie de principios básicos, que estructuran y definen su naturaleza opaca y misteriosa. Por ejemplo, la Iglesia se basa en una cadena de mando sumamente jerarquizada, con un escalafón absolutamente rígido y con escalones muy marcados: desde el diácono al sacerdote, pasando por el arcipreste, el canónigo, el curial, el delegado, el obispo, el arzobispo, el cardenal y el Papa. Y dentro de cada escalafón hay diversas categorías. No es lo mismo ser canónigo lectoral que deán de la catedral. No es lo mismo ser obispo de una diócesis de entrada (como Soria, Teruel, Tarazona o Guadix) que de otra de ascenso (como Tuy-Vigo, Orense, Bilbao, Málaga) o de término (como las sedes arzobispales: Madrid, Barcelona, Sevilla, Toledo, Santiago...).

Al igual que en el Ejército, también en la Iglesia funciona la «obediencia ciega». El superior siempre tiene razón, entre otras cosas porque está investido de un poder sagrado y divino. Ungido por el dedo de Dios, el obispo tiene la «plenitud» del sacramento del orden y es «padre, pastor y maestro», con plenos poderes en su diócesis y solo sometido al Papa. A él le deben los sacerdotes obediencia ciega y sumo respeto, lo cual se traduce, en numerosas ocasiones, en adulación e incienso a raudales. Es lo que ocurrió en los últimos años del pontificado de Juan Pablo II y ya en los primeros días de su sucesor, Benedicto XVI, con una profusión tal de adulación y de culto a la personalidad que muchos no dudan en tachar de «papolatría». Rodeado siempre de botafumeiro y de un círculo de estrechos cortesanos, muchos papas y obispos pierden contacto con la realidad de la vida pastoral de la Iglesia universal y de las diócesis. De hecho, son las curias diocesanas las que dirigen y gobiernan realmente algunas de las diócesis españolas. Unas, por delegación expresa del obispo, y otras, porque tienen su voluntad secuestrada. Pero los fieles no se enteran de todo esto. El secreto funciona a todos los niveles; desde las simples parroquias a las curias diocesanas. ¿Qué saben los laicos de lo que realmente pasa en su parroquia (a pesar del Consejo Pastoral que funciona, o debería funcionar, en todas las parroquias, integrado por laicos)? Lo que el cura quiere que sepan.

Por otra parte, el secretismo cobra fuerza de naturaleza y se convierte en una palanca extraordinaria de poder porque se asocia a lo sagrado. Todo lo que es secreto es también sagrado. El secreto está presente en todos los niveles de la estructura eclesial para preservar el poder de la jerarquía. Y casi siempre revestido de sacralidad.

Veamos algunos ejemplos. La información que pide o que proporciona el Papa, la curia, las nunciaturas o los obispados está sujeta al «subsecreto pontificio». Es decir, que todos los que trabajan para la Iglesia en sus diferentes cargos (desde la curia central a las curias diocesanas) juran guardar estricto secreto de todo lo que allí suceda. Al que quebranta esta ley del silencio se le imponen severas «penas canónicas», amén de que comete «pecado grave», es decir, pecado mortal.

Por ejemplo, la petición de informes que hace el nuncio a cualquier eclesiástico en orden a un eventual nombramiento episcopal está sujeta al secreto pontificio. De hecho, el impreso lleva el escudo de la Nunciatura española, un número de orden con seis dígitos y un encabezamiento donde se lee «Sub secreto pontificio». El documento en cuestión es el supersecreto examen con el que se califica a los aspirantes a obispo. «El reverendo X... ha sido propuesto a la Santa Sede para la función de obispo», reza la introducción. «Le agradecería que tenga a bien responder, de la manera más completa posible, al siguiente cuestionario sobre su persona. Esta consulta quedará para siempre bajo secreto pontificio, que obliga a observar la mayor reserva so pena de pecado mortal. Con el fin de proteger este secreto, le pido que una el presente cuestionario a su respuesta, sin guardar copia alguna.» Firmado: Monseñor Manuel Monteiro de Castro, nuncio apostólico.

Dividido en trece apartados, este informe aborda cuestiones tan íntimas como las «discapacidades físicas y síntomas de enfermedades hereditarias» de los aspirantes a la mitra. Inquiere por la «fe (*sic*), esperanza y amor», las tres virtudes teologales, por la «obediencia, humildad y piedad» y hasta por sus posiciones ante «el sacerdocio de la mujer, la ética sexual y el celibato sacerdotal».

Solo algunas organizaciones como la Iglesia pueden formular estas preguntas sin atentar contra el derecho a la intimidad o al honor. «Siempre que el cuestionario no se utilice para otra cosa o no se difunda, no hay invasión ilegítima de la intimidad. El procedimiento entra dentro del nivel de autonomía que el artículo 6.1 de la Ley Orgánica de Libertad Religiosa concede a las confesiones religiosas», explica el catedrático de Derecho Eclesiástico de la Universidad Complutense y ex director general de Asuntos Religiosos, Dionisio Llamazares. El cuestionario es remitido por la Nunciatura española a media docena de personas de la diócesis que se quiere proveer de obispo y que conocen perfectamente al candidato. Por regla general, a clérigos, frailes o monjas, aunque también a algún laico muy comprometido. Si los informes son inmaculadamente favorables, el candidato entra a formar parte de una terna que el nuncio envía a Roma, donde deberán contar con el plácet del cardenal Rouco Varela. Si no es así, las ternas son desechadas en la congregación vaticana de obispos, que presidía su amigo el cardenal Giovanni Battista Re.

En teoría, cualquier clérigo puede ser obispo, pero solo unos pocos llegan. Todos bien preparados, de edad provecta (más de 50 años), miembros de las curias diocesanas o canónigos, de doctrina segura y con buenos amigos en la élite episcopal española y en la curia romana. Algunos cardenales y arzobispos en activo tienen el poder de elegir o imponer a sus obispos auxiliares. En ocasiones es el nuncio, Monteiro de Castro, el que hace honor a sus atribuciones, sobre todo para cubrir las vacantes de diócesis pequeñas. En esos casos el embajador papal envía una carta a sus informantes: «Muy estimado en el Señor: En orden a la provisión de la diócesis de..., mucho le agradecería si tuviera a bien escribir, en el reverso de esta misma hoja, los nombres de posibles candidatos con los que se pueda elaborar una terna para el ministerio episcopal en dicha diócesis, indicando las razones que motivan su presentación». Firmado: Monseñor Manuel Monteiro de Castro. Nuncio apostólico.

El secreto está presente también en la liturgia. Hay hasta una oración secreta, que el sacerdote decía en voz baja durante la misa, inmediatamente antes del prefacio y del sanctus que, ahora, recibe el nombre de «oración sobre las ofrendas». Y, como es lógico, el secreto está omnipresente en algunos sacramentos, como en el de la confesión. Todos los sacerdotes están obligados, bajo pena de excomunión, a no revelar ninguna información de la que el penitente le ha confesado en el sacramento de la penitencia. Está todo tan atado y bien atado en este sacramento y tan sometido al control jerárquico que se establecen incluso los llamados «pecados reservados»...

Pero el culmen del secretismo y de la opacidad informativa se encuentra, lógicamente, en el Vaticano. El sanctasanctórum del poder eclesial celosamente custodiado por un espeso muro de silencio; hasta hace unos años, un lugar prácticamente impenetrable para el común de los mortales. Desde la reforma de la curia realizada por Pablo VI se consiguió cierta transparencia, al menos de cara a la galería; transparencia forzada por la dinámica de los modernos medios de comunicación. Por ejemplo, hasta el pontificado de Juan Pablo II no se sabía que el Papa estaba enfermo hasta unas horas antes de su muerte. A Juan Pablo II, en cambio, lo vimos varias veces incluso en su cama del hospital Gemelli de Roma y asistimos a su creciente deterioro físico (algunos hablan de agonía) en vivo y en directo, hasta su muerte.

Pero los grandes resortes del poder papal y curial siguen siendo secretos. Secretos son los apartamentos pontificios y todo lo relacionado con él. Allí mandaban su secretario personal, monseñor Estanislao Dziwisz, y cuatro monjitas polacas, capitaneadas por sor Tobiana. De mediana estatura, muy blanca, con los ojos claros, muy eslava y siempre embutida en su hábito negro con toca blanca y tejadillo, fue la mujer que más cerca estuvo del Papa, al que ha cuidado durante más de treinta años. Se llama sor Tobiana y es la superiora de la comunidad de las Siervas del Sagrado Corazón de Jesús. Ella y las otras cuatro hermanas fueron los ángeles de la guarda de Su Santidad; el especialísimo servicio doméstico de Juan Pablo II; las únicas mujeres que compartían casa con el vicario de Cristo; las que lo sabían todo del Papa y no contaban nada. Las monjas polacas del Papa nunca salían en los medios de comunicación, ni siquiera sor Tobiana, pues es tan tímida, tan discreta y pasa tan desapercibida que, en Roma, la llaman «la aparición», porque está en todo, pero viene y va sin que apenas se note su presencia.

Tampoco se sabe nada oficialmente sobre los «negros» del Papa, es decir, los que le escriben encíclicas, cartas apostólicas y discursos. Y eso que Juan Pablo II ha sido uno de los papas más escribidores de la Historia. A pesar del mutismo oficial, con el paso de los años se ha filtrado que dos de sus «negros» han sido el profesor polaco Styzen y el arzobispo de Milán, y uno de los que tenían más probabilidades de suceder a Juan Pablo II, Dionigi Tettamanzi.

Y si, a pesar de ser el Papa más mediático de todos los tiempos, Juan Pablo II cultivó el misterio y el secreto, la curia que lo rodeaba, todavía más. En la sala de máquinas del Gobierno de la Iglesia no hay quien entre. Y los misterios sin resolver florecen como hongos. Nada se sabe de las cuentas del Instituto para las Obras de Religión (IOR), el otrora famoso banco del Vaticano, envuelto en el caso Calvi-Ambrosiano, con el célebre monseñor Marcinkus al frente. Sigue sin esclarecerse el misterio de la muerte de Juan Pablo I, el caso Orlandis (la hija de un funcionario vaticano desaparecida y de la que nunca se ha vuelto a saber nada) o el crimen de la guardia suiza, con un triple asesinato sin resolver.

El Archivo Secreto del Vaticano sigue siendo secreto. Paulo V, el Papa que encargó la fachada de San Pedro a Maderno, creó en 1611 el Archivo Secreto, que conserva documentos procedentes de todo el mundo desde el siglo XII. Está solo al servicio del Papa y de su curia. Últimamente se han desclasificado algunos documentos, pero solo hasta 1939. Y no todos.

A través de las Nunciaturas, embajadas del Papa en casi todos los países del mundo, Roma obtiene un caudal de información privilegiado. Hay que tener en cuenta que la Iglesia católica cuenta con una tupida red de informantes (desde curas a frailes y monjas o simples fieles) extendida por todo el mundo e implantada en todos los lugares. Desde la selva amazónica a la sede de la ONU. Todo ese ingente flujo informativo, de primera calidad, es canalizado en secreto por la Secretaría de Estado del Vaticano. Los nuncios papales envían continuamente informes a Roma, y todos los obispos del mundo están obligados a enviar a Roma un informe amplio sobre todo lo que pasa en sus diócesis cada año, amén de rendir personalmente cuentas a Roma cada cinco años en las llamadas «visitas ad limina». Mayor caudal informativo, imposible.

La curia con sus diferentes dicasterios, especie de ministerios del Papa, produce una ingente cantidad de informes supersecretos. Muchos de ellos estampillados con el «sub secreto pontificio». Por ejemplo, siguen siendo absolutamente secretos los informes sobre la reducción al estado laical de sacerdotes y frailes. Siguen siendo secretos los informes sobre los curas pederastas. Tanto es así que un periódico estadounidense describió, no hace mucho, un documento confidencial, redactado por las altas esferas vaticanas en los años sesenta, en el que se describe la política de silencio seguida por la Iglesia católica ante los casos de abusos sexuales cometidos por los sacerdotes en todo el mundo. El documento, escrito en 1962 por Alfredo Ottaviani, el entonces presidente del Santo Oficio, prescribe la excomunión para aquellos que hagan públicos dichos delitos. Y secretos siguen siendo los numerosos informes que el Vaticano tiene en sus manos sobre la violación de monjas africanas a manos fundamentalmente de sacerdotes nativos.

En secreto sigue manteniendo el Vaticano la ingente cantidad de obras de arte y tesoros que almacena en sus sótanos, por falta de espacio para poder exponerlos al público en sus numerosos museos. Más de las tres cuartas partes de los tesoros vaticanos están guardados bajo llave: obras de arte, incunables, manuscritos, joyas de la orfebrería de todo el mundo, piezas únicas procedentes de todos los países, cálices, patenas, copones, custodias, estatuas, cuadros, objetos de oro, plata y marfil...

Secretas siguen siendo, como muy bien explica el autor de *Secretos vaticanos*, las deliberaciones y las votaciones del cónclave. Y secreto sigue siendo el funcionamiento de las más importantes organizaciones eclesiásticas. Por ejemplo, es notorio el secretismo y la falta de transparencia de los movimientos neoconservadores, punta de lanza de la nueva evangelización papal, con enorme poder en la curia y en la Iglesia. Especialmente, el Opus Dei, al que muchos califican como una «Iglesia dentro de la Iglesia» y del que casi todos lamentan su secretismo. «La Obra es una de las organizaciones más reaccionarias y secretistas de la Iglesia. Y no es nada bueno que una organización secreta tenga tanto poder e influencia en la Iglesia», denuncia Hans Küng, uno de los más importantes teólogos católicos de las últimas décadas.

En definitiva, el Vaticano ha sido, es y seguirá siendo el reino del secreto sagrado o del sagrado secreto, que tanto monta. El reino también de un papado que, hasta el último momento, incrementó el secretismo. El reino del papado de Juan Pablo II presentó marcados claroscuros.

Balance de un largo pontificado

«Este Papa no sabe teología», dijo el entonces cardenal Ratzinger, hoy Benedicto XVI, en una de sus habituales indiscreciones, a poco de conocer a Juan Pablo II. Quizá por eso, el Papa llamó a Roma al eminente teólogo alemán para convertirlo en su mano derecha teológica y en el «guardián de la ortodoxia» católica. A pesar de no saber teología, el pontificado de Juan Pablo II ha sido uno de los más prolíficos desde el punto de vista doctrinal. Con catorce pronunciamientos papales solemnes en otras tantas encíclicas, el *Catecismo de la Iglesia* e infinidad de discursos, cartas apostólicas, mensajes y alocuciones de todo tipo. El Papa Wojtyla impartió tanta doctrina, habló y escribió tanto que mucha gente de Iglesia espera que el actual sea un papado casi silente.

Mucho y de todo. Desde la fe y el magisterio hasta la colegialidad, la liturgia, el sacerdocio, el papel de la mujer en la Iglesia, el ecumenismo, la doctrina social, la ancianidad, la procreación... No hay palabra en el diccionario a la que no se refiriera Juan Pablo II en los casi 27 años de su locuaz pontificado. Pero con claras incidencias y notables subrayados.

Teológicamente hablando, Wojtyla fue un Papa muy conservador. De formación tomista, muy antropológico en su filosofía, centró su visión teológica en el misterio de la Cruz, no en el de la Pascua. Vio al hombre subyugado por el pecado y necesitado de la gracia de lo alto. En 1978 pertenecía, en efecto, a la minoría derrotada en el Concilio. Encuadrado en la derecha eclesial conciliar, el entonces cardenal Wojtyla consideraba que algunas de las constituciones conciliares, como la *Gaudium et Spes*, eran textos demasiado sociológicos y optimistas. Otra prueba de su conservadurismo es que su tesis sobre la nueva evangelización fue derrotada en varios sínodos durante el pontificado de Pablo VI.

Pero una vez elegido Papa, su teología se puso al servicio de su ansiada nueva evangelización, entendida como proclamación de la Buena Noticia, orientación para la vida, aliento, alegría y esperanza. Una nueva recristianización del mundo, volviendo a las seguridades de siempre y frenando el desarrollo impulsivo del Vaticano II. Involución la llamaron muchos. Otros, regeneración. «Juan Pablo II se propuso la regeneración frente a un cristianismo que comenzaba a perder la confianza en sus posibilidades intrínsecas; que se resignaba a que la fe quedase como mero factor cultural, ético y estético, y a que la Iglesia se diluyese anónima entre los poderes de la sociedad sin aportación específica. Él se propuso devolver al pueblo cristiano sus certezas primordiales y la seguridad en su fe», explica el teólogo salmantino Olegario González de Cardedal. Una reconquista de la Europa secularizada para devolverla a sus raíces cristianas y de todo el mundo para Dios.

Un ambicioso programa que proclamó ya en su primera gran encíclica, *Redemptor Hominis*. A su juicio, la Iglesia tenía la responsabilidad especial de devolver a la humanidad las verdades esenciales. Y al magisterio papal se le encomendó la tarea de cumplir esa misión. Para conseguir este gran objetivo, Juan Pablo II inauguró un estilo de pontificado deliberadamente personal y universal, al servicio de un doble proyecto: reafirmación de la identidad católica en el mundo e instauración de un «nuevo orden ético mundial». La Iglesia convertida en una agencia de promoción de valores. La Iglesia referencia que intenta proponer, e incluso imponer, con desigual fortuna, su código moral en la mayoría de los debates éticos y políticos.

Con unos principios éticos innegociables: la defensa de la vida (no al aborto, a la eutanasia, a la contracepción y a la investigación con embriones), así como el rechazo a los matrimonios homosexuales y al reconocimiento de las parejas de hecho. ¿Resultado? Un auténtico cisma psicológico: ni las propias masas católicas siguieron los postulados morales del Papa. Y es que, como señala el teólogo Joaquín Perea, presidente de la asociación «Iglesia Viva»: «Lo que ha producido el alejamiento de las posiciones papales y la pérdida de credibilidad de su magisterio ha sido el rechazo a tener en cuenta las condiciones psicosociales de las personas concretas y su trasfondo de una concepción de la naturaleza humana que ya no corresponde a la antropología contemporánea».

A la ganada fama de conservador en lo moral se fue superponiendo el latiguillo de «progresista en lo social». Y es verdad que Juan Pablo II condenó como nadie los abusos del capitalismo y los efectos perversos de las «estructuras de pecado» del neoliberalismo y del dios mercado. Pero esta condena siempre se refirió a las prácticas, no a la lógica intrínseca del sistema, sin el más mínimo estímulo hacia las luchas de los movimientos sociales populares que reclaman justicia.

La estrategia de recristianización wojtyliana supuso un aparato vaticano disciplinado, profundamente estable y centralizado, con una colegialidad más teórica que práctica, con unos obispos obedientes y dóciles, unas Iglesias locales convertidas casi en sucursales de Roma, un sistema reticular perfectamente establecido, unas estructuras de formación y de enseñanza sumisas, convertidas en correas de transmisión de la doctrina proclamada por este párroco itinerante del mundo que es el Papa, y unos teólogos seguros y controlados.

Todos los papas han intentado controlar a la élite intelectual eclesial formada por los teólogos. Pero unos más y otros menos. Durante el pontificado de Juan Pablo II el teólogo fue considerado como un mero apologista que, subordinado al Papa y a los obispos, explicaba y defendía la enseñanza oficial. La teología católica ha de ser absolutamente «romana». Sin falsas apelaciones al pluralismo, que se tacha de relativismo. Y sin concesiones: o todo o nada. O conmigo o contra mí. Solo se asocia a la toma de decisiones a los teólogos sumisos y dóciles que repiten las consignas de Roma. A los demás se les mira con recelo y se sospecha que tratan de erigirse en «magisterio paralelo».

Y las condenas a los teólogos díscolos salpicaron todo su pontificado. La lista de los «represaliados» es enorme. Entre ellos están Hans Küng, Congar, Chenu, Teilhard de Chardin, Schillebeeckx o Bernard Häring. En España también hay todo un ramillete de teólogos «caídos»: Juan Antonio Estrada, José María Castillo, Benjamín Forcano, Marciano Vidal, Juan José Tamayo o Xabier Pikaza. ¿Qué se pretende con tantas condenas y advertencias? «Ha intentado matar la libertad de la Teología», asegura, tajante, el teólogo gallego Andrés Torres Queiruga.

La Teología de la Liberación fue objeto de un especial ensañamiento. Nacida en Latinoamérica, su carácter contextual, la mediación del análisis sociológico, la mirada a los explotados y oprimidos, la crítica a la Iglesia aliada con los poderosos y opresores resultó peligrosa para el *establishment* eclesiástico. La cruzada contra ella, dirigida desde Roma por el mismísimo prefecto de la Congregación para la Doctrina de la Fe, el ahora papa Benedicto XVI, impuso el silencio a los padres de la corriente (Gustavo Gutiérrez y Leonardo Boff), los acusó de predicar un Evangelio político, de caer en el marxismo y de dirigirse cuesta abajo hacia el ateísmo. Juan Pablo II nunca comprendió a la Teología de la Liberación, porque había surgido de una experiencia vital de opresión bien distinta de la que él había vivido: los opresores se proclamaban cristianos.

La restauración católica del Papa Wojtyla afectó también al ecumenismo. Con gestos ecuménicos de gran resonancia externa, como los encuentros de oración de Asís, su visita a la mezquita de Damasco y al Muro de las Lamentaciones, su acercamiento al islam y su sueño de visitar Moscú. Pero, por otro lado, las disposiciones internas, la insistencia en la ortodoxia, en la Virgen, en el celibato y en otros temas condujeron al ecumenismo a un callejón sin salida. Por razones geopolíticas, el Papa llegado del Este apostó por el diálogo con la ortodoxia, hasta el punto que las Iglesias reformadas de Occidente se sintieron marginadas. Para desatascar el diálogo ecuménico, Juan Pablo II publicó la encíclica *Ut unum sint*, en la que afirmaba que su ministerio esencial es actuar como «servus servorum Dei», pedía perdón por la responsabilidad del papado en el escándalo de la división e, incluso, admitía que había que buscar entre todos una nueva forma de ejercer el primado de Pedro, en la actualidad el principal escollo para la unidad de los cristianos.

Juan Pablo II libró tres grandes batallas: por la libertad, por la verdad y por la cultura de la vida. Unos aseguran que ganó las tres, y otros, que las perdió. Todo en él fue bifronte. Un Papa moderno y antimoderno a la vez, consciente del pluralismo de las culturas y de las religiones, del fenómeno de la secularización y del respeto por las conciencias y los derechos humanos, pero al mismo tiempo, inflexible en la defensa de la doctrina, del dogma, de la ética y de la tradición católicas. Fue del temple de los papas antimodernistas del siglo XIX y se le puede comparar con Pío IX, pero con los acentos modernos de León XIII y con un pontificado en blanco y negro.

Un pontificado al que, sin embargo, nadie puede negarle dos cosas: haber contribuido como pocos, con sus viajes, a devolver a la Iglesia un prestigio mundial que estaba perdiendo, y su generosidad hasta la muerte a su misión pastoral. Tampoco se le pueden negar otros logros: la clarificación de la propia Iglesia en el orden de la fe; la apertura hacia mundos lejanos; la entrada en mundos cerrados (Cuba, el islam...); la vuelta a los orígenes comunes del monoteísmo en Occidente o la decisión de clarificar el ejercicio del propio pontificado. Un destino heroico marcado por la grandeza de su fe, la fortaleza del herido y del anciano, la firmeza del enfermo, que permanece fiel hasta el final, porque «Cristo tampoco se bajó de la cruz». Un destino, además, que contribuyó decisivamente a cambiar el mundo. Si este es hoy distinto al de hace un cuarto de siglo se debe sin duda a este polaco que muchos consideran ya como la personalidad más decisiva en la historia de finales del siglo XX y principios del XXI.

El suyo ha sido sin duda, uno de los pontificados más influyentes e incatalogables de la Historia. También el más polémico, personalista y autoritario; con una influencia social sin precedentes; con una autoridad moral única y contrastada; con unas cualidades humanas indiscutibles; con el sello evidente de un Papa mártir de la causa. Su modelo fue el obispo San Estanislao, patrón de Polonia, asesinado en un altar de Cracovia. A imagen y semejanza de su país, el más invadido y azotado del Este de Europa en los últimos siglos. Y quizá porque el mismo Papa sufrió desde su infancia el zarpazo de la muerte. Tendido en la cruz sobre el suelo lo sorprendieron las vísperas de ser nombrado obispo y elegido Papa. Como aquella otra noche que marcó su vida, cuando encontró a su padre muerto en el hogar de Cracovia. Desde entonces, y pese a su intenso amor a Cristo, fue siempre un hombre solo, que la historia lo considerará como Juan Pablo II el Magno.

El párroco del mundo dejó el gobierno de la Iglesia en manos de la curia

De los diez dedos de la mano, Juan Pablo II usó nueve para predicar el Evangelio y uno para gobernar la Iglesia. Convertido en el párroco itinerante del mundo, el papa Wojtyla dejó evidentemente la dirección de la maquinaria eclesial en manos de la potente curia romana. Y la curia siempre se aprovecha de las ventajas que se le conceden. Lo decía ya hace años el cardenal Lorscheider: «El control del Vaticano está en manos de la curia romana y el Papa hace tiempo que no gobierna la Iglesia».

Gobierne más o menos, lo que sí hizo el papa Wojtyla fue imprimir su sello personal a la Sede de Pedro; con un estilo muy peculiar: moderno en las formas e involucionista en el fondo. Comenzó por suprimir el «nos» mayestático y a comportarse como cualquier líder político: besaba aeropuertos y niños, daba palmas, cantaba, se ponía sombreros típicos y jaleaba a los que le cantaban «Juan Pablo II te quiere todo el mundo». La imagen que proyectó durante muchos años fue la de un pastor populista, un hombre que se encontraba en casa con el pueblo sencillo.

Fue también el primer Papa en utilizar a fondo los medios de comunicación. Sabía que, apoyado en sus dotes de actor, «daba bien en televisión» y lo aprovechó para entrar en los hogares de todo el mundo y convertirse en uno de los iconos mediáticos de los tiempos actuales y para recorrer el mundo en unos viajes que «mojaron pero no empaparon», como dicen los críticos. En cierta ocasión, el mismo Papa preguntó al cardenal Tucci, organizador de sus viajes: «Eminencia, ¿qué queda de mis visitas pastorales?». Y el cardenal jesuita le contestó con franqueza: «Poco, Santidad. La gente escucha al cantante pero no la canción».

Juan Pablo II utilizó a lo largo de su pontificado una doble estrategia. *Ad extra* fue el gran defensor de los derechos humanos, de la paz, de las minorías, de los pobres y marginados de este mundo. *Ad intra* no le tembló en absoluto la mano a la hora de condenar a los teólogos rebeldes o imponer la disciplina eclesiástica y la moral sexual más tradicional.

Su querencia conservadora lo llevó también a gobernar echándose en manos de los movimientos más reaccionarios de la Iglesia: las huestes de la nueva evangelización. Desplazó del centro de gravedad de la Iglesia a las grandes congregaciones tradicionales, como los jesuitas, franciscanos o dominicos. Sus nuevas legiones fueron los movimientos neoconservadores: Opus Dei, Comunión y Liberación, Legionarios de Cristo, Neocatecumenales o Focolares. Sobre todo la Obra, a la que colmó de favores, concedió una prelatura personal, canonizó a su fundador y convirtió en uno de los polos de poder más importantes de Roma.

Otra palanca del pontificado restauracionista del papa Wojtyla fue su política de nombramientos episcopales. Impuso un nuevo modelo de obispos en el mundo: hombres más fieles que brillantes, más espiritualistas que encarnados, ortodoxos a rabiar y más bien grises. Con esta política cambió la faz de todos los episcopados del mundo, comenzando por los considerados más rebeldes, como el brasileño, el holandés o el español. Todo ello adobado con una concepción centralista, piramidal y exclusivamente papal del gobierno de la Iglesia, que no tuvo en cuenta en la práctica la colegialidad episcopal y las plataformas para ejercerla. Desactivado el sínodo de los obispos, constreñidas en su autonomía y capacidad de decisión las conferencias episcopales y marginadas las iglesias locales, el pontificado del Papa polaco se convirtió en un ejercicio centralista del primado, apoyado en una curia convertida en aparato reaccionario al que temen los mismos obispos. Eso sí, como todos los que delegan, de vez en cuando el papa Wojtyla pegaba un puñetazo encima de la mesa e imponía sus deseos al aparato curial. Por ejemplo, en el caso de la petición de perdón por los pecados de la Iglesia. Un pontificado, pues, con sus luces y sus sombras, pero que seguramente pasará a la historia del papado como uno de los más prolíficos, influyentes y espectaculares. El pontificado de un Papa *superstar*.

Del universo secreto del Vaticano, sobre los papas y los pontificados hasta Benedicto XVI, encontrará el lector abundante información en esta excelente obra de Eric Frattini. No es fácil escribir un libro así. Expresar en pocas palabras lo que algunos cuentan en enormes e indigestos tratados solo está al alcance de algunos periodistas privilegiados, de algunos periodistas de raza, como Eric. Por eso es capaz de conducir al lector de la mano a través de su especial «catecismo» de preguntas y respuestas hacia el mundo misterioso del Vaticano. Preguntas unas veces informativas, otras veces osadas, otras veces curiosas, y casi siempre increíbles, de una forma amena, divertida, divulgativa y extraordinariamente didáctica. Un libro donde todo está condensado para los que ya saben mucho de esto; un libro de cabecera para los que quieran asomarse por vez primera al universo misterioso del reino del Vaticano; un libro para que los creyentes conozcan algo más el corazón de su institución; y un libro para que los ateos, indiferentes o agnósticos puedan asomarse con garantías al universo mágico de una institución con dos mil años de existencia a sus espaldas y que detenta el mayor poder del mundo: el poder sobre las conciencias.

JOSÉ MANUEL VIDAL,
corresponsal religioso del diario *El Mundo*
y director de religiondigital.com

Introducción

H OY, al poner el pie en la pequeña Ciudad-Estado
del Vaticano, uno se da cuenta de que con el
paso de los siglos el pontificado ha pasado de ser
la dirección de la Iglesia católica, en sus más humildes orígenes, a convertirse en uno de los más poderosos Estados
del mundo. Su Producto Interior Bruto (PIB) no puede ser
medido en dinero, sino en almas.

Desde San Pedro a Benedicto XVI, el pontificado ha
dado pequeños pasos evolutivos. La política, la cultura, las
ideas o las sociedades, en especial en Europa, han dado
muestras de un rápido avance que el Vaticano no ha sabido, o no ha querido, poner en práctica al mismo ritmo.
Un claro ejemplo de ello es lo acaecido en el año 1633,
cuando el científico Galileo fue condenado por la Inquisición por sus descubrimientos y obligado a renegar de ellos,
por lo que su caso hubo de esperar más de tres siglos y
veintinueve pontificados hasta que la Iglesia católica, bajo
el pontificado del papa Juan Pablo II, en pleno siglo XX, reconociese su error. Otro notable caso podría ser el del teólogo agustino Martín Lutero, quien, en 1510, al comprobar
la escasa moral que reinaba en la Roma del papa Julio II,

decidió crear, tras su regreso a Alemania, una nueva Iglesia, la luterana. Por ello fue condenado por la Iglesia, y su caso tuvo que esperar más de cuatro siglos y cuarenta y ocho pontificados para que la Iglesia católica, de nuevo con Juan Pablo II, reconociese que si tanto en aquel tiempo como después se hubiese reconocido la escasa moral que rodeó la vida de algunos papas, la Iglesia luterana habría vuelto a la obediencia del Papa. Y así podríamos citar múltiples casos.

Sus jerarquías han llegado a asegurar que si el Vaticano es uno de los lugares más conocidos del mundo, es asimismo uno de los más incomprendidos, y quizá esta afirmación sea también cierta. Durante sus poco más de dos mil años de historia, la religión católica, el Vaticano y los pontífices han creado en torno suyo una especie de leyenda, un muro de misterio y secretismo, que aún hoy se mantiene. Porque, a pesar de que se organizaran Cruzadas, se levantaran Inquisiciones, se condenara a científicos, también se publicaron encíclicas y se concedieron bulas, se instauraron y derribaron gobiernos y se coronaron y descabezaron monarquías. Todo ello en nombre de la fe.

Con el paso de los siglos, en gran parte de Occidente las viejas ideas de la Edad Media y el oscurantismo dieron paso a nuevas y modernas formas de ver y concebir el mundo, pero los Estados Pontificios del pasado y el Vaticano del presente no dieron un solo paso hacia esa modernidad.

En un congreso extraordinario en la ciudad alemana de Colonia, durante la llamada «Crisis de los Teólogos», y condenado por la Congregación para la Doctrina de la Fe, se ponía de manifiesto una discrepancia que influiría de manera decisiva en las relaciones entre la Iglesia católica y el mundo moderno: el romántico entusiasmo por la Edad Media, considerada por la Iglesia como «un mundo salvador», en gran manera impidió a los papas enjuiciar con objetividad el presente. Curiosamente, este conflicto de posturas convirtió al papado, a pesar de mantenerse inamovible ante los movimientos sociales y su posición negativa frente al mundo moderno, en una de las principales fuerzas que han contribuido a configurarlo.

Durante siglos, la presencia omnipotente y omnipresente del Sumo Pontífice apoyó y favoreció sin duda alguna la independencia de las iglesias locales, pieza muy deseable por los poderosos de turno, que entendían que si estos podían controlar a los sacerdotes y estos a su vez a los fieles, los fieles estarían siempre bajo el control del poderoso.

El cardenal español Antonio Rouco Varela dijo un día: «Conociendo la vida de un Papa terminamos conociendo las coordenadas históricas en las que se ha desarrollado la vida, la sociedad y también la historia de la Iglesia». Asimismo, el teólogo Hans Küng escribió: «Las altas jerarquías de la Iglesia católica se han quejado durante siglos de perder, o por lo menos no ganar, cada vez más almas de fieles, sin entender que los problemas económicos y sociales de las sociedades son lo que más almas podrían haber atraído a la religión católica. El problema es que la Iglesia y sus jerarquías no han sabido moverse a la misma velocidad que los de las sociedades a las que pretenden ayudar. Esta falta de reacción y secretismo ha provocado y provocará durante muchos siglos más desencuentro e inmovilismo y por lo tanto carencia de fieles hacia la causa». Quizá sea cierto.

La sociedad ha vivido, a lo largo del pontificado de más de doscientos papas, nacionalismos y restauraciones, liberalismos y socialismos, imperialismos y revoluciones, democracias y fascismos; sin embargo, sus pontífices y la Iglesia católica han vivido en una especie de burbuja hermética que ha conseguido que estos movimientos no afectasen, o no demasiado, a la estructura que mantiene la fe de millones de católicos repartidos por todo el mundo. El reloj del Vaticano marcha a una velocidad diferente que los del resto del mundo.

Esa inmovilidad que denuncia Küng, provocada por el hermetismo y defendida acérrimamente por las máximas jerarquías de la Iglesia católica, hizo que llevaran todos los asuntos con el máximo secretismo, desde la redacción de una encíclica o un juicio de la Santa Inquisición a la simple restauración de una obra de arte.

En la actualidad ese secretismo sigue vigente en los kilómetros y kilómetros de pasillos que unen los centros de mayor poder en la Ciudad del Vaticano. Hoy, en pleno siglo XXI, esto no ha cambiado, y las actuales jerarquías eclesiásticas continúan prefiriendo que siga siendo secreto desde un simple catarro del Papa al reconocimiento de la existencia del servicio de espionaje vaticano.

Una gran parte de los católicos no sabe o no conoce ni siquiera cómo se prepara un funeral pontificio, cómo se organiza el cónclave o la diferencia entre una exhortación o una encíclica. Una gran parte de los no creyentes desconoce cómo se produjo el cisma de las iglesias anglicana (por una cuestión de divorcio), la luterana (por una cuestión de moral) o la ortodoxa (por una sencilla cuestión administrativa).

Este libro es una «pequeña» guía que recorre, de forma sencilla y sin pretensión alguna de polemizar, los más de dos mil años de historia. *Secretos vaticanos* no es un libro de historia, ni un ensayo a favor o en contra de la Iglesia católica. Es una obra entretenida e informativa que ayudará al lector mediante pequeños retazos, unos históricos y otros anecdóticos, a acercarse y, por tanto, a comprender mejor, a través de las más de cuatrocientas preguntas y respuestas, los aciertos y desaciertos de una de las organizaciones más antiguas de la Historia.

Una guía dirigida a los creyentes y no creyentes, que desvela pequeños retazos de lo que para el Estado del Vaticano ha sido secreto durante más de dos mil años: desde cuestiones tan importantes como la existencia del servicio de espionaje vaticano, los juicios a examen de la Congregación para la Doctrina de la Fe (la actual Inquisición), los asesinatos del comandante de la guardia suiza y su esposa, o la misteriosa muerte del papa Juan Pablo I, a cuestiones banales o anecdóticas como las enfermedades que afectan a los papas o la organización de los dicasterios. Para el Vaticano «todo es secreto».

Un gran conocedor de los entresijos del Estado Vaticano y uno de los mayores expertos en Derecho Canónico me dijo un día con mucho acierto: «Piensa una cosa y tenla siempre presente. Para el Vaticano, todo lo que no es sagrado es secreto», y quizá sea cierta esta afirmación, a pesar de haberse cumplido más de dos mil años de existencia de la Iglesia católica, y es que para la máxima jerarquía del Estado Vaticano sus asuntos se siguen debatiendo aún hoy entre lo «sagrado y lo divino».

ERIC FRATTINI

Capítulo I

Los papas

¿Cuántos papas ha habido?

SEGÚN la lista oficial del Vaticano, ha habido 262 papas. Sin embargo, al Nuevo papa se le conoce como el 264 sucesor de San Pedro.

El primero de esta lista es San Pedro Apóstol. Las fuentes son imprecisas a la hora de dar la fecha de su muerte, pero sí coinciden en que murió en Roma, víctima de las persecuciones ordenadas por el emperador Nerón contra los cristianos. El último de la lista, Benedicto XVI, fue elegido Papa el 19 de abril de 2005.

¿Cómo murió el primer Papa?

San Pedro, llamado realmente Simón bar Joná, fue crucificado en el año 64 ó 65 d. de C. por orden del emperador Nerón. Condenado a morir en la cruz, San Pedro pidió ser crucificado cabeza abajo, ya que se consideraba indigno de morir de la misma forma que Jesucristo.

¿Dónde está enterrado el apóstol San Pedro?

Durante el pontificado de Ceferino (198-217), el presbítero Gayo confirma que San Pedro y San Pablo murieron en Roma, el primero en la colina vaticana y el segundo en la vía Ostiense. Entre 1939 y 1949 se sucedieron diferentes excavaciones en el subsuelo de la Basílica de San Pedro. Se descubrió un cementerio y en él un sepulcro pequeño y modesto, muy anterior a la iglesia constantiniana. En la actualidad esta tumba es venerada como el sepulcro del apóstol.

¿Qué Papa no existió?

Juan XX. Por una causa desconocida, el Vaticano decidió saltarse al papa Juan XX. Juan XIX fue Papa desde el 19 de abril de 1024 al 20 de octubre de 1032. Juan XXI fue Papa desde el 8 de septiembre de 1276 al 20 de mayo de 1277.

¿Cuál ha sido el nombre más utilizado por los papas?

El nombre más utilizado ha sido Juan. En total ha habido veintidós papas que adoptaron el nombre de Juan. Después, por número de utilización, siguen los siguientes nombres: Gregorio, en dieciséis ocasiones; Benedicto, en dieciséis; Clemente, en catorce; el de León e Inocencio en trece y el de Pío en doce.

¿Qué nombre fue maldito durante varios siglos?

El nombre maldito durante varios siglos ha sido el de Juan. Juan VIII (14 de diciembre de 872-16 de diciembre de 882) fue asesinado el 15 de diciembre del 882, envenenado y rematado a golpes de martillo en la cabeza por miembros de su propia familia. Juan XI (marzo de 931-diciembre de 935) fue depuesto como Papa y obligado por el nuevo señor de Roma a volver a ejercer sus labores sacerdotales hasta su muerte en el 935. Por último, Juan XII (16 de diciembre de 955-14 de mayo de 964) fue depuesto como Papa por Otón, rey de Roma, Italia, Germania y Borgoña.

¿Cuántos papas han sido nombrados santos?

Han sido nombrados santos un total de 77 papas. El primero fue San Pedro apóstol y el último San Pío V (7 de enero de 1566-1 de mayo de 1572).

¿Qué Papa fue asesinado por un marido engañado?

Juan XII (16 de diciembre de 955-14 de mayo de 964). Hijo bastardo de Octaviano, contaba 17 años cuando fue nombrado Papa. Durante su pontificado Juan XII tuvo una vida disoluta, hasta que el emperador Otón I decidió llamarle la atención, ya que, como máximo jerarca de la cristiandad, debía mantener una vida más acorde con su cargo. Una de las reformas que impuso Otón I fue la de que ningún Papa podría ser elegido sin el plácet imperial. Juan XII supo entonces que, por vez primera, el Papa ya no daría explicaciones solo a Dios, sino también a un hombre, el emperador Otón I. Un sínodo organizado en Roma por el emperador decidió deponer a Juan XII el 4 de diciembre del año 963. Retirado del pontificado, Juan caminaba una tarde por una calle de Roma cuando un hombre lo atacó por la espalda y lo acuchilló en siete ocasiones. El agresor y homicida fue detenido y confesó que lo hizo porque el Papa había violado a su joven esposa de quince años. El papa León VIII (4 de diciembre de 963-1 de marzo de 965), sucesor de Juan XII, perdonó al asesino.

¿Ha muerto algún otro Papa asesinado?

Algunas fuentes aseguran que Juan Pablo I (26 de agosto 1978-29 de septiembre de 1978) fue envenenado tras treinta y tres días de Pontificado por su intención de ordenar una investigación de las finanzas vaticanas. Nunca se ha podido demostrar.

¿Qué Papa fue enterrado, exhumado y sometido después a juicio?

El papa Formoso (6 de octubre de 891-14 de abril de 896). El Pontífice intentaba establecer un acuerdo de paz con Guido de Spoleto, pero este lo que quería era ocupar el territorio, incluida Roma. Ante las ansias expansionistas de Guido, Formoso pidió ayuda a Arnulfo, rey de Alemania. Guido murió en 894, cuando las primeras tropas alemanas ocupaban el norte de Italia. Cuando Arnulfo se dirigía a Spoleto para ocuparla, una enfermedad acabó con su vida. Para los seguidores de Guido, Formoso era el principal enemigo y juraron venganza, una venganza que nunca llegó a cumplirse. El 4 de abril del 896 el papa Formoso moría en su propia cama. Nueve meses después de ser enterrado, los espoletianos exhumaron el cadáver, vistieron a Formoso con los ornamentos pontificios y lo sometieron a juicio. Encontrado culpable de alta traición, le fueron arrancadas las vestimentas papales, le cortaron los dedos de la mano derecha que utilizaba para bendecir y su cadáver fue arrojado al río Tíber.

¿Qué Pontífice no figura en la lista oficial de papas?

Juan XXIII (1410-1415). El cardenal Baldassare Cossa sucedió al papa Alejandro V, elegido en el Concilio de Pisa y Antipapa del pontífice Gregorio XII (30 de noviembre de 1406-4 de julio de 1415). Cossa era un Papa cismático y fue depuesto en el Concilio de Constanza, que declaró motivo de escándalo a Juan XXIII. Los asistentes al Concilio justificaron la destitución de Juan XXIII por incesto, adulterio y homicidio. El antipapa Juan XXIII tenía como amante a su cuñada. Para evitar mayores escándalos, el papa Gregorio XII lo perdonó y lo nombró cardenal obispo de Tusculum, donde murió. Tras su muerte se descubrió que el antipapa Juan había seducido a casi doscientas mujeres, entre monjas, casadas y viudas de los alrededores donde vivía. El nombre de Juan XXIII que sí figura en la lista oficial fue elegido por el cardenal Angelo Roncalli, al suceder al papa Pío XII, el 25 de octubre de 1958.

¿Qué Papa se escribía sus propios discursos a máquina?

El papa Pío XII. El Papa, que era muy rápido con la máquina, no solo se escribía sus propios discursos, sino también los borradores de las encíclicas.

¿Por qué el santuario de Nuestra Señora de Loreto es objeto de peregrinación?

En 1965 el papa Juan XXIII (28 de octubre de 1958-3 de junio de 1963) peregrinó a Loreto para ver la llamada «Santa Casa» y que según la tradición es la misma en la que vivió la familia de Jesús. Según cuentan, esta fue llevada a Loreto en el año de 1294 durante el pontificado de San Celestino V (5 de julio de 1294-13 de diciembre de 1294).

¿Qué Papa utilizaba siempre cilicio bajo sus vestimentas papales?

El papa Pablo VI (21 de junio de 1963-6 de agosto de 1978). El Pontífice utilizaba una faja de cerdas gruesas bajo su vestimenta desde que era sacerdote. Tras ser nombrado Papa, Pablo VI usaba la faja de cerdas solo en ocasiones importantes.

¿Qué Papa dio nombre a un plato?

Benedicto XIII (29 de mayo de 1724-21 de febrero de 1730). A él se debe el nombre del plato «Huevos benedictinos», pues este Papa era muy aficionado a ellos.

Receta

Ingredientes para 4 personas: 10 huevos; 6 rebanadas de pan de molde; 3 lonchas de jamón inglés; 4 yemas de huevo; 3 onzas de crema de leche; 250 g de mantequilla; 1 limón.

Preparación: Sacar la corteza del pan y tostarlo ligeramente. Cortar el jamón del mismo tamaño que las tostadas. En una olla a baño María (retirada del fuego y con el agua sin hervir), poner las 4 yemas con la crema. Batir hasta espesar la salsa, luego añadir la mantequilla derretida y medio limón. Añadir una pizca de sal y pimienta.

En otra olla hervir agua con vinagre. Escalfar los huevos durante 3 minutos, luego ponerlos sobre la tostada con el jamón y cubrirlos con la salsa.

¿Cuántos españoles han sido elegidos papas?

Oficialmente tres, extraoficialmente cuatro.

El primero fue Dámaso I (1 de octubre de 366-11 de diciembre de 384). Aunque nació en Roma, sus padres eran españoles, de modo que los historiadores califican a San Dámaso I el primer Papa español.

El segundo fue Pedro Martínez de Luna o Benedicto XIII, también llamado el «Papa Luna» (28 de septiembre de 1394-1423). Benedicto XIII había nacido en la ciudad aragonesa de Illueca y elevado al cardenalato en 1375. Su nombre no figura en la lista oficial de papas.

El tercero es Calixto III (8 de abril de 1455-6 de agosto de 1558), el segundo reconocido en la lista oficial de papas. Alfonso de Borja nació en la ciudad valenciana de Játiva el 31 de diciembre de 1378. Fue él quien, por orden del rey Alfonso V, consiguió convencer a Gil Muñoz, elegido Antipapa tras la muerte de Benedicto XIII para que renunciase y aceptase el poder pontificio del papa Martín V. Este Papa premió a Alfonso de Borja con el nombramiento de obispo de Valencia en 1429. Alfonso de Borja fue elegido Papa en 1455, cuando ya tenía 70 años.

El cuarto Papa español, y tercero según la lista oficial de papas, fue Alejandro VI (10 de agosto de 1492-18 de agosto de 1503). Rodrigo de Borja, más tarde papa Alejandro VI, nació en Játiva en 1431. Era sobrino de Calixto III, ya que su madre, Isabel de Borja, era hermana del Papa. Es famoso por el número de hijos que tuvo con diferentes mujeres: Pedro Luis, nombrado Duque de Gandía, por el rey Fernando el Católico, y Jerónima e Isabel, los tres de madres desconocidas; César, Juan, Jofre y Lucrecia eran hijos de Vanozza de Catanei; Juan y Rodrigo, también de madre desconocida, nacieron siendo ya Papa. Tanto el papa Alejandro VI como su tío Calixto III están enterrados en Santa María de Montserrat, la iglesia de la Corona de Aragón en Roma. En 1889 se les erigió una tumba a ambos pontífices.

¿Cuál fue el único Papa que renunció al pontificado?

Celestino V (5 de julio de 1294-13 de diciembre de 1294). Antes de renunciar se aseguró, tres días antes, mediante la publicación de una bula por la que se utilizaría el mismo procedimiento para la elección de un Papa, tras el fallecimiento del anterior, en el caso de una renuncia. Tres días después dimitió y abandonó el solio pontificio. Celestino V, ahora Pietro de Morrone confiaba en poder regresar a su vida de ermitaño, pero el nuevo papa Bonifacio VIII (24 de diciembre de 1294-12 de octubre de 1303) se lo impidió. Tratado con la dignidad de un pontífice, murió el 19 de mayo de 1296 en Castel Fumone bajo vigilancia pontificia. Diez años después de su muerte fue canonizado.

¿Qué restos de Papa fueron profanados?

Los de San Celestino V. Sus restos fueron robados en 1988 de una iglesia de Aquila; fueron recuperados por la policía un día y medio después en un cementerio de Amatrice, un pueblo no muy lejos de Aquila.

¿Qué Papa era famoso por hablar en sueños y tener constantes pesadillas?

Juan XXIII (28 de octubre de 1958-3 de junio de 1963). Según sus ayudantes, el Papa tenía pesadillas debido a las presiones de su cargo.

¿Qué profesiones han ejercido diversos papas antes de ser elegidos?

Las profesiones más extendidas entre los que después fueron elegidos papas son las de abogados o magistrados. Asimismo, ha habido papas que antes de su elección fueron médicos, historiadores, novelistas, poetas e incluso banqueros.

¿Qué Papa era un gran aficionado al automovilismo y a los coches deportivos?

Pío XI (6 de febrero de 1922-10 de febrero de 1939). Durante su pontificado se mandó construir un garaje especial para sus dieciséis vehículos, tres de ellos deportivos. Se cuenta incluso que en más de una ocasión fue retenido por la policía italiana por exceso de velocidad.

¿Qué Papa fumaba hasta dos cajetillas diarias?

Pablo VI (21 de junio de 1963-6 de agosto de 1978) fumaba durante sus años jóvenes hasta dos cajetillas diarias. Como cardenal rebajó su consumo de tabaco a una cajetilla diaria hasta que fue elegido Papa. Cuando murió, fumaba diez cigarrillos diarios.

¿A qué Pontífice se le llamó el «Papa guerrero» o «el Terrible»?

Julio II (31 de octubre de 1503-21 de febrero de 1513) era famoso por su valor y por dirigir a sus tropas en la batalla. Antes del combate se ponía una coraza dorada y se situaba en primera línea. Después de la llamada conjura de los Pazzi, Juliano della Rovere (Julio II) fue nombrado por el Papa negociador en la guerra entre Florencia y los Estados de la Iglesia. Posteriormente fue nombrado consejero en la guerra que hacía años se había desatado entre Nápoles y Roma. Della Rovere se unió a las tropas de Carlos VIII de Francia en su lucha contra Nápoles. Tras la muerte de Pío III, Juliano della Rovere fue elegido Papa y consagrado el 26 de noviembre. En 1506 volvió a ponerse al mando de las tropas para recuperar las ciudades de Perugia y Bolonia.

¿Qué Papa ha sido maquillado para una intervención en televisión?

Pío XII, para un discurso que debía retransmitir la RAI, la Radiotelevisión Italiana. Desde entonces ningún otro Papa ha sido maquillado.

¿Qué Papa tenía un canario?

Pío XII. Al Pontífice le gustaba hacerlo salir de su jaula y que volase en las enormes estancias vaticanas. Cuando el Santo Padre levantaba el brazo, el canario se posaba en su cabeza o en su brazo. Al Papa le gustaba soltarlo durante sus encuentros con los cardenales y ver cómo sobrevolaba sobre sus cabezas.

¿Cuál fue la herencia del papa Juan XXIII?

Su herencia estaba formada tan solo por dos objetos: una pluma estilográfica que le regaló a su médico privado, el doctor Piero Mazzoni, en su lecho de muerte por los servicios prestados, y una cruz que llevaba siempre colgada y que le regaló al cardenal Franz Köenig, arzobispo de Viena.

¿Qué Papa cumplió una sentencia a trabajos forzados antes de ser elegido Pontífice por un altercado en una iglesia?

Calixto (217-222). Ayudante del anterior papa Ceferino, Calixto era famoso por su rigor con las normas de la Iglesia.

Antes de ser elegido Papa, Calixto entró en una pequeña iglesia en donde había varios hombres bebidos. El futuro Papa agarró un palo y comenzó a golpearlos. Todos fueron detenidos y condenados a diferentes penas, incluido Calixto. El que sería años después elegido Pontífice fue condenado a un año de trabajos forzados en las minas de sal de Cerdeña.

¿Qué Papa se quedó ciego durante su pontificado?

Clemente XII (12 de julio de 1730-8 de febrero de 1740). En 1732 Clemente se quedó ciego víctima de una extraña enfermedad. Además, el Pontífice no podía estar demasiado tiempo de pie debido a que sufría de gota.

¿A qué Papa hubo que ir a buscarlo a una cueva para comunicarle que había sido elegido?

A Celestino V (5 de julio de 1294-13 de diciembre de 1294). Tras la muerte de Nicolás IV, el 4 de abril de 1292, pasaron más de dos años sin una elección de Papa. Pietro de Morrone era un ermitaño que vivía en una cueva hasta que se le ocurrió escribir una carta de protesta a las autoridades eclesiásticas por ello. Un mes después su cueva fue rodeada por soldados. El oficial al mando le comunicó a Pietro que había sido elegido Papa y que debían escoltarlo. Celestino V se mantuvo en el trono de Pedro durante menos de un año hasta que dimitió. Fue sustituido por Bonifacio VIII (24 de diciembre de 1294-12 de octubre de 1303), que ordenó encerrar a Celestino V en un castillo.

¿Qué Papa pidió a los obreros que suspendiesen una huelga durante un corto espacio de tiempo?

Juan XXIII. El Pontífice iba a celebrar una misa importante en San Pedro, por lo que el Vaticano necesitaba la energía eléctrica. Los trabajadores italianos del sector estaban de huelga. El Papa pidió a su secretario de Estado que convocase en el Vaticano a los líderes de la huelga. Los cinco sindicalistas se presentaron en la Santa Sede, donde el mismo Juan XXIII les pidió que, por favor, suspendiesen la huelga por el corto espacio de tiempo que duraba la ceremonia, ya que necesitaban energía eléctrica. Los cinco hombres aceptaron y la plaza de San Pedro apareció aquella noche iluminada mientras Roma seguía a oscuras.

¿Qué Papa pensaba dimitir antes de ser hecho prisionero?

Pío XII. Tras la ocupación de Roma por parte de las tropas del III Reich, el Papa decidió firmar un documento en el que comunicaba su dimisión como Pontífice en caso de ser detenido y hecho prisionero por parte de las tropas alemanas. En cuanto cruzase la línea fronteriza entre la Ciudad-Estado del Vaticano e Italia, Pío XII se convertiría en el ciudadano Eugenio Pacelli, su nombre original. Pío XII quería evitar lo ocurrido a finales del siglo XVIII, cuando las tropas francesas hicieron prisionero al papa Pío VI (15 de febrero de 1775-29 de agosto de 1799). El documento de dimisión se encuentra en el llamado Archivo Secreto de la Biblioteca y Archivo Vaticano.

¿Qué Papa tuvo problemas con su hábito al ser elegido Pontífice?

Juan XXIII. El sastre del Vaticano tiene siempre preparados tres hábitos blancos de tallas pequeña, mediana y grande durante la celebración del Cónclave para elegir al nuevo Papa. El problema fue que el cardenal Angelo Giuseppe Roncalli, futuro Juan XXIII, era bastante corpulento y el hábito de la talla grande le quedaba muy justo, tan justo que incluso no podía levantar el brazo para dar la bendición en la plaza de San Pedro. Un día, contando la anécdota, el propio Juan XXIII llegó a decir: «Todos querían que fuese Papa, menos el sastre vaticano».

¿Qué Papa solía apagar las luces del Vaticano cuando caminaba por sus pasillos?

Pío XII. Llegó a decir: «No puedo permitirme derrochar los fondos de los fieles». Él ordenó que los sobres para las comunicaciones interiores del Vaticano no fueran sellados, grapados o pegados para que pudiesen ser utilizados de nuevo. Pío XII escribió su última voluntad y la guardó en un sobre que había sido utilizado con anterioridad.

¿Qué Papa mandó instalar una mesa de billar cerca de su habitación en el Palacio Apostólico y en Castelgandolfo?

Pío XI (6 de febrero de 1922-10 de febrero de 1939). Pasaba mucho tiempo practicando el billar y jugando contra los cardenales y miembros de la guardia suiza. El único que consiguió ganarle fue un joven soldado de la guardia suiza. Por supuesto, las apuestas estaban prohibidas, pero el Papa obsequiaba con un pequeño crucifijo al contrincante derrotado.

¿Qué Papa estaba peleado con el latín?

Juan XXIII. Cuando era un niño, el pequeño Angelo Roncalli no era muy aplicado en la escuela. Sus notas no eran muy brillantes. Más tarde el latín se convirtió en su primer enemigo, según dijo años después siendo Papa.

¿Qué Papa dio nombre a un alfabeto?

San Cirilo creó el llamado alfabeto cirílico, con el que tenía previsto cristianizar a los pueblos eslavos.

¿Qué ruta del Mont Blanc lleva el nombre de un Papa?

La Ruta Ratti es llamada así en honor de Achille Ratti, quien el 6 de febrero de 1922 se convertiría en el papa Pío XI.

Ratti era muy aficionado a la escalada y formaba parte del Club Alpino Italiano. Escaló el Monte Rosa por el complicado lado suizo, el Cervino y el Mont Blanc, una de cuyas rutas de ascenso lleva su nombre.

¿Qué Papa inventó el actual calendario?

Gregorio XIII (13 de mayo de 1572-10 de abril de 1585). En 1582 el papa Gregorio XIII impuso el calendario gregoriano y sustituyó el llamado calendario juliano que regía hasta entonces. El calendario juliano, en vigor desde el año 45 a. de C., provocaba un desfase de once días que debía ser corregido cada año.

¿Qué papas impidieron que Hitler visitase la Capilla Sixtina?

Pío XI y Pío XII. El primero decidió salir del Vaticano por unos días para no tener que recibir a Adolf Hitler y por lo tanto impedirle que entrase en la Ciudad-Estado del Vaticano. El segundo decidió cerrar la Capilla Sixtina alegando que los frescos de Miguel Ángel debían ser limpiados.

¿Qué Papa era un auténtico hipocondríaco y daba verdaderos dolores de cabeza a los médicos vaticanos?

Pío XII. Temía que las moscas comunes le transmitiesen alguna enfermedad; por eso en todas las instalaciones del Vaticano se colocaron trampas para este tipo de insectos. Pío XII sufrió psicológicamente dolor de muelas crónico, arritmias, cólicos, anemia, etc., y físicamente sufrió de gastritis crónica. El Papa se cepillaba los dientes hasta en seis ocasiones por día con un dentífrico especialmente fabricado para él por el químico del Vaticano. Pío XII aseguraba que padecía una infección en las encías, algo incierto; en realidad, lo que ocurrió es que el Papa hizo caso a un dentista romano que le recetó una solución especial, entre cuyos componentes había un potente ácido que, con el paso de los años y el uso, le fue quemando las encías y lo fue envenenando poco a poco.

¿Qué compositor italiano fue vetado por el Vaticano?

El papa Pío XII prohibió que en el interior de la Ciudad-Estado Vaticano se interpretase la música de Giacomo Puccini. Al parecer, al Pontífice no le gustaba la ópera en un acto del compositor y titulada *Sor Angelica*. La ópera trata de una monja, sor Angelica, forzada por su poderosa familia a tomar los hábitos después de dar a luz a un hijo ilegítimo. El niño muere y la monja se suicida tomando una pócima que ella misma ha hecho con unas plantas arrancadas del jardín del convento. Mientras agoniza, a sor Angelica se le aparece la Virgen María, que la perdona y le promete que irá al cielo con su hijo. Según el mismo Puccini, escribió esta historia basándose en un caso real que había escuchado. Al Papa no le gustó la historia, ya que le parecía que hacía apología del suicidio.

¿Cuál es el único Papa enterrado en Alemania?

Clemente II (24 de diciembre de 1046-9 de octubre de 1047). Suidger, obispo de Bamberg (Baviera) y conde de Morsleben y Hornburg, aceptó la sugerencia del emperador de ser nombrado Papa. A pesar de morir en la abadía de San Tommassi, muy cerca de Pesaro, su cadáver fue escoltado y enterrado en la ciudad de Bamberg.

¿Qué Papa dormía tan solo tres horas?

Juan XXIII. Solía acostarse a la diez de la noche y se levantaba a la una de la mañana. A esas horas se dedicaba a leer y escribir. Sus principales encíclicas las escribió de madrugada. Sobre las seis de la mañana dormía media hora y después continuaba con sus actividades.

¿Qué Papa viajaba con más de setenta y cinco cajas de libros?

Pablo VI (21 de junio de 1963-6 de agosto de 1978). Durante sus viajes pastorales le gustaba contar con una buena biblioteca. En las cajas había textos filosóficos, religiosos o simples novelas policíacas. Pablo VI era aficionado a las novelas de Agatha Christie.

¿Qué Papa había sido pagano?

San Símaco de Cerdeña (22 de noviembre de 498-19 de julio de 514). Fue elegido Papa, pero en sus años jóvenes había sido pagano. Como Pontífice se dedicó a los pobres, ordenó construir hospitales y decidió triplicar el presupuesto para limosnas.

¿Qué artista replicó a un Papa?

Miguel Ángel al papa Julio II. El Pontífice no fue solo un soldado, sino también un auténtico mecenas de las artes.

Julio II encargó a Bramante la construcción de una nueva basílica en San Pedro y que debía ser «un templo tan grande como ningún otro existiera». El 18 de abril de 1506 se puso la primera piedra, y la última veinte pontificados más tarde. Miguel Ángel (1475-1564) fue el encargado de pintar los frescos de la Capilla Sixtina y Rafael (1483-1520) las estancias pontificias. Todas las mañanas Julio II asomaba la cabeza y preguntaba a gritos al artista: «¿Cuándo estará acabada?», mientras Miguel Ángel respondía: «Cuando esté acabada, Su Alteza Serenísima».

¿Qué Papa negó la bendición al emperador Francisco José de Austria?

Pío X (4 de agosto de 1903-20 de agosto de 1914). El emperador había acudido a Roma para pedir formalmente la bendición papal a las armas austriacas. El Papa respondió: «Fuera de aquí, fuera de mi vista. La bendición papal no es para quien ha lanzado al mundo a la guerra». Francisco José se marchó de Roma sin la bendición, mientras su política hacia Serbia fue una de las principales causas de la Primera Guerra Mundial.

¿Qué Papa tuvo un «contencioso» con el popular Papa Noel o Santa Claus?

Pablo VI (21 de junio de 1963-6 de agosto de 1978). El Pontífice decidió quitar del calendario a decenas de santos, cuyo origen era incierto e incluso no había pruebas de que realmente muchos de ellos hubiesen existido. Uno de los que se cayeron del calendario fue el popular San Nicolás, a quien se conoce popularmente como Papa Noel o Santa Claus. San Nicolás es el patrón de la ciudad de Bari, así como el protector de los marineros y los náufragos. El santo está enterrado en la ciudad. Para los italianos, la fiesta de San Nicolás no se celebra en Navidad, sino en mayo. La fecha conmemora el día del año 1087 en que los marineros regresaron de Asia con los restos del santo. Durante la fiesta los barcos de pesca salen al mar y depositan un ataúd con flores en el agua. Al parecer, Pablo VI tenía dos cosas en contra de San Nicolás: la primera, que en el altar en donde reposan sus restos apareciera escrito en árabe «Alá es Dios y Mahoma su Profeta», debido, al parecer, a que los artistas que recibieron el encargo de hacer la tumba de San Nicolás eran musulmanes y dejaron su firma; la segunda es que el santo adoptó la personalidad del personaje nórdico de Santa Claus. Para el Vaticano, Santa Claus «... representa un monstruoso sucedáneo del Niño Jesús y ofende a nuestra fe». El boletín vaticano afirmaba que la puesta de regalos a los niños «... era una forma de descristianización insidiosa y que transforma la fiesta religiosa en algo pagano».

¿Qué venganza ideó Napoleón para el papa Pío VII por no querer coronarlo emperador?

En 1804 el papa Pío VII (14 de marzo de 1800-20 de agosto de 1823) decidió viajar a París con la intención de coronar a Napoleón Bonaparte como emperador de Francia. Una vez allí, el Pontífice descubrió que Napoleón no se había casado por la Iglesia con la emperatriz Josefina, de modo que se negó a coronarlos hasta que su matrimonio no estuviese consagrado por la Iglesia católica. Napoleón se enfureció y decidió autocoronarse y coronar, ya como emperador, a Josefina. Antes del regreso de Pío VII a Roma, Napoleón obsequió al Papa con una tiara de triple corona ricamente adornada con piedras preciosas, en cuyo centro podía observarse una espléndida esmeralda que había sido robada por las tropas napoleónicas al tesoro vaticano durante el pontificado de Pío VI (15 de febrero de 1775-29 de agosto de 1799), antecesor de Pío VII.

¿Qué Papa ordenó la ejecución de tres personas por una perla?

El papa Clemente VI (7 de mayo de 1342-6 de diciembre de 1352) en 1348. Según afirman las fuentes, un rico comerciante veneciano decidió donar una perla de gran tamaño a la Iglesia si se restablecía de una importante enfermedad. El comerciante mejoró y cumplió la promesa regalando la perla. El problema surgió cuando se descubrió que aquella perla formaba parte del relicario que contenía nada más y nada menos que los cráneos de San Pedro y San Pablo. Clemente VI ordenó una investigación que condujo a la detención de dos ladrones. En su poder se encontraron doce perlas más, tres rubíes y un zafiro, todas ellas parte del relicario. El mismo papa Clemente VI decidió la pena a la que serían condenados los ladrones: los dos hombres fueron expuestos durante cuatro días a la ira del pueblo encerrados en tres pequeñas jaulas en la iglesia de

Santa María de Araceli; después, un caballo los arrastró por las calles de Roma atados por los pies, y en el Laterano se les cortó la mano derecha y fueron quemados vivos en una hoguera. El comerciante veneciano también fue detenido, atado de pies y manos sobre un burro y llevado al Laterano, donde fue torturado y ahorcado. Posteriormente el papa Clemente VI perdonó a los tres hombres y ordenó una misa como petición de perdón para todos los pecados cometidos por estos.

¿Qué Pontífice ayudó a Galileo primero como cardenal y lo condenó después como Papa?

El cardenal Maffeo Barberini, el cual tomó el nombre de Urbano VIII el 6 de agosto de 1623. El cardenal Barberini sería el principal defensor del astrónomo Galileo Galilei en su proceso ante la Inquisición. Cuando Barberini fue elegido Papa en 1623 hizo llamar a Galileo al Vaticano. Con el apoyo del Pontífice, el astrónomo escribió el tratado de 500 páginas llamado *Diálogo de los dos magnos sistemas cósmicos*. El manuscrito pasó por la aprobación de cinco altos jerarcas de la Iglesia antes de ser publicado, pero la Inquisición seguía vigilando a un Galileo protegido por el Papa. Urbano VIII, presionado por los problemas del cargo y por los revuelos provocados por el cardenal francés Richelieu y la Guerra de los Treinta Años, decidió dejar de lado asuntos triviales como su protegido Galileo. Esto dio una nueva oportunidad a la Inquisición, que lo llevó a juicio y lo perdonó a cambio de que renegase de sus teorías.

¿Qué Papa mandó hacer una película?

El papa Pío XII encargó en 1945 al gran actor y director Vittorio de Sica la realización de una película comercial con la sola aportación económica del Vaticano. Una vez finalizado el montaje de la película, el propio papa Pío XII decidió la paralización de su distribución. *La puerta del cielo*, título de la película, costó cerca de cuarenta mil euros de la época. La historia, escrita por Cesare Zavattini, al parecer mostraba un tema bastante atrevido, pero a su vez dentro de los cánones marcados por Pío XII. Para el mismo De Sica, *La puerta del cielo* fue la mejor de su extensa filmografía. En la actualidad existen tres copias de la película, dos se encuentran enlatadas y protegidas en los Archivos Secretos Vaticanos y una tercera, de 16 mm, en propiedad de Christian de Sica, hijo de Vittorio.

¿De qué trataba *La puerta del cielo* para que fuese prohibida su distribución por el papa Pío XII?

La película, con una duración aproximada de una hora y media, relataba la experiencia de un grupo de personas que viajan en un tren en busca de un milagro. El tren hace el trayecto de Roma a Loreto. Entre los personajes en busca de un milagro se encuentra una anciana ama de llaves que viaja a Loreto para pedir que acaben las desgracias a los miembros de la familia para la que ha trabajado toda su vida. También aparece un joven obrero que se ha quedado ciego tras un accidente provocado por un compañero, que es quien le sirve de guía hasta su llegada a Loreto. El tercer personaje es un prometedor pianista cuya mano ha quedado paralizada y que se dirige a Loreto en busca de un milagro que le devuelva la movilidad. En un vagón del tren viaja una pareja de huérfanos y que conocen en el trayecto a un hombre rico paralítico que se encariña con ellos y los adopta. Al parecer, al papa Pío XII no le gustó que a muchos de los personajes se les concediese el milagro antes de que el tren llegase a Loreto.

¿Quién era el mensajero vaticano entre Vittorio de Sica y el papa Pío XII?

Un joven sacerdote llamado Giovanni Montini y que dieciocho años más tarde ocuparía el trono de San Pedro con el nombre de Pablo VI. La anécdota que contaba siempre De Sica era que un día el padre Montini pidió ver a través de la cámara y, según la tradición en el cine italiano, todo visitante que mira por ella ha de pagar una ronda a todo el equipo que se encuentre en el plató. Montini pagó treinta y ocho cafés con bollos a todo el equipo.

¿Qué Papa creó un órgano regulador que agrupaba al cine, la prensa y la televisión?

El papa Pío XII en 1948. En un primer momento, el Consejo para las Comunicaciones tenía como fin aprovechar los medios de comunicación para difundir el mensaje de la Iglesia católica. Al principio, solo abarcaba al ámbito cinematográfico, hasta que, con el paso de los años, comenzó a abarcar la prensa (*L'Osservatore Romano*), la radio (Radio Vaticano), la televisión (CTV) e Internet (www.vatican.va).

¿Bajo qué Papa se desarrolló la primera beatificación conocida y documentada de la Iglesia católica?

Bajo el pontificado de Juan XV (agosto de 985-marzo de 996) en el año 993 y en la ciudad de Letrán. El primer elegido santo fue Ulrico, obispo de Ausgburgo.

¿Qué palabra fue imposible de traducir al latín por más que lo intentaran los latinistas del Vaticano?

Watergate. Nombre del edificio situado en Washington D. C. y que dio nombre al escándalo de espionaje político que finalizó con la renuncia del presidente de Estados Unidos, Richard Nixon.

¿Qué Papa tenía una ayudante a la que se conocía en todo el Vaticano como «la papisa»?

Pío XII (2 de marzo de 1939-9 de octubre de 1958). A quien conocían con el apodo de «la papisa» no era otra que sor Pascualina, una monja que fue ayudante del Pontífice durante más de cuatro décadas, incluidos los diecinueve años en los que ocupó el Trono. Sor Pascualina, nacida Josephine Lehnert en agosto de 1894, se convirtió en la persona más allegada y próxima al Santo Padre. Durante los años en los que Pío XII fue Papa, sor Pascualina ejerció un poder inusitado. Ella decidía quién tenía o no una audiencia con el Papa, llegando incluso a retrasar durante varios meses peticiones de audiencias realizadas por algún cardenal que no caía bien a sor Pascualina. Sor Pascualina conoció a monseñor Pacelli cuando este tuvo que pasar una temporada en una clínica de reposo. Este se dedicaba a mantener largas conversaciones con la monja, hasta que un día le comunicó que necesitaban un ama de llaves en la nunciatura en Múnich. Desde ese momento ya no se separaron. Sor Pascualina acompañó a Pacelli a Múnich, después a Berlín como nuncio del Vaticano y finalmente a Roma, una vez que el cardenal Pacelli fue nombrado Papa por el cónclave de 1939.

¿Qué misiones especiales encargaba el papa Pío XII a sor Pascualina?

Era muy corriente ver a sor Pascualina en el coche oficial del Pontífice desplazándose por Roma con alguna misión especial. Una de estas sucedió cuando Roma acababa de ser liberada por las tropas aliadas durante la Segunda Guerra Mundial. Sor Pascualina fue reclamada en la puerta por una señorita que se hacía llamar Clara Petacci. Ella era la amante de Benito Mussolini. Petacci llegaba al Vaticano con la misión encomendada por el propio Mussolini de pedir al papa Pío XII que intermediase ante el general Dwight Eisenhower, comandante en jefe de las fuerzas aliadas en el teatro de operaciones europeo, para negociar un acuerdo de paz. En una carta escrita de puño y letra por el Papa, le pidió al militar estadounidense que aceptase la paz con Italia, cosa que Eisenhower rechazó. Pocos días después de la reunión con sor Pascualina, Petacci y su amante Benito Mussolini fueron capturados por guerrilleros, ejecutados y sus cadáveres colgados cabeza abajo en una plaza de Milán.

¿Con qué futuros pontífices tuvo un altercado sor Pascualina?

Durante años la monja se había ganado el odio de una gran parte de la alta jerarquía de la Iglesia.

Por ejemplo, hacía esperar durante semanas para conceder una audiencia con el Papa al propio vicesecretario de Estado del Vaticano, monseñor Tardini, que pasó cuatro largas horas sentado ante la puerta del despacho del Santo Padre. Cuando el diplomático se levantó para protestar, sor Pascualina llamó a una unidad de la guardia suiza para que escoltasen a monseñor Tardini al exterior del Palacio Apostólico, como así hicieron. La espera se había producido debido a que sor Pascualina había concedido una audiencia papal al actor Gary Cooper, que en aquel momento se encontraba en Roma.

Pero si en algo no midió sus actos sor Pascualina fue a la hora de enfrentarse a dos obispos que años después serían elegidos papas.

El primer enfrentamiento fue con el obispo Angelo Roncalli, futuro Juan XXIII, ya que le hizo esperar casi tres horas y cuarto debido a que el papa Pío XII mantenía una reunión informal con el actor Clark Gable. El obispo Roncalli prefirió no protestar, ya que podía verse escoltado por la guardia suiza.

El segundo altercado, y mucho más serio, lo tuvo con el obispo Montini, el futuro Pablo VI. Al parecer, sor Pascualina no tenía mucho aprecio por el religioso, de modo que orquestó un movimiento que desembocó en el alejamiento de Montini del Vaticano. Un hecho que sorprendió a muchos fue que el futuro Papa estaba al frente de la poderosa archidiócesis de Milán sin que se le concediese el birrete cardenalicio. Esto, al parecer, era también obra de sor Pascualina, y Montini siempre lo recordó.

¿Cuál fue el «conflicto» histórico más grave generado por sor Pascualina?

Este sucedió una hora después del fallecimiento del papa Pío XII. Tras el anuncio del fallecimiento del Papa, el poderoso cardenal Tisserant descubrió que sor Pascualina había vaciado el contenido de tres misteriosos cajones del Papa fallecido y depositado su contenido en tres sacas. La monja bajó hasta la zona de calderas del Palacio Apostólico y quemó todos los documentos. El cardenal recriminó este acto a la monja, aduciendo que los documentos de un Papa fallecido pasan inmediatamente a estar bajo control del Archivo Secreto Vaticano hasta su posterior estudio y clasificación. Sor Pascualina tan solo respondió: «Era una orden expresa del Santo Padre».

¿Qué fue de sor Pascualina tras la muerte del papa Pío XII?

Tras el incidente de la quema de documentos, el cardenal Tisserant envió a un sacerdote a las habitaciones de sor Pascualina para que le indicase que en menos de veinticuatro horas debía abandonar las instalaciones vaticanas.

Esa misma noche la monja abandonaba la que había sido su residencia en los últimos diecinueve años, con una pequeña maleta en una mano y la jaula con los pájaros de Pío XII en la otra. Nadie salió a despedirla, a pesar del poder que esta religiosa de 64 años había tenido durante más de cuarenta. Gracias a la intervención del cardenal estadounidense Spellman, a sor Pascualina se le permitió vivir en una residencia fundada por el Papa recientemente fallecido.

Josephine Lehnert, o sor Pascualina, murió víctima de un paro cardiaco en noviembre de 1983 a los 89 años de edad, en una silla del aeropuerto de Viena. La religiosa se dirigía a Roma cargada de documentos en los que demostraba que el Pontífice fallecido veinticinco años atrás era digno de ser santificado por el Papa Juan Pablo II. Sor Pascualina se llevó a la tumba muchos secretos vaticanos de los seis pontificados de los que fue testigo.

¿Qué líder político soviético prometió a un Papa «libertad religiosa» para los católicos de la URSS?

Mijaíl Gorbachov al papa Juan Pablo II el 1 de diciembre de 1989. Aquel día hubo dos encuentros entre ambos líderes, uno formal y otro informal. Al formal asistieron el Papa y Gorbachov, acompañado este último de un séquito formado por una veintena de personas, incluidos asesores religiosos, políticos y su propia esposa Raisa. En este primer encuentro, que duró casi dos horas, se habló de cuestiones intrascendentes; sin embargo, en el segundo, de carácter informal y que duró tan solo diez minutos, el líder de la Unión Soviética prometió al Pontífice el respeto y la defensa de la libertad religiosa de los católicos dentro de las fronteras de la URSS, la no interferencia del Estado en el nombramiento de obispos y el establecimiento de relaciones diplomáticas con el consiguiente intercambio de embajadores entre el Kremlin y el Vaticano. Gorbachov nunca pudo cumplir el primer punto debido al rechazo de la Iglesia ortodoxa rusa a la libertad religiosa para los católicos.

¿Qué papas fueron los primeros en intentar un acercamiento entre las iglesias cristianas escindidas del poder de Roma a lo largo de los siglos?

A través del ecumenismo diversos pontífices comenzaron un largo diálogo con el resto de iglesias cristianas que se habían escindido del poder del Papa. Para los papas, el retorno a la unidad de Roma de las iglesias ortodoxa, anglicana y luterana ha sido una cuestión prioritaria y necesaria a lo largo de varios siglos. El primero en intentar este acercamiento fue el papa Juan XXIII (28 de octubre de 1958-3 de junio de 1963), aunque sería Pablo VI (21 de junio de 1963-6 de agosto de 1978) en 1967 quien diera el primer paso al abrazar en Estambul al patriarca ortodoxo Atenágoras y rezar junto a él por la unidad. Durante los diferentes viajes de Juan Pablo II, este participó en liturgias ortodoxas, luteranas y anglicanas. El paso más importante de Juan Pablo II por el acercamiento tuvo lugar el 9 de marzo de 1998, cuando el Consejo para la Unidad de los Cristianos aprobó este tema como asignatura obligatoria para ser estudiada en los seminarios.

¿Qué Papa fue dinamitero y picapedrero antes de ser elegido Pontífice?

Juan Pablo II. Durante la ocupación alemana de Polonia, Karol Wojtyla trabajaba en las canteras de Batki, cerca de Cracovia. Wojtyla necesitaba desarrollar un trabajo útil a las fuerzas ocupantes para no ser enviado a las fábricas que desarrollaban la industria bélica. El 1 de noviembre de 1940, y con solo veinte años, fue ascendido de picapedrero a dinamitero por un capataz que lo protegía. Durante un mes Wojtyla se dedicó a colocar cartuchos en las grietas de las paredes de la cantera.

¿Qué Papa provocó el cisma que dio paso a la Iglesia anglicana?

Clemente VII (19 de noviembre de 1523-25 de septiembre de 1534), cuando decidió excomulgar al rey de Inglaterra, Enrique VIII. El monarca quería divorciarse de la reina Catalina de Aragón para poder casarse con Ana Bolena. El papa Clemente VII negó el permiso a Enrique VIII, y este pidió entonces al Parlamento que apoyase la creación de la Iglesia de Inglaterra con el propio monarca como cabeza de la misma. En el año 1982 Juan Pablo II se convirtió en el primer Papa en besar el suelo de Inglaterra y en orar en la catedral de Canterbury. El Papa y el primado de la Iglesia anglicana, Robert Runcie, firmaron una declaración conjunta para dar los primeros pasos hacia una unificación de las iglesias católica y anglicana (protestante).

¿Qué tipo de vida decepcionante llevaba un Papa para que Martín Lutero diera paso a la creación de la llamada Iglesia luterana?

En 1510 Martín Lutero visitaba Roma cuando descubrió la pompa, el boato y el exceso que se vivía en la corte del papa Julio II (31 de octubre de 1503-21 de febrero de 1513). A su regreso, y decepcionado con lo que vio, Lutero decidió crear una iglesia cismática en Alemania y los países escandinavos. La Iglesia luterana carece de un solo dirigente, pero los líderes de todas las comunidades luteranas formaron a finales de los años cuarenta una Federación Mundial con el fin de unificar criterios en materia de dogma.

Sería nuevamente el papa Juan Pablo II quien propiciaría el primer acercamiento a los luteranos después de siglos de cisma. Fue en 1983, con motivo del V Centenario del nacimiento de Martín Lutero, cuando el Sumo Pontífice rezó el llamado *Credo de Nicea*, compartido por las Iglesias católica y luterana.

¿Qué Papa provocó la llamada Iglesia ortodoxa?

Era Pontífice Silvestre I (31 de enero de 314-31 de diciembre de 335) cuando, en el año 330 y tan solo por una cuestión administrativa, se creó la Iglesia ortodoxa. Con el paso de los siglos las separaciones administrativas se convirtieron en abismos doctrinales. En el año 1204 el papa Inocencio III (8 de enero de 1198-16 de julio de 1216) ordenó a los cruzados el saqueo de la sede patriarcal de Constantinopla.

Juan Pablo II sería quien, dieciséis siglos después, comenzaría de nuevo el acercamiento al clasificar a las Iglesias «católica y ortodoxa como dos pulmones que alimentan a un solo corazón cristiano». En 1979 viajó a Turquía para abrazar al patriarca Demetrio I en la sede del Fanar (el Vaticano de la Iglesia ortodoxa). El conflicto volvió a recrudecerse tras la caída del muro de Berlín y con él los regímenes comunistas. Para la Iglesia ortodoxa, hasta ahora la única aceptada por el comunismo, no le parecía bien la posible apertura al catolicismo que apoyaban los nuevos gobiernos, entre ellos el de Mijaíl Gorbachov.

Las pugnas siguieron sucediéndose entre ambas iglesias durante el conflicto en la antigua Yugoslavia. La Iglesia ortodoxa acusaba a la católica de hacer proselitismo en territorios claramente de mayoría ortodoxa. La polémica aún sigue abierta y sin posibilidad de acercamiento.

¿Qué personalidad política creó la expresión «injerencia humanitaria»?

Juan Pablo II. Esta expresión explicaba la intervención militar para ayudar a paliar los problemas sociales como el hambre, las tiranías o la pobreza de países del Tercer Mundo y que afectan en la mayor parte de los casos a las poblaciones civiles. En muy poco tiempo esta expresión comenzó a popularizarse en los medios de comunicación de todo el mundo. Juan Pablo II defendió la «injerencia humanitaria» por vez primera durante la campaña «Devolver la Esperanza» en Somalia. Lo que en un primer momento suponía una «injerencia humanitaria» se convirtió en una guerra abierta entre fuerzas norteamericanas y de la ONU contra las diferentes milicias de los señores de la guerra que combatían desde hacía años en tódo el territorio somalí. Poco tiempo después, el papa Juan Pablo II volvió a pedir expresamente al presidente de Estados Unidos, Bill Clinton, la «injerencia humanitaria» para acabar con el asedio a Sarajevo por parte de las tropas serbias del presidente de Yugoslavia, Slobodan Milosevic. Los cazas de combate norteamericanos consiguieron en tan solo una semana acabar con el cerco de dos años impuesto por la artillería serbia a la ciudad de Sarajevo, capital de la República de Bosnia-Herzegovina.

En la actualidad, la «injerencia humanitaria» es un término en el Derecho Internacional y que ha sido esgrimido en varias ocasiones por el Consejo de Seguridad de las Naciones Unidas.

¿Qué Papa creó la Limosnería Apostólica?

El papa Gregorio X (1 de septiembre de 1271-10 de enero de 1276). La Limosnería Apostólica se ocupa de la distribución de fondos a los más necesitados, así como de la atención de todo tipo de necesidades. Por ejemplo, la Limosnería Apostólica ha pagado los estudios a casi doscientos niños en los últimos años y ha dado asistencia sanitaria a más de tres mil personas con pocos recursos. A este departamento vaticano se le conoce también como el Servicio Asistencial del Santo Padre.

¿A qué Papa se le negó el visado para entrar en Polonia?

A Pablo VI. Cuando se celebraba el centenario de Polonia como nación y se disponían a celebrarse diferentes actos. El

entonces arzobispo de Cracovia, Karol Wojtyla, creía que realmente el nacimiento de Polonia como nación había sucedido
cuando su país abrazó el cristianismo. Por este hecho, Wojtyla
creía que el papa Pablo VI debería visitar el santuario de
Czestochowa, donde se venera a la Virgen Negra. La Secretaría
de Estado del Vaticano pidió al Gobierno de Varsovia el visado para la visita, pero el Ministerio de Asuntos Exteriores
negó el visado al Sumo Pontífice y Pablo VI no pudo visitar
Polonia.

¿Qué Papa pidió al entonces cardenal Karol Wojtyla que preparase para él el llamado «signo de contrición»?

Pablo VI (21 de junio de 1963-6 de agosto de 1978). Por
razones de salud, el Pontífice pidió en 1976 al arzobispo
de Cracovia, Karol Wojtyla, que redactase para cuando este
falleciese un texto que sirviera como «signo de contrición». El
texto, de veintidós páginas, debería ser leído tras la muerte
de Pablo VI, que sucedió dos años después.

¿Qué Papa fue el primero en conocer el llamado «tercer secreto de Fátima»?

El papa Juan XXIII (28 de octubre de 1958-3 de junio de
1963). Debido a la precaria salud de la única testigo super-
viviente de la aparición de la Virgen en Fátima en 1917, sor
Lucía de Fátima decidió desvelar a Juan XXIII la tercera
revelación de la Virgen. Ya en 1939, ante el temor de que
falleciese sor Lucía y se llevara la tercera revelación a la
tumba, el papa Pío XI (6 de febrero de 1922-10 de febrero
de 1939) autorizó a la religiosa a que la escribiera en un

papel, que se guardaría en el Archivo Secreto Vaticano. Solo los papas conocen la «tercera revelación» o «tercer secreto», y que no ha sido nunca transmitido a los católicos. Diversas fuentes aseguran que esta tercera revelación sería la fecha exacta del fin del mundo. Ante la llegada del año 2000, Juan Pablo II tuvo que recriminar a todos aquellos falsos profetas que aseguraban que el 31 de diciembre del año 1999 supondría el fin del mundo, según ellos, comunicado por la Virgen a los niños en Fátima.

¿En qué consistían las dos primeras revelaciones de la Virgen aparecida en Fátima?

La Virgen se apareció a tres niños en 1917: a Jacinta Maroto; a su hermano, Francisco; y a la prima de estos, Lucía Abóbora, más tarde sor Lucía de Fátima. La Virgen dio tres mensajes de los que solo se conocen dos.

La primera revelación anunciaba la próxima muerte de Jacinta y Francisco, así como el fin de la Primera Guerra Mundial, sucesos que no tardaron en producirse. La segunda revelación pedía la «consagración de Rusia al Sagrado Corazón», porque, de no conseguirlo, se provocarían violentas guerras. La Consagración de Rusia llegaría el 25 de marzo de 1984, a través del papa Juan Pablo II. Cinco años después tendría lugar la caída del comunismo.

¿Qué Papa nombró custodios de Tierra Santa a los franciscanos?

Clemente IV (29 de febrero de 1265-29 de noviembre de 1268). La Tierra Santa está enclavada en el corazón del Oriente

Medio y debe su nombre al lugar donde nació, vivió y murió Jesucristo. La protección y custodia de Tierra Santa fue encomendada personalmente por el papa Clemente IV a San Francisco de Asís, fundador de la Orden de los Franciscanos. El Papa otorgó esta misión a San Francisco cuando este se trasladó a predicar a Egipto y consiguió del sultán numerosas prebendas para los cristianos que peregrinaban a Jerusalén. La presencia, que aún continúa, no abarca solo a Jerusalén, Belén y Nazaret, sino a países con larga tradición cruzada como Egipto, Chipre, Jordania o Líbano.

Hace pocos años, y durante el pontificado de Juan Pablo II, las unidades del Ejército israelí, la IDF, bombardearon la iglesia de la Natividad en Belén, donde se habían refugiado un grupo de palestinos y periodistas. El asedio duró días.

¿Qué Papa fue conocido como el «Papa viajero»?

Pablo VI (21 de junio de 1963-6 de agosto de 1978). El papa Pablo VI fue el primer Pontífice en salir de viaje pastoral a otros países. Realizó discursos ante la ONU en Nueva York y la OIT en Ginebra. Como Papa visitó nueve países: Tierra Santa, Colombia, Estados Unidos, India, Suiza, Portugal, Filipinas, Turquía y Uganda.

Capítulo II

El pontificado

¿De dónde procede la palabra Papa?

EXISTEN tres posibles etimologías u orígenes: la palabra *Papa* como derivación de la palabra griega *pappas* o *padre*; según algunas fuentes, la palabra *Papa* corresponde a las siglas de las palabras *Petri Apostoli Potestatem Accipiens* (El que recibe la potestad del Apóstol Pedro), y, por último, el origen de *Papa* como la unión de las dos primeras sílabas de las palabras *Pater et Pastor* (Padre y Pastor).

¿De dónde procede la palabra Pontífice?

Pontífice significa «constructor de puentes», título que usaban los sacerdotes en los tiempos del Imperio romano.

¿Cuándo aparece por vez primera en Roma la palabra *Papa*?

La primera mención conocida data del año 296 y documentada en la tumba de San Marcelino (39 de junio de

296-25 de octubre de 304). A finales del siglo IV la palabra *Papa* se utiliza para nombrar exclusivamente al obispo de Roma.

¿Cuáles son los símbolos de un Papa?

La sotana de seda blanca, el solideo (pequeña gorra) de color blanco, el anillo del Pescador (el máximo símbolo del Pontífice), la tiara, el pectoral o un gran crucifijo de oro.

¿Quién es el sastre del Santo Padre?

Raniero Mancinelli. Su sastrería se encuentra en el número 30 del Borgo Pío, a muy pocos metros de la plaza de San Pedro. Es uno de los sastres más antiguos de la ciudad del Vaticano, que lleva más de cuarenta años diseñando desde los hábitos papales a los hábitos cardenalicios, incluidos los del último papa, Juan Pablo II.

¿Cuál es uno de los mayores tesoros pontificios?

La mitra papal usada por el papa Pío X (4 agosto 1903-20 agosto 1914) para su consagración, que lleva 529 diamantes, 252 perlas, 32 rubíes, 19 esmeraldas y 11 zafiros.

¿Qué siglo es el que más papas ha tenido?

Desde mediados del siglo IX a mediados del siglo X. No es un siglo exacto, pero entre el año 867 y 965 hubo en total veintiocho pontífices.

¿Qué siete puntos son acatados por el nuevo Papa al ser nombrado?

- Adopción de un nuevo nombre.
- Pérdida de cualquier conexión con su país de origen. Por ejemplo, Juan Pablo II, al ser nombrado Papa, cambió la nacionalidad y el pasaporte polaco por los del Estado Vaticano.
- Supervisión de su labor diaria.
- Asignación de un confesor privado, la única persona que puede absolver de sus pecados al Papa.
- Ostentación del poder absoluto sobre la Iglesia católica romana.
- Poder absoluto para modificar las normas y las leyes de la Iglesia.
- No puede ser juzgado por ningún hombre o tribunal.

¿Qué poderes tiene el Papa?

- Aprueba y suprime órdenes religiosas.
- Concede indulgencias.
- Beatifica o canoniza.
- Nombra obispos y cardenales.
- Crea diócesis.
- Funda universidades pontificias y decreta sus normas.
- Publica obras litúrgicas.
- Administra los bienes de las fundaciones dependientes del Vaticano.
- Rige y preside todas las misiones vinculadas al Vaticano.
- Convoca concilios.
- Regula las fiestas católicas.

- Emite encíclicas sobre cuestiones de fe.
- Promulga, modifica o elimina leyes eclesiásticas.
- Es el máximo defensor de la Iglesia contra la herejía.
- Concede la dispensa de votos a los religiosos que quieren secularizarse.
- Falla sentencias.
- Forma tribunales para el examen de causas concretas.
- Elige personalmente a los miembros de cada tribunal.

¿Qué otros títulos conlleva el nombramiento de Papa?

Oficialmente es obispo de Roma; sucesor del Primado de los Apóstoles; Vicario de Cristo; Sumo Pontífice de la Iglesia Universal; Siervo de los Siervos de Dios; Patriarca de Occidente; Primado de Italia; Arzobispo de la diócesis romana; Soberano de la Ciudad-Estado del Vaticano. De forma extraoficial es Rector del Mundo; Padre de los príncipes y reyes y Pontífice Máximo (Pont. Max.).

¿A cuánto asciende el sueldo de un Papa?

El Sumo Pontífice no recibe asignación de sueldo.

¿Tiene cuenta corriente el Papa?

Lo tiene prohibido por la legislación vaticana.

¿Qué es un Antipapa?

Antipapa es todo aquel que ha ocupado el pontificado sin haber sido elegido, o habiendo sido elegido por normas no establecidas.

¿Qué provoca un Antipapa?

Disensiones doctrinales, exilios forzosos del Papa, cónclaves duplicados o inestabilidades políticas que utilizan al Papa y al papado como un peón del juego.

¿Quién fue el último Antipapa?

Félix V, de 1439 a 1449 durante los pontificados de Martín V (11 de noviembre de 1417-20 de febrero de 1431), y Nicolás V (6 de marzo de 1447-24 de marzo de 1455).

¿Ha existido algún Papa casado?

Estuvieron casados los siguientes papas: San Pedro; el santo y papa Hormisdas (20 de julio de 514-6 de agosto de 523), que era padre de San Silverio, también elegido Papa entre el 8 de junio del 536 y el 11 de noviembre del 537; el Papa y santo Félix III (13 de marzo de 483-1 de marzo de 492) también estaba casado. Su nieto fue también Papa y santo. Gregorio I fue Papa entre el 3 de septiembre del 590 y el 12 de marzo del 604. El caso más famoso es el de Adriano II (14 diciembre 867-diciembre 872), que cuando fue elegido Papa, tras rechazar el nombramiento hasta en dos ocasiones, estaba casado y tenía una hija de cuatro años. El nuevo Pontífice rechazaba el celibato y la renuncia a su vida familiar, de modo que decidió instalar a su esposa y su hija en una habitación del palacio Lateranense. Un grupo de desconocidos entraron una noche en el palacio papal y secuestraron a ambas. Adriano II pidió ayuda al emperador francés Luis II, que decidió intervenir militarmente en ayuda del Pontífice. Una semana después del secuestro los cadáveres de las dos aparecieron decapitados y colgados en la ciudad. Nunca se descubrió a los culpables.

¿Cuántos papas judíos ha habido?

Dos. San Pedro y Anacleto II, que procedía de una familia judía conversa, y que no puede ser definido como Antipapa, ya que fue elegido por un cónclave cardenalicio, pero su nombre no figura en la lista oficial de papas. A la muerte de Honorio II (21 de diciembre de 1124-13 de febrero de 1130) veinte cardenales jóvenes se reúnen en San Gregorio y nombran Papa al cardenal Gregorio Papareschi, que adopta el nombre de Inocencio II. Otros veintitrés cardenales se reúnen en San Marcos y nombran Papa al cardenal Pedro Pierloni, que adopta el nombre de Anacleto II. Su bisabuelo Baruch adoptó el nombre cristiano de Benedicto. Los dos papas fueron consagrados, el primero en la iglesia de Santa Maria Nuova por el obispo de Ostia, y el segundo en la basílica de Letrán por el obispo de Porto. El cisma entre Inocencio II y Anacleto II duró ocho años. A pesar de todos los movimientos políticos y militares para expulsar a Anacleto del trono pontificio, el Papa judío murió ocupando el trono de San Pedro. En abril de 1139 el llamado II Concilio de Letrán decidió declarar nulos todos los actos y las disposiciones de Anacleto II y, en consecuencia, su nombre figura en la lista de los antipapas. Inocencio II llamaba de forma despectiva a Anacleto II el «Papa judío».

¿Ha existido alguna época en la que no hubiera un Papa?

En el llamado *interregno*, entre el 4 de julio de 1415 y el 11 de noviembre de 1417. Segismundo se negaba a la elección de un nuevo Papa hasta que no se resolviese la cuestión de los llamados papas sediciosos, uno de ellos el llamado Juan XXIII, «el Antipapa», o Benedicto XIII. Segismundo defendía que la Iglesia debía llevar a cabo una reforma para que el nuevo Papa se encontrase con una totalmente distinta. El *interregno* finalizó el 8 de noviembre de 1417, cuando los cardenales nombraron Papa al cardenal diácono Otón Colonna, que adoptó el nombre de Martín V (11 de noviembre de 1417-20 de febrero de 1431). Benedicto XIII siguió siendo Papa sin ser molestado, aunque retirado en la ciudad española de Peñíscola hasta su muerte. Los tres cardenales fieles a Benedicto eligieron a Gil Sánchez Muñoz como nuevo Papa «Antipapa», que adoptó el nombre de Clemente VIII. El rey Alfonso V lo convenció para que renunciase y proclamase su obediencia al papa Martín V, que ratificó en una ceremonia el 28 de julio de 1429. Gil Sánchez moría en 1446 como obispo de Mallorca.

¿Quién fue el Papa que dio el último gran banquete papal?

Pío IX (16 de junio de 1846-7 de febrero de 1878), gran aficionado a los banquetes papales. Uno de sus banquetes se compuso de diez platos diferentes, regados con cinco tipos de vino para casi medio millar de invitados. En otra ocasión, en marzo de 1863, organizó un banquete para casi un centenar de mendigos de Roma.

¿Quién ejercía poder de veto sobre la elección de un nuevo Papa?

El Imperio austriaco tenía el privilegio histórico del Sacro Imperio Romano Germánico de vetar la elección de un Papa. Este derecho se llevó a la práctica en muy pocas ocasiones, hasta que Francisco José lo hizo en 1903. Al parecer, el cardenal Rampolla era un candidato posible para ser elegido Papa, pero el emperador austriaco sabía que este era claramente antiaustriaco. Al final fue elegido el cardenal Giuseppe Sarto, que adoptó el nombre de Pío X (4 de agosto de 1903-20 de agosto de 1914).

¿Cuál fue el primer decreto aprobado por el papa Pío X?

La anulación, el 5 de agosto de 1903, del privilegio de veto del Imperio austriaco en la elección de un nuevo Papa.

¿Cómo se elige a un nuevo Papa?

Cuando el Papa muere, once días después se reúne el cónclave en la Capilla Sixtina. Se vota dos veces al día, hasta que uno de los candidatos es elegido por dos tercios de votos más uno. Los cardenales seguirán reunidos en el cónclave hasta que un cardenal obtenga los votos suficientes para ser elegido Pontífice.

¿Cómo se comunica el resultado de cada votación del cónclave?

Mediante la fumata blanca o la fumata negra. Cuando no se han conseguido los votos suficientes, las papeletas de voto se queman con una paja especial que produce humo negro.

¿Qué anuncia que hay un nuevo Papa?

La fumata blanca. Cuando el candidato ha conseguido dos tercios de votos más uno, las papeletas son quemadas con papel que provoca un humo blanco.

¿Por dónde sale el humo blanco o negro?

La paja o el papel son quemados en un pequeño hornillo situado en la propia Capilla Sixtina y en el centro de la sala. El hornillo se comunica con una chimenea situada en el lado derecho de la basílica.

¿Qué sucede cuando hay humo blanco?

El cardenal camarlengo, el de mayor rango en el colegio cardenalicio, sale al balcón anunciando que se ha elegido a un nuevo Pontífice. Seguidamente anuncia el nombre adoptado por el nuevo Papa. El recién elegido Pontífice, ya vestido con la casulla blanca, da la primera bendición papal *Urbi et orbi*.

¿Qué significa la bendición *Urbi et orbi*?

Urbi et orbi es una expresión latina que significa «A la ciudad y al mundo», a quienes van dirigidos los mensajes, oraciones o bendiciones del Sumo Pontífice.

¿Qué Papa fue elegido en tres ocasiones distintas?

Benedicto IX. La primera elección tuvo lugar el 21 de octubre de 1032; la segunda elección, el 10 de marzo de 1045, y la tercera elección, el 8 de noviembre de 1048. Benedicto IX tiene fama de haber sido un papa tirano, aunque los historiadores no han podido demostrarlo. Elegido Papa con tan solo 12 años, Benedicto IX abdicó para contraer matrimonio, posteriormente abdicó tras haber vendido la sede papal a un familiar suyo, pero aun así volvió a ser elegido antes de cumplir los 30 años.

¿Cómo es un funeral pontificio?

En el momento en que fallece el Papa comienza a ponerse en movimiento una maquinaria muy bien diseñada. Su cadáver es identificado por el cardenal chambelán, quien se encarga de quitarle el Anillo del Pescador al Pontífice, que le fue colocado tras su elección en el cónclave. El anillo es roto en un yunque con un martillo. Acto seguido comienza la procesión de cardenales para presentar sus respetos al Papa fallecido y acompañar al cadáver hasta la Capilla Sixtina, en donde se le viste con un hábito de seda blanca y un palio que ha sido tejido especialmente para la ocasión. La primera noche el cadáver del Papa permanece en una de las capillas del Palacio Apostólico hasta el día siguiente, que es trasladado por un retén de la guardia suiza a la basílica de San Pedro, en donde permanece la capilla ardiente durante tres días. En el transcurso de estas setenta y dos horas, los fieles pueden pasar a presentar sus respetos al Pontífice. Se celebra una misa en el interior de la basílica. Pasados los tres días se coloca el cadáver del Pontífice fallecido en un triple ataúd de madera y se coloca a sus pies un cilindro metálico con un texto escrito por uno de los cardenales en su interior. El texto suele ser una bendición. Al lado del cadáver se colocan en tres bolsas de terciopelo rojo monedas de oro, plata y cobre, una moneda por cada año de pontificado. Posteriormente, el chambelán cubre el rostro del cadáver con un velo de seda, el triple ataúd se cierra y sella, y bajo la vigilancia de la guardia suiza es bajado a la cripta de San Pedro y colocado en el nicho construido ex profeso para el Papa fallecido.

¿Hay alguna restricción sobre la nacionalidad del Papa?

Ninguna. El Papa puede ser elegido entre cualquier miembro del cónclave. En la Historia los papas han sido por mayoría italianos, griegos, sirios, franceses, españoles, portugueses, ingleses y un polaco.

¿Qué Papa tiene el récord de permanencia más larga en el cargo?

Pío IX (16 de junio de 1846-7 de febrero de 1878). Las leyendas vaticanas cuentan que hasta 1871 existía el dicho *Annos Petri non videbis* (No superarás el tiempo de Pedro), que hacía referencia a que ningún Papa podría sobrepasar los veinticinco años de pontificado que cumplió el apóstol San Pedro. Cuando Pío IX cumplió veinticinco años y un día de pontificado hizo instalar en una columna de la basílica de San Pedro, junto a la estatua de bronce del primer Papa, un mosaico con la fecha de la efemérides. Pío IX permaneció en el cargo 31 años, 7 meses y 22 días.

¿Qué Papa tiene el récord de permanencia más corta en el cargo?

Esteban II. Fue nombrado Papa el 22 de marzo del 752, pero cuatro días después fallecía repentinamente tras un ataque de apoplejía, por lo que no dio tiempo a consagrarlo como Pontífice. El sucesor, Esteban II (III) (26 de marzo de 752-26 de abril de 757), adoptó el mismo nombre en honor de su antecesor. El segundo papa Esteban II lleva entre paréntesis el número romano III para diferenciarlo del anterior. Esteban II no aparece en las listas oficiales del Vaticano desde 1961, tras la aprobación de una norma que dice: «Elegido y no consagrado, nunca Papa».

¿Quién fue el Papa más anciano cuando fue elegido?

Adriano I (1 de febrero de 772-25 de diciembre de 775). Cuando fue elegido Papa, Adriano contaba ya ochenta años de edad.

¿Quién fue el Papa más joven cuando fue elegido?

Benedicto IX (21 de octubre de 1032-septiembre de 1044, 10 de marzo-1 de mayo 1045, 8 de noviembre de 1047-16 de julio de 1048). Cuando fue elegido Papa, Benedicto contaba doce años de edad.

¿Qué Papa dejó de serlo en 1975, a pesar de haber muerto siete siglos atrás?

Adriano V (11 de julio de 1276-18 de agosto de 1276), Ottono Fieschi de Génova y que reinó durante dos meses desde el mes de julio de 1276. El papa Pablo VI decidió, mediante una encíclica de 1975, borrar de la lista oficial de papas el nombre de Adriano V. Ottono Fieschi no era obispo ni cardenal en el momento de su elección y ni siquiera había ejercido el sacerdocio. En noviembre de 1975 Pablo VI escribió: «Si alguno fuere electo Papa sin haber recibido el orden episcopal, se subsanará la omisión en el acto». Desde este momento nadie puede ser elegido Papa sin haber sido ordenado obispo, de modo que Adriano V dejó de aparecer en la lista oficial.

¿Algún Papa ha residido en Francia?

Desde el punto de vista geográfico sí, pero no desde el territorial. A pesar de que Aviñón, geográficamente, está en Francia, y de que fue sede de siete papas, la ciudad formaba parte del reino de Nápoles, perteneciendo a Italia, por lo que no era territorio francés.

¿Qué pasaría si un Papa es declarado mentalmente incapacitado durante su pontificado?

Nunca ha ocurrido, pero, si esto sucediera, la maquinaria burocrática vaticana entraría en funcionamiento para evitar una acción perjudicial para la Ciudad-Estado del Vaticano o para la propia Iglesia católica por parte del Papa mentalmente incapacitado.

¿Qué Papa tuvo que ser arrastrado literalmente hasta el trono de San Pedro?

León IV (10 de abril de 847-17 de julio de 855) fue literalmente conducido a rastras hasta el trono papal, debido a que se negó a aceptar el nombramiento por miedo a las intrigas que existían sobre él. Prefería seguir ejerciendo el sacerdocio en lugar de la mitra pontificia. Finalmente, aceptó y se convirtió en un Pontífice enérgico y restaurador.

¿Dónde vive el Papa?

El Pontífice y las más altas jerarquías de la Iglesia residen en el llamado Palacio Apostólico, un grupo de edificios construidos en la época del Renacimiento.

¿Cómo consigue el sastre vaticano vestir tan rápidamente a un cardenal que acaba de ser elegido Papa?

En el momento en que se anuncia el nombre del nuevo Papa por el portavoz del cónclave, el sastre vaticano lo viste con uno de los hábitos de seda blanca que están preparados previamente: uno de talla pequeña, otro mediana y otro grande. Cuando salen a dar la bendición *Urbi et orbi* a los congregados en la plaza de San Pedro lleva un hábito retocado con alfileres e imperdibles.

¿Desde cuándo los papas visten de blanco?

Según algunas fuentes se trata de 1566 y otras apuntan que es desde 1571. De acuerdo con las primeras, en 1566 es cuando el papa Pío V (7 de enero de 1566-1 de mayo de 1572) instauró la costumbre de que el Santo Padre vistiese siempre de color blanco como signo de pureza. Sin embargo, otros documentos aseguran que el papa Pío V necesitaba un lujoso hábito para una ceremonia especial que debía celebrarse en 1571, pero en aquellos momentos la ciudad estaba desabastecida de seda roja. La única que había era seda blanca, de modo que el Papa cedió a ponerse un hábito blanco confeccionado por sus sastres. Desde entonces los pontífices visten de blanco.

¿Para qué ceremonia necesitaba un lujoso hábito el papa Pío V?

Para la entrega del estandarte de cruzada a don Juan de Austria. El 7 de octubre de 1571 la flota comandada por don Juan de Austria se enfrentó a la flota turca en aguas de Lepanto. La victoria cristiana acabó con el mito de la invencibilidad de la flota turca.

¿Qué Constitución Apostólica aprobó Juan Pablo II con respecto a la vacante en el Trono de Pedro y a la elección del nuevo Pontífice?

La *Universi Dominici Gregis* (De todo el rebaño del Señor). Ley aprobada por Juan Pablo II el 22 de febrero de 1996 con el fin de reformar el reglamento del Vaticano en la cuestión de la vacante en la Sede Apostólica y en la elección del nuevo Pontífice. Los dos capítulos, divididos en cuarenta páginas, establecían la elección de un nuevo Papa en elección en cónclave por una mayoría de dos tercios, y desaparecía la votación por «aclamación directa», cuando todos los miembros del cónclave apoyan a un solo candidato, y por «compromiso», cuando tras varias votaciones negativas o con fumata negra, algunos cardenales suman sus votos al de la mayoría para así conseguir quórum para que pueda salir elegido un Papa. La *Universi Dominici Gregis* establece severas normas que ordena el completo aislamiento de los cardenales reunidos en cónclave, y tienen prohibido el uso de aparatos de radio y televisión o utilizar cualquier aparato de comunicaciones o telefonía móvil. La Constitución Apostólica establece asimismo una función para aquellos cardenales que, habiendo superado los ochenta años, no pueden participar en el cónclave. Estos deberán dirigir las oraciones de los fieles para desear que los cardenales que sí tienen derecho a voto elijan al Pontífice más adecuado.

¿Cómo han actuado los diferentes pontífices ante el holocausto judío?

El antisemitismo ha constituido un verdadero problema para diversos pontificados durante el paso de los siglos, posición inamovible incluso durante el holocausto o *Shoah*. El exterminio de la mayor parte de la población judía de Europa durante la Segunda Guerra Mundial no provocó reacción alguna en el Vaticano. Pío XII, a pesar de hacer pequeños movimientos a favor de salvar a los judíos, jamás condenó públicamente el holocausto ni pidió a los fieles que se opusieran a él. Los siguientes papas italianos, Juan XXIII, Pablo VI y Juan Pablo I, no dieron ningún paso de acercamiento o de reconocimiento ante el dolor sufrido por la población judía de Europa, hasta la llegada de Juan Pablo II. Debido a la experiencia de Karol Wojtyla en la Polonia ocupada, cuando se convirtió en Pontífice, fue el primer jerarca de la Iglesia católica en reconocer los errores del pasado con respecto a la posición del Vaticano en lo referente al holocausto. En 1998 promulgó el documento de once páginas *Nosotros recordamos: una reflexión sobre la Shoah*, donde el Vaticano reconocía los errores de la Iglesia católica con respecto al sufrimiento vivido por los judíos durante la Segunda Guerra Mundial. En el mismo documento la Iglesia católica pedía perdón por sus «errores de omisión». También en 1979, Juan Pablo II se convirtió en el primer Papa en rezar ante los hornos crematorios del campo de concentración de Auschwitz y definirlo como el «Gólgota del mundo contemporáneo».

¿Qué polémica provocó el documento *Nosotros recordamos: una reflexión sobre la Shoah?*

En el texto de once páginas y publicado en 1998 no se hacía referencia a la posición del papa Pío XII con respecto al nazismo y al holocausto, por lo que fue tachado por las autoridades judías de «impreciso». Para evitar nuevas polémicas, Juan Pablo II permitió la entrada en el llamado Archivo Secreto Vaticano a una Comisión mixta judeo-católica para revisar cualquier documento de esa época. También se permitió al escritor y profesor John Cornwell el acceso a cualquier documento para la redacción de un libro en donde se mostrase la buena predisposición del papa Pío XII a favor de los judíos y en contra del nazismo. El libro resultante, titulado *El Papa de Hitler*, demostró la posición pasiva del Pontífice ante un holocausto que conocía, en contra de lo que quería mostrar el Vaticano. En 1981 y en 1986 Juan Pablo II decidió orar con el rabino y amigo personal, Elio Taoff, en recuerdo de las víctimas de la *Shoah*.

¿Es el Papa el arzobispo de la diócesis de la Ciudad del Vaticano?

No. La diócesis de la Ciudad del Vaticano la ostenta un vicario general, que tiene todas las funciones pastorales en la ciudad menos en la Basílica de San Pedro, que son única y exclusivamente asumidas por el Papa. El vicariato de la Ciudad del Vaticano fue establecido en 1929 cuando se creó el Estado Vaticano.

¿Cuál debería ser el perfecto retrato, según los expertos vaticanos, del nuevo Papa y que debería ser el sucesor de Juan Pablo II?

Ha de tener entre 60 y 70 años. Y los requisitos son los siguientes:

- Estar en buena forma física, debido a que el nuevo Pontífice intentará seguir el ritmo, e incluso superarlo, de los viajes pastorales realizados por el papa Juan Pablo II.
- Haber ejercido el arzobispado de una diócesis importante.
- Estar familiarizado con los medios de comunicación.
- Ser elegido en el primer cónclave, que será retransmitido en todo el mundo a través de las cadenas de televisión vía satélite y por cable.
- Tener una preparación muy sólida en materia de Derecho Canónico y textos sagrados.
- Se valorará que el nuevo Papa haya tenido algún cargo importante como cardenal en alguno de los dicasterios, comisiones pontificias o consejos pontificios, pues le proporcionará una amplia perspectiva de cómo manejar la burocracia vaticana.

Capítulo III

El cónclave, los cardenales y los obispos

¿Qué significa la palabra *cónclave*?

L A palabra *cónclave* significa «con llave o bajo llave». Esta institución vaticana fue fundada en el año 1274 por orden del pontífice Gregorio X (1 de septiembre de 1271-10 de enero de 1276). El Papa decidía así la democratización de la elección del Pontífice por parte de los cardenales de la Iglesia, que son quienes forman el cónclave. El cónclave se reúne once días después del fallecimiento del Papa.

¿Quién reformó por última vez el *cónclave*?

El recién fallecido papa Juan Pablo II, nada más ser elegido Pontífice, promulgó la llamada Constitución Apostólica *Universi Dominici Gregis*. Las nuevas reformas incluían un sistema electoral por mayoría de dos tercios y la abolición de dos de los métodos más tradicionales de designación de Papa, por aclamación y por compromiso, como hemos comentado con anterioridad. Asimismo, Juan Pablo II ordenó la rehabilitación del *Domus Sanctae Marthae* (Casa de Santa Marta), la residencia vaticana que da cobijo a los cardenales durante la celebración del cónclave.

¿Qué significa la palabra cardenal?

El título de *cardenal* fue creado por orden del papa Silvestre I (31 de enero de 314-31 de diciembre de 335). El nombre procede del latín *cardo* (bisagra) y su explicación se debe a que los cardenales constituían una especie de bisagra o intermediario entre las peticiones de los fieles y el Papa.

¿Qué funciones tienen los cardenales?

Los cardenales constituyen el máximo cargo de la Iglesia tras el Papa; son quienes, reunidos en cónclave, eligen al nuevo Papa, y tienen la función de ser los asesores directos del Papa, por lo que tienen acceso directo al Pontífice. El asesoramiento puede ser en grupo, mediante la convocatoria de *consistorios* o de forma individual, dirigiendo los diferentes dicasterios como congregaciones, comisiones o consejos pontificios. Los cardenales tienen también la denominación de «Príncipes de la Iglesia», o más popularmente «purpurados», reciben el trato de «eminencia» y disponen de escudo y anillo nobiliario.

¿A qué se llama el Colegio Cardenalicio?

Es el organismo que integra a todos los cardenales de la Iglesia católica, que son los más directos asesores del Papa.

El Colegio Cardenalicio se fundó en 1150 por orden del papa Eugenio III (15 de febrero de 1145-8 de julio de 1153). En un primer momento el Colegio Cardenalicio estaba formado tan solo por los responsables de las más importantes iglesias de Roma. Ha sido realmente durante el pontificado de Juan Pablo II cuando el Colegio Cardenalicio ha sufrido una importante «desitalianización». Los cardenales italianos siempre constituyeron mayoría en el Colegio desde el siglo XII hasta el XXI.

¿Quién dirige el Colegio Cardenalicio?

Al frente del Colegio Cardenalicio se encuentran dos figuras, un obispo y el cardenal camarlengo, este último encargado de organizar el funeral pontificio, convocar al cónclave y administrar la Iglesia y la Ciudad-Estado del Vaticano hasta el nombramiento del nuevo Pontífice.

¿Por qué el hábito cardenalicio es rojo?

El rojo fue el color elegido por el papa Pablo II (30 de septiembre de 1464-26 de julio de 1471), un veneciano muy aficionado a la magnificencia y al boato de la cúpula eclesiástica. Para mostrar que los cardenales eran «Príncipes de la Iglesia», estos debían parecerlo ante el pueblo, de modo que ordenó que todos los cardenales vistiesen con ropas de color rojo. Incluso el mismo papa Pablo II vestía de este color. Los cardenales visten de rojo desde 1465. Fue el papa Marcelo II (9 de abril de 1555-1 de mayo de 1555) quien dio una explicación relativamente coherente al hecho de que los cardenales vistiesen de rojo. El Pontífice explicó que el rojo cardenalicio era el símbolo de que los Príncipes de la Iglesia están dispuestos a derramar su sangre en defensa de la fe.

¿Cuál es el precio de un hábito cardenalicio?

El traje de cardenal cuesta entre 3.500 y 4.000 euros, según la calidad del tejido con que esté confeccionado. No todos los cardenales gastan lo mismo en el hábito, pero los italianos siguen siendo los que más dinero invierten en ello y los mejores clientes de las pocas y escogidas sastrerías que se encuentran en los alrededores del Vaticano. Por ejemplo, solo el fajín cardenalicio cuesta aproximadamente 220 euros.

Los cardenales deben tener siempre preparados dos hábitos purpurados, uno de calle y un segundo para ceremonias especiales; el de calle está compuesto por calcetines rojos, sotana negra de lana con orla roja, fajín de muaré rojo, esclavina negra (una prenda que rodea el cuello, los hombros y parte de los brazos) con orla roja, cruz pectoral con gruesa cadena, zapatos negros, anillo cardenalicio y solideo rojo. El hábito de ceremonia consta de nueve piezas y está compuesto por calcetines rojos, la sotana y el fajín, ambos de lana y de color rojo escarlata, 24 botones forrados de seda roja (con anterioridad eran 33 en honor a la edad de Cristo cuando fue crucificado), manteleta y muceta rojas (dos pequeñas capas que cubren los hombros y los brazos hasta los codos), la cruz pectoral sujeta por una gruesa cadena, el solideo rojo y la mitra que termina en dos picos del que cuelgan dos tiras de seda rojas llamadas ínfulas y que simbolizan la ciencia o sabiduría y el poder.

¿Qué es un arzobispo?

Es un obispo o cardenal que dirige y administra una diócesis. La actual legislación vaticana tiene cinco categorías dentro del arzobispado:

- *Metropolitano*, que dirige la archidiócesis central de una provincia con varias diócesis a su vez.
- *Titular,* que mantiene el título de una diócesis ya desaparecida y que es destinado a otras zonas sin diócesis.
- *Ad Personam,* que mantiene el rango de arzobispo de forma honorífica sin ninguna jurisdicción concreta.
- *Primado,* que administra la diócesis más antigua de un país o una región.
- *Coadjutor,* auxiliar del arzobispo dirigente con derecho a sucederle en la diócesis.

¿Qué órgano del Vaticano se ocupa de la coordinación de los obispos?

La Congregación para los Obispos, que se ocupa de controlar y coordinar la labor de más de dos mil diócesis episcopales y a los más de cuatro mil obispos de la Iglesia católica, incluidos los de las veintiuna iglesias orientales.

Su misión más importante es nombrar nuevos obispos, aunque esta decisión ha de ser ratificada por el Pontífice, que tiene la última palabra sobre el nombramiento.

¿Qué poder tiene la llamada Cámara Apostólica en la estructura vaticana?

Fundada en el siglo XI con el único fin de administrar el dinero de los papas, hoy es uno de los departamentos vaticanos con mayor poder, ya que es el que se ocupa de la administración temporal de la Ciudad-Estado del Vaticano y de la Iglesia católica mientras no sea nombrado un nuevo Papa. La Cámara Apostólica actúa generalmente cuando fallece el Papa y hasta que el cónclave elige al sucesor, está formada por los llamados *clerici camerae* (clérigos de la Cámara) y presidida por un cardenal camarlengo.

¿Qué funciones y poderes tiene el cardenal camarlengo?

El cardenal camarlengo es el responsable de organizar el funeral pontificio, incluida la destrucción del anillo pontificio que habrá extraído del dedo del cadáver del Papa. Asimismo, será el encargado de convocar el cónclave y, una vez elegido el nuevo Papa, es el responsable de salir al balcón de la plaza de San Pedro para anunciar a los fieles de todo el mundo el nombre del nuevo Papa. El cardenal camarlengo equivale hasta el nombramiento del nuevo Pontífice a una especie de «Papa en funciones».

¿Qué ciudadano español ha tenido el máximo poder de la Iglesia católica desde el mismo momento del fallecimiento del papa Juan Pablo II y hasta que el cónclave eligió a Benedicto XVI?

El cardenal Eduardo Martínez Somalo, nacido el 31 de marzo de 1927. De 1979 a 1988 fue el número «tres» del Estado Vaticano tras el papa Juan Pablo II y el secretario de Estado, el mítico cardenal Agostino Casaroli. Después de 1988, fue Juan Pablo II quien pidió al cardenal Martínez Somalo que asumiese la dirección de la Cámara Apostólica como camarlengo de la Santa Iglesia Católica.

¿Cuánto tiempo tarda el cónclave en elegir un nuevo Papa?

No hay un tiempo límite. La duración máxima ha llegado a dos años, nueve meses y dos días, hasta que salió elegido el cardenal Teobaldo Visconti, que adoptó el nombre de Gregorio X, el 1 de septiembre de 1271. Gregorio X sustituyó a Clemente IV (5 de febrero de 1265-29 de noviembre de 1268). La muerte de Clemente provocó una gran escisión entre los cardenales ante cuatro conflictos claves: la hegemonía de Carlos de Anjou, la prolongada vacante en el Imperio, los intereses de las familias de los papas y papables, y las luchas internas del colegio cardenalicio entre jóvenes y ancianos. El cónclave tardó casi tres años en elegir un nuevo Papa.

¿A cuánto asciende el sueldo de un cardenal?

Cuando es elegido por el Papa su sueldo es reducido a cero.

¿Qué cardenal descubrió antes que el resto del cónclave que había sido elegido Papa?

Tras la muerte del papa Gregorio XVI (2 de febrero de 1831-1 de junio de 1846) se pidió al cardenal Giovanni Maria Mastai-Ferretti que fuese el portavoz del cónclave y quien leyese los nombres de los candidatos a Pontífice que apareciesen en las papeletas de voto. Tras la tercera votación de los cardenales, el purpurado Mastai-Ferretti leyó su nombre en dieciocho ocasiones seguidas. El cardenal pidió que lo sustituyese otro cardenal, pero se rechazó su petición y fue obligado a leer el resto de papeletas. Su nombre apareció en cincuenta y cuatro ocasiones, lo que suponía la mayoría necesaria para ser elegido Pontífice. El cardenal Giovanni Maria Mastai-Ferretti adoptó el nombre de Pío IX y se mantuvo casi treinta y dos años como Papa, desde el 16 de junio de 1846 al 7 de febrero de 1878.

¿Cada cuánto tiempo se reúnen los obispos con el Papa?

Cada cinco años. Durante este encuentro el Papa despacha con cada uno de ellos y estos deben presentarle un informe de no más de tres páginas sobre su diócesis. Cualquier obispo puede solicitar una reunión con el Papa en caso de suma emergencia. Las visitas cada cinco años son llamadas *Ad limina* (A las moradas). La expresión original y que aparece en el encabezamiento del documento que le es enviado por el Papa al obispo específico al ser convocado a Roma dice: «Visita *Ad Limina Apostolorum*» (Visita a las moradas de los Apóstoles). Esta frase indica que la visita o peregrinación a Roma debe terminar con una visita a la tumba de los apóstoles. De ahí la expresión.

¿Qué se conoce con el nombre de *Cardenal in pectore*?

Un *Cardenal in pectore* es aquel que ha sido nombrado por el Papa y cuyo nombre solo este conoce. Casi siempre que se nombra un cardenal *in pectore* es debido a que ·este reside en un país o en una comunidad donde la religión católica es perseguida, y a que, si se conoce su identidad, puede estar en peligro de muerte. Se cree que el más reciente cardenal *in pectore* nombrado es de nacionalidad china.

¿Cuántos cardenales formaban el Colegio Cardenalicio, algunos de los han tenido que elegir al sucesor de Juan Pablo II?

No todos los cardenales tienen derecho de voto en el cónclave, debido a que algunos habrán alcanzado los ochenta años de edad. El Colegio Cardenalicio está formado por 194 miembros, de los cuales solo 135 tuvieron derecho a formar parte del cónclave que ha elegido al sucesor de Juan Pablo II:

- *23 italianos*: Achille Silvestrini, Silvano Piovanelli, Giovanni Saldarini, Marco Ce, Agostino Cacciavilan, Carlo Maria Martini, Angelo Sodano, Giacomo Biffi, Mario Pompedda, Francesco Marchisano, Salvatore de Giorgio, Michele Giordano, Camillo Ruini, Sergio Sebastiani, Renato Martino, Severino Poletto, Giovanni Battista Re, Tarcisio Bertone, Dionigio Tettamanzi, Ennio Antonelli, Attilio Nicora, Angelo Scola y Crescenzio Sepe.

- *11 estadounidenses*: William Wakefield, Edmund Casimir, Adam Joseph Maida, Theodore McCarrick, William Keeler, Bernard Francis Law, Edward Egan, James Stafford, Justin Rigali, Roger Mahony y Francis George.

- *6 alemanes*: Joseph Ratzinger, Friedrich Wetter, Walter Kasper, Joachim Meisner, Georg Sterzinsky y Karl Lehmann.

- *6 españoles*: Francisco Álvarez Martínez, Ricardo María Carles, Eduardo Martínez Somalo, Julián Herranz, Carlos Amigo Vallejo y Antonio Rouco Varela.

- *6 brasileños*: Serafim Fernandes de Araujo, Aloisio Lorscheider, Jose Falcao Freire, Eusebio Oscar Scheid, Geraldo Majella Agnello y Claudio Hummes.

- *5 polacos*: Andrzej Deskur, Franciszek Macharski, Henryk Gulbinowicz, Jozef Glemp y Zenon Grocholewski.

- *5 franceses*: Jean-Marie Lustiger, Paul Poupard, Bernard Panafieu, Jean-Louis Tauran y Phillippe Barbarin.

- *4 mexicanos*: Adolfo Antonio Suárez, Javier Lozano, Juan Sandoval y Norberto Rivera.

- *4 indios*: Simon Lourdusamy, Varkey Vithayathil, Ivan Dias y Telesphore Placidus Toppo.

- *3 colombianos*: Darío Castrillón, Pedro Rubiano y Alfonso López Trujillo.

- *3 australianos*: Edward Bede Clancy, Edward Idris Cassidy y George Pell.

- *3 canadienses*: Aloysius Matthew Ambrozic, Jean-Claude Turcotte y Marc Ouellet.

- *2 chilenos*: Jorge Arturo Medina y Francisco Errázuriz.
- *2 belgas*: Jan Pieter Schotte y Godfried Danneels.
- *2 eslovacos*: Jan Chryzostom y Jozef Tomko.
- *2 portugueses*: Jose Saraiva Martins y Jose da Cruz Policarpo.
- *2 ucranianos*: Marian Jaworski y Lubomyr Husar.
- *2 británicos*: Cormac Murphy-O'Connor y Keith Patrick O'Brien.
- *2 húngaros*: Laszlo Paskai y Peter Erdö.
- *2 nigerianos*: Francis Arinze y Anthony Olubunmi.
- *2 japoneses*: Peter Seiichi Shirayanagi y Stephen Fumio Hamao.
- *2 filipinos*: Jaime Sin y Ricardo Vidal.
- *1 suizo*: Henry Schwery.
- *1 holandés*: Adrianus Johannes Simonis.
- *1 austriaco*: Christoph Shoenborn.
- *1 irlandés*: Desmond Conell.
- *1 checo*: Miloslav Vlk.
- *1 croata*: Josip Bozanic.
- *1 bosnio*: Vinko Puljic.
- *1 lituano*: Audrys Juozas Backis.
- *1 letón*: Janis Pujats.
- *1 argentino*: Jorge Mario Bergoglio.
- *1 nicaragüense*: Miguel Obando Bravo.
- *1 dominicano*: Nicolás López Rodríguez.
- *1 cubano*: Jaime Lucas Ortega.
- *1 ecuatoriano*: Antonio González Zumárraga.
- *1 hondureño*: Óscar Rodríguez Maradiaga.
- *1 peruano*: Juan Luis Cipriani Thorne.
- *1 boliviano*: Julio Terrazas.
- *1 guatemalteco*: Rodolfo Quezada Toruño.
- *1 angoleño*: Alexandre do Nascimiento.

- *1 camerunés*: Christian Wiyghan Tumi.
- *1 mozambiqueño*: Alexandre dos Santos.
- *1 congolés*: Frederic Etsou-Nzabi-Bamungwabi.
- *1 ugandés*: Emmanuel Wamala.
- *1 malgache*: Armand Razafindratandra.
- *1 tanzano*: Polycarp Pengo.
- *1 costamarfileño*: Bernard Agre.
- *1 sudafricano*: Wilfrid Fox Napier.
- *1 ghanés*: Peter Kodwo Appiah.
- *1 taiwanés*: Paul Shan Kuo-Shi.
- *1 tailandés*: Michael Michai Kitbunchu.
- *1 indonesio*: Julius Riyadi Darmaatmadja.
- *1 sirio*: Ignace Moussa al Daoud.
- *1 vietnamita*: Jean Baptiste Pham Minh Man.
- *1 neozelandés*: Thomas Stafford Williams.
- *1 samoano*: Taofinu'u.

¿Quién es el cardenal más viejo y quién el más joven del Colegio Cardenalicio?

El cardenal mayor es el italiano de 80 años Achille Silvestrini, nacido el 25 de octubre de 1923, y el más joven es el cardenal húngaro de 51 años, Peter Erdö, nacido el 25 de junio de 1952.

¿Qué cardenal era el que más idiomas hablaba?

Giuseppe Gaspare Mezzofanti, nacido en 1774, cura párroco de Bolonia. Cuando era muy joven, Mezzofanti fue el encargado de escuchar la confesión de dos adolescentes alemanes condenados a muerte por asesinato. Al no poder entender el idioma que hablaban, no pudo absolverlos. Después de esto el padre Mezzofanti se dedicó a aprender el mayor número de lenguas posibles. Fue nombrado cardenal, y ya hablaba con fluidez casi cuarenta idiomas: albanés, alemán, algonquino (tribus de Canadá), amarinna (Etiopía), árabe, armenio antiguo y moderno, bohemio (región de Bohemia), caldeo, chino, chippewa (tribus de Estados Unidos), copto (idioma antiguo de Egipto), danés, español, flamenco (Bélgica), francés, griego, guzarati (India y Afganistán), hebreo, holandés, ilírico (antiguo reino de Croacia), indostaní (región de Mongolia y la India), inglés, italiano, latín, magiar (Hungría), maltés (Malta), persa (Irán), polaco, portugués, rumano, ruso, sueco, siríaco (Siria), turco, valaco (República de Chequia y Eslovaquia) y euskera (País Vasco). Gaspare Mezzofanti fue, y es, uno de los lingüistas más grandes de la historia. Antes de morir a edad muy avanzada estaba molesto por no haber tenido tiempo para perfeccionar el búlgaro, el gaélico (Irlanda), el georgiano (Georgia), el curdo (Curdistán), el pegu (Myanmar/Birmania) y el serbio (Yugoslavia). Entendía y leía, aunque no los hablaba, el arameo, el bimbarra (Sudeste Asiático), el birmano (Birmania), el cingalés (Sri Lanka), el córnico (hablado en la zona de Cornualles, en el suroeste de Gran Bretaña), el frisón (norte de Alemania), el islandés (Islandia), el japonés, el lapón (región de Alaska y norte de Finlandia), el letón (Letonia), el malayo (Malasia), el quechua (Bolivia), el sánscrito, el tibetano (Tíbet), el tonkinés (Golfo de Tonkín) y el vietnamita.

¿Qué cardenal y secretario de Estado mantuvo una seria discusión con un Papa, y que aún hoy se recuerda?

El cardenal Domenico Tardini, uno de los mejores y más eficientes secretarios de Estado que ha tenido el Vaticano. Tardini y el papa Juan XXIII tenían fama de mostrar un fuerte carácter durante sus enfrentamientos, a pesar de mantener una buena relación de amistad. El despacho del secretario de Estado Tardini quedaba justo bajo el del Papa en el edificio vaticano, por lo que el purpurado calificaba al Pontífice, y de forma algo despectiva, como «el de arriba». Un día Juan XXIII hizo llamar a Tardini y le dijo: «Que quede claro que "el de arriba" es Nuestro Señor. Yo soy solo "el del piso de arriba", así es que, querido secretario de Estado, no confunda las categorías».

¿Qué cardenal protagonizó un famoso escándalo que removió los propios cimientos del Colegio Cardenalicio?

El cardenal arzobispo de Viena, Hans Groer. Durante los años sesenta, Su Eminencia había sido profesor de Teología de varios seminaristas. Muchos de estos lo acusaron de haberlos sometido a vejaciones sexuales, lo que provocó que muchos abandonaran la idea de ser sacerdotes. Las denuncias de los antiguos seminaristas se publicaron en los periódicos austriacos, hasta que en los primeros meses de 1998, la Orden Benedictina, a la que pertenecía Groer, abrió una investigación. Las indagaciones de los responsables de la investigación chocaban siempre con importantes trabas puestas por el propio Groer, amparándose en su poder y rango dentro de la Iglesia. Juan Pablo II ordenó una investigación, así como el envío de tres miembros de la Santa Alianza a Viena. Estos tan solo reportarían los resultados de la investigación al secretario de Estado, el cardenal Angelo Sodano, y al propio Papa. Los miembros de la Santa Alianza descubrieron que las acusaciones contra el cardenal Groer eran ciertas, de modo que el Vaticano obligó a la Conferencia Episcopal Austriaca a asumir sus culpas públicamente mediante la publicación de un documento fechado el 27 de febrero de 1998.

El cardenal Groer, cardenal arzobispo de Viena desde 1986, fue llamado por el Papa al Vaticano y obligado a dimitir de su cargo. En su lugar fue nombrado el cardenal arzobispo Christopher Schönborn. Groer siguió declarando que era inocente, a pesar de todas las pruebas en su contra y tan solo se limitó a pedir perdón a Dios. En el mes de mayo del mismo año el papa Juan Pablo II se disponía a viajar a Viena para celebrar unas beatificaciones. A la secretaría de Estado llegaron los rumores de que el cardenal Groer intentaría hacer una aparición pública junto al Santo Padre con la intención de limpiar su imagen. El cardenal secretario de Estado del Vaticano llamó personalmente a Hans Groer para «recomendarle» que, para no «alterar» el viaje pontificio, sería conveniente que se recluyera en un monasterio perdido próximo a la ciudad de Dresde. Asimismo, se le «recomendaba» que antes de autoexiliarse reconociera ante sus fieles las aberraciones en las que había incurrido. El cardenal Hans Groer aún permanece recluido en el monasterio.

¿Qué arzobispo norteamericano provocó uno de los mayores escándalos de toda la historia de la Iglesia católica?

El arzobispo Paul Marcinkus, presidente desde 1971 de la todopoderosa IOR (Istituto per le Opere di Religione), conocida como la Banca Vaticana. Los jueces italianos dictaron una orden de busca y captura contra Marcinkus por su presunta relación con la quiebra fraudulenta del Banco Ambrosiano en 1982.

Marcinkus, estadounidense de origen lituano, había nacido en enero de 1922 en una ciudad de Cicero (Illinois) controlada por Al Capone. Ordenado sacerdote en 1945, pronto fue protegido por otras dos controvertidas figuras eclesiásticas: Francis Spellman, investigado por el contraespionaje vaticano como responsable de la venta ilegal de títulos de la Orden de Malta, y John Patrick Cody, acusado de haber dejado embarazada a una mujer de la alta sociedad de Chicago.

El primer destino de Marcinkus en la cúpula vaticana fue la de intérprete en la diplomacia vaticana. En 1963, con la llegada de Pablo VI al Trono de Pedro, el norteamericano se convirtió en una especie de asesor del nuevo Papa. Marcinkus era un amigo, consejero, traductor y guardaespaldas de Pablo VI. En 1972 el Papa lo nombró presidente del IOR, en donde tejió una basta red de relaciones financieras no siempre muy legales. Paul Marcinkus se rodeó de prestigiosos socios como David Kennedy, antiguo secretario del Tesoro de Estados Unidos bajo la administración de Richard Nixon, pero también con financieros de la mafia como el banquero Michele Sindona. Tras la muerte de Pablo VI y la llegada de Juan Pablo I, las cosas se pusieron difíciles para Marcinkus. El Papa había prometido que como primera medida ordenaría una investigación de todas las finanzas vaticanas, así como a sus dirigentes. La investigación no se llevó jamás a cabo debido a la repentina muerte de Juan Pablo I. Fuertes rumores aseguraban que el Papa había sido asesinado por «querer inmiscuirse» en las finanzas vaticanas y en el IOR. Las relaciones de Marcinkus con Karol Wojtyla se remontan a la época en la que este era cardenal de Cracovia. Paul Marcinkus envió el dinero necesario para la construcción de la iglesia de Nova Huta. Ya siendo papa Wojtyla, Paul Marcinkus y su IOR comenzaron a enviar fuertes cantidades de dinero al sindicato Solidaridad, liderado por Lech Walesa y que combatía el régimen comunista de Varsovia. Pero las operaciones dirigidas por Paul Marcinkus no siempre eran por una buena obra. El arzobispo había realizado a través del IOR operaciones financieras clandestinas con el banquero Roberto Calvi que habían dado al Vaticano pingües beneficios. Por ejemplo, una sociedad controlada por el IOR y el Banco Ambrosiano vendió misiles franceses a Argentina que fueron después utilizados por sus fuerzas aéreas contra las tropas británicas en la Guerra de las Malvinas. Asimismo, las operaciones bursátiles llevadas a cabo en Wall Street por una sociedad participada por el IOR, que fue multada por la SEC (la autoridad de control bursátil de Estados Unidos) con más de trescientos mil dólares por operaciones ilegales. Cuando las relaciones Marcinkus-Calvi-Sindona-Gelli-Logia Masónica Propaganda 2 comenzaron a hacerse públicas, el Vaticano retiró su apoyo a Calvi, provocando la quiebra automática del Ambrosiano. Roberto Calvi y catorce personas más relacionadas con el caso fueron «suicidadas» por una mano misteriosa.

Algunas fuentes afirman que fue la mafia quien los ejecutó; según otras, los agentes de la Santa Alianza. Por ejemplo, la que fuera secretaria de Roberto Calvi se arrojó desde la ventana de la cuarta planta. Minutos antes, la mujer había sido vista con un hombre que identificaron como un antiguo miembro de los servicios secretos vaticanos. La policía italiana se presentó ante las mismas puertas del Vaticano con la orden de detener al arzobispo Marcinkus, pero el Papa, acogiéndose al derecho de extraterritorialidad, protegió al religioso. En 1981 fue detenido el administrador general de la IOR en un restaurante de Roma, un laico llamado Luigi Mennini, que se convirtió en el «cabeza de turco». Paul Marcinkus fue destituido de sus cargos y enviado a dirigir una diócesis *perdida* en algún lugar de Estados Unidos bajo la protección del presidente Ronald Reagan, y en especial bajo la protección del poderoso director de la CIA, William Casey.

¿Qué medidas adoptó el Papa para cerrar el caso Marcinkus?

Como primer paso, Juan Pablo II ordenó la liberación de 241 millones de dólares de los fondos vaticanos para pagar las indemnizaciones a los damnificados por la quiebra del Banco Ambrosiano. Las nuevas autoridades financieras del Estado Vaticano precisaron que este acto no era una forma de asumir las culpas, sino un gesto moral ante los perjudicados. Como segundo paso, el Pontífice ordenó una fiscalización de todos los fondos e inversiones del Vaticano mediante la creación de un órgano de control.

¿Qué órgano de control financiero creó el papa Juan Pablo II para evitar un nuevo escándalo como el del IOR?

El llamado «Consejo de los 15». Formado por quince cardenales; el verdadero nombre de este órgano es el de Consejo Cardenalicio para los Asuntos Económicos y Organizativos de la Santa Sede. El Consejo fue creado por Juan Pablo II en 1991 con el fin de evitar nuevos desmanes como los sufridos por la mala gestión y administración de los fondos vaticanos por parte de Paul Marcinkus. El Pontífice deseaba que el Consejo estuviese formado por cardenales de quince nacionalidades diferentes, para que estos fiscalizasen el dinero que en su mayor parte se recibe de las iglesias de todos los rincones del mundo. Por ejemplo, en el primer informe realizado por el Consejo de los 15 se exponía la grave situación económica a la que había arrastrado al Vaticano la mala gestión de Marcinkus al frente del IOR. Como medida se decidió que durante dos años el dinero recaudado por el «óbolo de San Pedro» fuera dirigido a sanear la economía del Estado Vaticano en lugar de entregarlo al Papa para que este lo invirtiera en obras de caridad, principal objetivo de este dinero.

¿Qué es un consistorio?

Es un foro de discusión para los miembros del Colegio Cardenalicio, convocado por el Papa para tomar decisiones importantes sobre el gobierno de la Iglesia, del Estado Vaticano o, simplemente, para presentar el nombre de un candidato al que el Papa desea nombrar cardenal. Los consistorios son de dos tipos: ordinarios, a los que pueden asistir no solo cardenales, sino obispos o sacerdotes relacionados con el tema a tratar; o extraordinarios, a los que solo pueden asistir los cardenales de la Iglesia. Antes de convocar el consistorio, el Pontífice redacta una orden del día sobre los temas a tratar e incluso con su opinión personal sobre algún punto delicado que se vaya a debatir en el consistorio.

¿A qué se conoce como dicasterio?

Reciben el nombre de dicasterio los distintos órganos colegiados de gobierno del Estado Vaticano, que están dirigidos por cardenales, y su función es la de asesorar en diferentes materias al Pontífice.

¿Qué significa la palabra obispo?

Obispo procede de la palabra griega ἐπίσκοπος, «vigilantes». El obispo es el rango eclesiástico más alto del sacerdocio, y el jefe de las diócesis o episcopados. Entre sus funciones, cabe mencionar las siguientes: confirmar a los fieles, ordenar a sacerdotes y consagrar nuevos templos, monumentos o cementerios católicos. Sus símbolos de poder son el anillo, los guantes episcopales, el báculo y la mitra. El color de su hábito es el morado. Hay cuatro categorías de obispado:

- *Diocesano*, que ejerce la dirección de una diócesis.
- *Titular*, que ostenta el título de una diócesis desaparecida y asimilada por otro obispo diocesano.
- *Coadjutor*, auxiliar de un obispo diocesano con derecho sucesorio sobre la diócesis.
- *Vicario episcopal*, auxiliar de un obispo diocesano como delegado en una zona o misión. Este último no tiene por qué ser obligatoriamente obispo.

¿Qué cardenal italiano fue llamado «padre de la *ostpolitik*»?

Agostino Casaroli, el cardenal italiano y secretario de Estado Vaticano. Desde su puesto como número dos del Estado Vaticano, Casaroli defendió el diálogo con los países del Telón de Acero durante los momentos más duros de estos con la Iglesia católica. El jefe de la diplomacia vaticana comenzó a ejercer la *ostpolitik* en 1961 siendo papa Juan XXIII, cuando este lo envió en «misión pontificia especial» a Viena. Casaroli llegó a la capital austriaca como jefe de la misión diplomática del Vaticano en una Conferencia sobre Relaciones Internacionales que organizaba la ONU. Como resultado de los encuentros, Agostino Casaroli visitó dos años después de forma extraoficial Hungría y la antigua Checoslovaquia, ya bajo el pontificado de Pablo VI. Precisamente la diplomacia vaticana firmaría con Hungría el primer acuerdo de cooperación con un país de la Europa comunista. En realidad, la *ostpolitik* fue creada por Casaroli como estrategia para defender los intereses de la Iglesia, el Vaticano y los fieles en los países comunistas que perseguían al catolicismo. Con el paso del tiempo, la *ostpolitik* acabó convirtiéndose en una defensa de los intereses católicos a la espera de la llegada de una transición política en los regímenes comunistas, como, en efecto, ocurrió.

La llegada de un Pontífice polaco al Trono de Pedro llevó a Wojtyla a nombrar a Agostino Casaroli secretario de Estado, quien de este modo asumía los cargos de Primer Ministro y Ministro de Asuntos Exteriores del Estado Vaticano. Desde el 30 de abril de 1979 al 1 de diciembre de 1990 el cardenal italiano realizó decenas de viajes a los países del Este de Europa para defender los intereses del Vaticano, del Papa y de los creyentes. Su mayor éxito fue conseguir que en 1989 el líder soviético Mijaíl Gorbachov visitase al papa Juan Pablo II en la misma Santa Sede. Casaroli reconocía en una entrevista al periódico *L'Osservatore Romano* que su única espina profesional como diplomático había sido no conseguir la apertura de la República Popular China al catolicismo. En la misma entrevista aseguraba que la visita del Sumo Pontífice a Cuba daría pie a la caída del «Telón de Azúcar», como llamaba el mítico diplomático al comunismo del país caribeño, algo que todavía no ha sucedido. Agostino Casaroli falleció en el mes de junio de 1998.

¿Qué es un sínodo?

La palabra *sínodo* procede de las palabras *syn,* «juntos», y *hodos,* «camino». Es el término utilizado para definir una asamblea de obispos que se reúne para votar o aprobar resoluciones con las que aconsejar al Papa sobre muy diversas cuestiones.

¿Qué función tiene un sínodo?

El sínodo, órgano creado tras la aprobación del Concilio Vaticano II, fue creado por orden del papa Pablo VI el 15 de septiembre de 1965. Los obispos se reúnen en sínodo, por convocatoria ordinaria o extraordinaria. Las votaciones finales sobre el tema discutido aprueban un documento llamado *Resolución Final* o *Relación Final,* que es entregada al Papa para su ratificación final y definitiva y que, una vez firmada y aprobada por él, es adoptada como decisión propia del Pontífice y es promulgada en forma de Exhortación Apostólica.

¿Qué asuntos se trataron en el llamado «Sínodo Especial sobre África»?

Este sínodo fue celebrado entre el 10 de abril y el 8 de mayo de 1994 y participaron doscientos cincuenta obispos. En él se trataron temas como la constante inculturización del continente, cuestiones étnicas y religiosas, el nulo catolicismo de sus gentes en materia de bautismo o matrimonio, cuestiones políticas y sociales, guerras interétnicas, tráfico de armas, falta de democracia, problemas sanitarios, el sida y la deuda externa.

¿Qué asuntos se trataron en el llamado «Sínodo Especial sobre América»?

Este sínodo fue celebrado entre el 16 de noviembre y el 12 de diciembre de 1997 y participaron doscientos treinta obispos. La principal decisión asumida por mayoría de los miembros del sínodo fue la de reclamar a los países ricos la condonación de la deuda externa de los países pobres de Latinoamérica. Los obispos norteamericanos y canadienses, a pesar de tener reparos, terminaron por firmar el documento final. En el sínodo también se discutió la cuestión de la defensa de los derechos humanos. Curiosamente, en este sínodo no se pronunciaron las palabras «Teología de la liberación» y ni siquiera se pidió una oración por los «mártires» de esta teología como los jesuitas asesinados en la UCA, el arzobispo salvadoreño Óscar Arnulfo Romero, el jesuita Rutilio Grande o Alfonso Navarro. La petición de oración por los asesinados apareció tan solo como una pequeña reseña en el documento final.

¿Qué asuntos se trataron en el llamado «Sínodo Especial sobre Asia»?

Este sínodo fue celebrado entre el 19 de abril y el 14 de mayo de 1989 con la asistencia de ciento ochenta obispos. En el sínodo se analizaron la escasa evangelización en todo el territorio del continente asiático, así como una grave falta de misioneros con deseos de evangelizar. También se discutió sobre las religiones milenarias que se practican a lo largo y ancho del territorio y que en mayor medida han frenado los intentos de evangelización de su población por parte de la Iglesia católica. Según cifras presentadas en el sínodo, de los más de tres mil quinientos millones de habitantes solo ciento dos millones están bautizados. Como problemas que asolan el continente se discutieron la escasa alfabetización de la población, los problemas sanitarios, la carrera armamentística en la región, la carrera nuclear en la misma, la deuda externa, la reforma agraria y la preocupante persecución de las autoridades de la República Popular China a los representantes de la Iglesia católica en todo el país.

¿Qué asuntos se trataron en el llamado «Sínodo sobre el Concilio Vaticano II»?

Este sínodo fue celebrado entre el 24 de noviembre y el 8 de diciembre de 1985 con la asistencia de ciento sesenta y ocho obispos.

En este sínodo se trataron los veinte años de vigencia del Concilio Vaticano II. Los obispos más progresistas criticaron la falta de iniciativas para poner en marcha la reforma de la Iglesia pedida en el Concilio Vaticano II. Debido a la subida de tono en la discusión, el papa Juan Pablo II anunció su intención de asistir a las reuniones del sínodo como «oyente» sin derecho a intervención. Uno de los que sufrió los mayores ataques fue el cardenal Joseph Ratzinger, hoy Benedicto XVI, prefecto de la poderosa Congregación para la Doctrina de la Fe. El resultado de este sínodo fue la necesidad de redactar un nuevo catecismo y que debía ser aprobado por progresistas y conservadores, para después ser enviado a la ratificación papal.

¿Qué asuntos se trataron en el llamado «Sínodo sobre la Formación de Sacerdotes»?

Este sínodo fue celebrado entre el 30 de septiembre y el 28 de octubre de 1990. El objetivo principal era encontrar soluciones a los jóvenes que deseaban ser sacerdotes. Los obispos asistentes hablaron sobre la enseñanza y el seminario, la nueva evangelización, pero, al final, el sínodo acabó convirtiéndose en un debate único y exclusivo sobre el celibato, el principal escollo para los jóvenes a la hora de elegir el seminario y el camino sacerdotal. La imposibilidad de contraer matrimonio era otro de los problemas surgidos. Los obispos progresistas estaban a favor de la ordenación de varones casados, ya que para ellos la eucaristía y la evangelización era mucho más importante que la ley del celibato. Al final, la cuestión se zanjó y las conclusiones que se pasaron al Papa únicamente fueron sobre la familia, las parroquias, las escuelas y los movimientos juveniles católicos como centro de formación de futuros sacerdotes.

¿En qué sínodo se discutió la nueva Europa tras la caída del muro de Berlín?

En el sínodo celebrado entre el 28 de noviembre y el 14 de diciembre de 1991, en el que participaron sesenta y nueve obispos, y que se organizó con el objetivo de promover la unión de las iglesias de la Europa del Este tras la caída del muro de Berlín y la desaparición del comunismo. A este sínodo fueron invitados los altos dignatarios de la Iglesia ortodoxa, pero el patriarca de Rusia, Alexis II, se negó a asistir por la toma violenta por parte de los católicos de Ucrania de las iglesias incautadas por Stalin y entregadas a la Iglesia ortodoxa. El patriarca ortodoxo búlgaro no asistió por las emisiones claramente hostiles realizadas por Radio Vaticano en Bulgaria; el patriarca ortodoxo serbio no asistió debido al apoyo del papa Juan Pablo II a las católicas Croacia y Eslovenia; el patriarca ortodoxo griego, que sí asistió, se hizo portavoz de los reproches al Papa. Después de escucharlos, Juan Pablo II se levantó y abrazó al patriarca ortodoxo griego, rompiendo así el hielo entre ambas iglesias.

¿Qué asuntos se trataron en el llamado «Sínodo sobre la Iglesia en los Países Bajos»?

Este sínodo se celebró entre el 14 y el 31 de enero de 1980, y fue convocado por el papa Juan Pablo II con el fin de frenar a las jerarquías de la Iglesia de los Países Bajos. Estos estaban dispuestos a nombrar obispos sin que fuera necesaria la intervención del Papa, algo que Juan Pablo II no estaba dispuesto a admitir. Asimismo, adoptaron nuevas decisiones sobre temas tan candentes como el celibato o la negación a la mujer para ejercer el sacerdocio. Juan Pablo II decidió cesar a todos los miembros de la Conferencia Episcopal Holandesa y poner en sus puestos a obispos fieles al Papa y al Vaticano. En la clausura del sínodo, el Papa se dirigió durante cuarenta minutos a los obispos holandeses para recordarles que debían obediencia fiel al Pontífice. Los sacerdotes más críticos acusaron al Papa de claro intervencionismo en las decisiones de la Iglesia holandesa con sus fieles, mientras que los defensores del Papa explicaron la intervención de este como una forma de evitar el cisma.

¿Qué cardenal evitó la guerra entre Argentina y Chile?

El cardenal italiano Angelo Sodano, nombrado el 1 de enero de 1990 secretario de Estado del Vaticano por el papa Juan Pablo II. Cuando Sodano era nuncio en Santiago de Chile evitó el conflicto armado con Argentina por la disputa de la soberanía sobre el estrecho de Beagle. Durante los diez años que fue nuncio se enfrentó con el dictador Augusto Pinochet en diversas ocasiones por los desmanes de este y por la clara violación de los derechos humanos que llevaba a cabo. Estos encontronazos provocaron que en más de una ocasión el propio Pinochet pidiera al Papa el cese de Sodano y su retorno a Roma, pero Juan Pablo II nunca lo hizo. Entre 1987 y hasta 1990, año en que asumió el cargo de secretario de Estado, se convirtió en la mano derecha y a veces ejecutora de la *ostpolitik* del cardenal Agostino Casaroli.

¿Cuántos españoles han ostentado el rango de cardenal desde el año 1200?

En total 202. La diócesis de Toledo ha sido dirigida por treinta y dos cardenales, la de Sevilla por veinticinco; la de Burgos por siete; la de Valencia por seis; la de Málaga por cinco; la de Barcelona por cinco; la de Lérida por cuatro; la de Jaén, Sigüenza, Zaragoza y Madrid por tres; Cartagena, Coria, Gerona, Osma, Pamplona, Tarazona y Valladolid por dos; y la de Ávila, Córdoba, Granada, León, Orense, Palencia, Pamplona, Plasencia, Salamanca, Segorbe, Tortosa, Urgell, Vic y Zamora por un cardenal.

¿Cuántos cardenales españoles han formado parte del pasado cónclave con derecho a voto?

Seis. Eduardo Martínez Somalo (76 años) y cardenal camarlengo de la Iglesia católica; Antonio María Rouco Varela (67 años), arzobispo de Madrid; Ricard María Carles Gordo (77 años), prelado de Barcelona; Francisco Álvarez Martínez (78 años), emérito de Toledo; Carlos Amigo Vallejo (69 años), arzobispo de Sevilla, y Julián Herranz (73 años), prelado de la curia romana y responsable del Consejo Pontificio para la Interpretación de los Textos Legislativos.

¿Cuántos cardenales españoles no han formado parte del pasado cónclave por exceder la edad límite de 80 años?

Tres. Ángel Suquía Goicoechea (87 años), emérito de Madrid; Marcelo González Martín (85 años), emérito de Toledo, y Antonio María Javierre Ortás (82 años), emérito de la curia romana.

¿Cuáles han sido los grupos de presión dentro del pasado cónclave que ha elegido a Benedicto XVI?

Los movimientos católicos han conseguido tener bastante poder dentro del Colegio Cardenalicio, algo que ha sido catalogado como pequeños grupos de presión dentro del cónclave que ha elegido a Benedicto XVI. Entre ellos se encuentran el Opus Dei (Obra de Dios), fundado por San José María Escrivá de Balaguer el 2 de octubre de 1928. Asimismo, cabe mencionar otros como el Movimiento de los Focolares, fundado por Chiara Lubich en la ciudad italiana de Trento; el Camino Neocatecumenal, fundado por el madrileño Kiko Argüello en 1964; Comunión y Liberación, fundado por el sacerdote italiano Luigi Giussani; los Legionarios de Cristo, fundado por el mexicano Marcial Maciel, o el Movimiento de Vida Cristiana, fundado por el peruano Luis Fernando Figari.

Capítulo IV

La Ciudad-Estado del Vaticano

¿Qué significa la palabra Vaticano?

EXISTEN dos posibles etimologías u orígenes de la palabra *Vaticano*. Una es que la palabra *Vaticano* es una desviación del latín *vates*, como se definía a los «echadores de la buenaventura» que abundaban en Roma. Durante muchos años estos hombres y mujeres se situaban en la orilla occidental del Tíber, con el fin de atraer a personas que quisiesen conocer su futuro. El lugar terminó siendo conocido como Vaticano o «lugar de los vates». La segunda es que la palabra *Vaticano* procede de la palabra latina *vate*, «poeta». Vaticano sería entonces «el lugar de los poetas». En el siglo XIV, tras el tiempo en el que los papas permanecieron en Aviñón, regresaron a Roma y se instalaron en el Vaticano.

¿Dónde se encuentra la línea fronteriza entre el Vaticano e Italia?

La frontera entre la Ciudad-Estado del Vaticano y la República de Italia es la línea blanca que cruza de lado a lado la plaza de San Pedro, ante la que se detuvieron las tropas de Hitler.

¿Quién gobierna el Vaticano?

El llamado Gobernatorio, que actúa como órgano máximo en la Ciudad-Estado del Vaticano. El Gobernatorio está dirigido por un secretario general y está formado por varios departamentos que se ocupan a su vez de la conservación del patrimonio artístico, la promoción turística, el régimen sanitario, las telecomunicaciones, correos, entre otros. El Gobernatorio fue fundado por orden del papa Pío XI (6 de febrero de 1922-10 de febrero de 1939) en 1929, tiene reconocimiento internacional y de él depende el poder militar y financiero del Estado Vaticano, así como la guardia suiza, el IOR, el servicio de espionaje (la Santa Alianza) y el contraespionaje (el *Sodalitium Pianum*).

¿Dónde está la llamada «tierra de nadie»?

La *Terra di Nessuno,* o «tierra de nadie», es una pequeña zona de 160 metros cuadrados que no pertenece ni a Italia ni al Vaticano. Es una especie de pasillo construido en el siglo XIII por el papa Nicolás III (25 de noviembre de 1277-22 de agosto de 1280), con un recorrido que va desde el Vaticano hasta el Castillo de Sant'Angelo. Este pasillo era utilizado por los papas como vía de escape en caso de asedio militar al Vaticano.

¿Cuánto mide la piscina del Vaticano?

Tiene medida olímpica, 50 metros de largo. El Papa que más la ha utilizado fue Juan Pablo II debido a una dolencia de espalda. Las instalaciones cuentan con sauna, solárium y gimnasio.

¿En que otro país existe un palacio pontificio?

En Francia, en la ciudad de Aviñón. Es una fortaleza que fue utilizada por siete papas. Fue llamado el «segundo Vaticano» durante el siglo XIV. Los papas vivieron en este palacio entre los años 1309 y 1376, cuando finalizó el autoexilio y regresaron a Roma como sede del pontificado. Lo más significativo de la fortaleza es el palacio que mandó construir el papa Benedicto XII (20 de diciembre de 1334-25 de abril de 1342).

¿Qué objetos se exponen en el llamado Museo Histórico del Vaticano?

El museo fue creado por orden del papa Pablo VI (21 de junio de 1963-6 de agosto de 1978), y realmente más que un museo histórico es un museo de la historia militar del Estado Vaticano. En el interior se exponen diferentes uniformes del Cuerpo de Artillería papal, de la antigua guardia noble, la guardia de honor, los gendarmes vaticanos y de la guardia suiza. Asimismo, se expone el uniforme de sargento del cuerpo de sanidad y de capellán del ejército italiano utilizado en la Primera Guerra Mundial por Angelo Giuseppe Roncalli, años más tarde Juan XXIII, o la brillante coraza utilizada por el papa Julio II. En la sección de armas se expone una valiosa colección de piezas de artillería de la época del Renacimiento, sables venecianos, algunos de ellos con empuñaduras de cristal de Murano y setenta y ocho mosquetes fabricados por Remington.

¿Cuántos campos de fútbol entrarían en la basílica de San Pedro?

La planta de la basílica tiene 39.800 metros cuadrados, por lo que en su interior cabrían doce grandes campos de fútbol. La basílica de San Pedro tiene 500 columnas, 430 estatuas, 40 altares menores y 30 cúpulas.

¿Vuela algún avión sobre el Vaticano?

Ningún avión sobrevuela la Ciudad-Estado del Vaticano. Su espacio aéreo es restringido, y más aún desde el atentado del 11 de septiembre de 2001 contra las Torres Gemelas en Nueva York y al Pentágono en Washington. La vigilancia del espacio aéreo y su defensa corresponde a las Fuerzas Aéreas Italianas.

¿De cuántas habitaciones dispone la residencia del Papa?

El Palacio Apostólico, que es el edificio principal del Vaticano y en donde trabaja el Papa, tiene más de 1.400

habitaciones, atravesadas por más de un millar de tramos de escaleras, 20 patios interiores y 12.523 ventanas.

¿Cuál es el jardín más alto del Vaticano?

El situado en la azotea del Palacio Apostólico, justo encima de la residencia papal. Los papas que más lo utilizaron fueron Pablo VI y Juan Pablo II. A Pío X y Juan XXIII les gustaba pasear por los jardines vaticanos, que pueden visitar los turistas, cuando estos estaban cerrados al público. Los jardines de la azotea fueron cerrados mediante un techo de cristal opaco para que nadie pudiera ver al Papa en su interior desde otros edificios o sufrir un atentado por un francotirador.

¿Qué broma a un Papa puede verse hoy en el Vaticano?

Cuando se camina por la vía XX Settembre hacía la plaza Porta Pia, puede verse en la centro, a la izquierda y a la derecha del arco tres relieves de color blanco. Estos tres relieves muestran los utensilios de barbero. Al escultor que los puso ahí no le caía muy bien el papa Pío IV (25 de diciembre de 1559-9 de diciembre de 1565). Los tres objetos son una burla a los orígenes humildes de Pío IV cuyos familiares eran barberos.

¿Cuál es la línea de ferrocarril más corta del mundo?

La del Vaticano. La línea tiene tan solo 900 metros de longitud. Su ferrocarril, regalo de Benito Mussolini, no tiene un horario establecido. Una de las cosas que más atraen a los turistas es el edificio de la única estación del Vaticano. El edificio está construido con mármoles de diferentes colores (rosa, verde y amarillo). Durante el papado de Pío XI la línea fue empalmada a la línea de ferrocarriles italianos. La doble vía es utilizada diariamente por los trenes de mercancías que llegan al Vaticano para transportar una gran diversidad de artículos. Los trenes, arrastrados por una pequeña locomotora de vapor, deben atravesar unas enormes puertas de bronce con el escudo del Vaticano que marca la frontera entre el Estado del Vaticano y la República de Italia. Desde 1953 las líneas italianas deben dar libertad de paso a los ferrocarriles del Vaticano, además de proporcionar vagones especiales al Papa en caso de que este desee desplazarse en ferrocarril por Italia.

¿Qué Papa es el único que ha utilizado el ferrocarril vaticano?

Juan XXIII es el único Pontífice que ha utilizado oficialmente la línea de ferrocarril del Vaticano. Sucedió en 1962 cuando decidió peregrinar a Loreto y Asís.

¿En qué lugar del Vaticano solía esconderse Juan XXIII?

Se escondía en el lugar más alto de la Santa Sede, la llamada Torre de los Vientos, que está compuesta por ocho grandes habitaciones con terraza. Desde su terraza Juan XXIII, provisto de unos potentes prismáticos, pasaba las horas mirando escenas que sucedían en los tejados cercanos al Vaticano.

¿Qué otras utilidades se le ha dado a la Torre de los Vientos?

Ha sido residencia de invitados importantes del Estado Vaticano y del papa Juan Pablo II durante las obras de restauración en los llamados aposentos del Palacio Apostólico.

¿Qué Papa hizo instalar una bolera en el Vaticano?

El papa Juan XXIII, que era muy aficionado a jugar a los bolos y, según algunas fuentes, un experto en el juego.

¿Por qué las mujeres deben llevar sombrero en las audiencias vaticanas?

Esta costumbre comenzó a practicarse en 1958, cuando un relaciones públicas llamado Guido Orlando fue contratado para que aumentasen las ventas de sombreros. Este envió una carta con un falso membrete de un centro de estudios religiosos, en los que una supuesta encuesta mostraba cómo las mujeres norteamericanas no se cubrían la cabeza para ir a misa. La carta pedía al papa Pío XII que recomendase a través de los medios de comunicación vaticanos que las mujeres portasen sombrero al entrar en las iglesias para escuchar misa y para realzar así la dignidad y el decoro de la mujer.

¿Cuántos hoteles tiene el Vaticano para dar cobijo a los más de doce millones de personas que visitan cada año la Ciudad-Estado del Vaticano?

Ninguno. Realmente, los turistas y peregrinos que visitan cada año el Vaticano es una gran fuente de ingresos turísticos para el Estado italiano y para la ciudad de Roma.

¿Cuándo puede verse al Papa?

Hay una audiencia general cada miércoles, cerca del mediodía en la llamada Aula della Udienze, ahora llamada Aula di Paulo VI. Esta sala es una de las más grandes y tiene un aforo cercano a las seis mil personas sentadas y casi doce mil de pie. Cuando el Papa está en la residencia de Castelgandolfo, celebra una misa también los miércoles al mediodía en un gran salón. Todos los domingos, a no ser que lo impida la climatología o la salud del Pontífice, el Papa sale a la ventana que da a la plaza San Pedro para dar su bendición.

¿Qué tragedia en el Vaticano estuvo a punto de costarle la vida al Papa?

Ocurrió el 22 de diciembre de 1931. El papa Pío XI (6 de febrero de 1922-10 de febrero de 1939) había estado consultando unos documentos en una sala del archivo vaticano, cuando, quince minutos después de haber salido, el techo se derrumbó y mató al sacerdote que le había estado ayudando con los documentos.

¿Qué Papa llevó a cabo las primeras grandes reformas del Vaticano?

Pío XI (6 de febrero de 1922-10 de febrero de 1939). Ordenó montar la primera instalación de agua corriente, el primer ascensor, la primera cocina eléctrica y una estación de radio.

¿Qué derechos y obligaciones tienen los ciudadanos de la Ciudad-Estado del Vaticano?

- No pagan impuestos en sus países de origen ni al Estado italiano.
- Los que residen dentro de la Ciudad-Estado necesitan un permiso especial para entrar y salir del territorio vaticano después del «toque de queda» a las 23.30 horas.
- Los extranjeros deben abandonar el territorio vaticano antes del «toque de queda».
- Si alguien viola el «toque de queda», puede ser detenido por la guardia suiza, que en la mayor parte de los casos pondrá al visitante al otro lado de la frontera italovaticana.
- Deben vivir donde se les asigne, aunque pagan un alquiler. Se dice que el metro cuadrado en la Ciudad-Estado del Vaticano es el más barato del mundo.

- No pagan ni luz, ni gas, ni teléfono, ni agua.
- Los ciudadanos vaticanos tienen derecho a utilizar los economatos, pero para ello deben presentar una identificación de ciudadanía o el pasaporte.
- Nadie nace con la ciudadanía vaticana, pero las altas jerarquías eclesiásticas reciben la ciudadanía cuando acceden al obispado o al cardenalato.

¿Qué tres reliquias son expuestas durante las ceremonias más importantes que se celebran en la Ciudad-Estado del Vaticano?

Las tres reliquias son sacadas del departamento de Reliquias y expuestas a los fieles en las ceremonias más importantes del Vaticano, como cuando es elegido un Papa y durante la celebración del cónclave. Las tres reliquias son el Lienzo de Verónica, el velo con el que Santa Verónica limpió la cara de Jesucristo en su camino al Calvario (su cara quedó en él); un pedazo de la llamada Vera Cruz, y que fue llevada desde Jerusalén a Roma por Santa Elena; y una punta de lanza, que pudo ser la que el soldado Longino clavó en el costado de Jesucristo cuando este estaba ya crucificado.

¿Dónde están los tres dedos del científico y astrónomo Galileo Galilei?

El 12 de marzo de 1737, cuando el cuerpo de Galileo iba a ser trasladado de su ubicación en la ciudad italiana de Pisa, un rico comerciante llamado Francesco Gori le amputó tres dedos al cadáver del insigne científico. Dos de los dedos cortados forman parte de la colección de un médico romano, y el tercero terminó en el interior de un relicario de plata y que hoy puede verse en la sala 6 del Museo de Historia de la Ciencia de Florencia. El departamento de Reliquias del Estado Vaticano pidió al museo la entrega del dedo, pero este se negó.

¿Qué emperador se hizo con las actas del proceso a Galileo como parte del botín de guerra?

Napoleón se llevó las actas del proceso a Galileo como parte del botín de su campaña en Italia. En 1846, una vez restaurada la monarquía y como signo de buena voluntad, se entregó el documento al papa Gregorio XVI (2 de febrero de 1831-1 de junio de 1846), quien ordenó que fuera incluido en el Archivo Secreto Vaticano.

¿Cuándo fue la primera vez que se pidió formalmente la revisión del proceso a Galileo?

En 1960 el dominico padre Dubarle pidió leer los documentos sobre el proceso a Galileo, cosa que se le permitió. A finales de aquel año, el padre Dubarle reclamó al papa Juan XXIII la revisión del caso basándose en leyes del Derecho Canónico. El papa Juan XXIII prefirió no tocar el proceso tras un estudio del mismo, una actitud que asumiría Pablo VI, hasta la llegada de Juan Pablo II, que decidió abrir de nuevo el caso tras 349 años de silencio y secretismo vaticano.

¿Por qué fue un dominico quien pidió la revisión del caso Galileo?

Galileo, nacido en Pisa en 1564, era un verdadero católico practicante y creyente para quien no había nada más importante que el poder papal ante Dios. Incluso el científico tenía una hija que había decidido tomar los hábitos en la Orden de las Carmelitas. Galileo pensó que su devoción le ayudaría a la mejor difusión de sus descubrimientos, pero esta teoría chocó con los frailes dominicos de Florencia. Según su versión, las teorías de Galileo eran una clara afrenta a las Sagradas Escrituras y, por tanto, denunciable ante el Santo Oficio. Los dominicos dirigieron la acusación contra Galileo ante la Inquisición. El padre dominico Dubarle creyó estar en deuda con el científico y astrónomo.

¿Quién mandó instalar el riego automático en los jardines del Vaticano?

Pío XI mandó instalar 9.380 bocas de riego, 94 kilómetros de conducciones y dos grandes depósitos de 12.000 metros cúbicos. Hoy sigue siendo el sistema utilizado para regar los magníficos jardines del Vaticano.

¿Quién compuso el himno del Vaticano?

Charles Gounod, el compositor francés, compuso el himno oficial del Estado del Vaticano. El himno puede escucharse al comienzo y al final de cada emisión de Radio Vaticano.

¿Existe algún Gobierno que tenga jurisdicción sobre el Papa o el Vaticano?

No. La Ciudad-Estado del Vaticano es un país independiente y el Papa es su jefe de Estado. Alguien dijo: «El Papa no es soberano porque sea el príncipe del Estado del Vaticano, es príncipe del Estado del Vaticano porque es soberano».

¿Qué derrumbe provocó la muerte de un Papa?

Se estaba construyendo un ala nueva en el palacio papal de Viterbo, cuando una zona se derrumbó por falta de apuntalamiento. El derrumbe, en la noche del 20 de mayo de 1277, afectó a la habitación del papa Juan XXI, que falleció bajo los escombros. Juan XXI llevaba tan solo nueve meses de pontificado.

¿Qué tres estatuas de mujeres están enclavadas en San Pedro?

Las de Cristina, Clementina y Matilde. Las tres eran reinas. Cristina de Suecia (1626-1689) abdicó al convertirse al catolicismo en 1654. Vivió en Roma durante 34 años, y fue una auténtica mecenas de las artes y protectora de músicos como Corelli o Scarlatti. La segunda era Clementina María Sobieski (1702-1735). Nieta del rey polaco que liberó a Viena del sitio de los turcos, se convirtió en esposa de Jacobo III de Inglaterra. Tuvo dos hijos, de los que uno de ellos llegó a ser cardenal-obispo de Frascati, y el segundo Enrique IX. Clementina pasó la mayor parte de su vida dedicada a la meditación hasta que murió a la edad de 33 años. La tercera es Matilde de Canossa (1046), también denominada la «Juana de Arco italiana». Con nueve años heredó la mayor parte de la Italia septentrional. A los dieciocho sabía montar, usar la espada y el hacha. Con veinte años lideró a las tropas contra un Antipapa. Su amante era un monje llamado Hildebrando, que en 1073 se convertiría en el papa Gregorio VII. El emperador alemán quiso deponer al Pontífice, pero Matilde acaudilló a las tropas que lucharon a favor del papa Gregorio VII y por la independencia de la Iglesia ante los poderes de los hombres. La condesa Matilde de Canossa fue la primera mujer enterrada en San Pedro.

¿Qué presidente de Estados Unidos posó para una escultura que se encuentra hoy en el Vaticano?

John F. Kennedy. Se lo desveló el papa Juan XXIII a la esposa de este, Jacqueline Kennedy. Cuando JFK tenía veintidós años posó para las figuras de un nuevo altar que se instaló en el interior del Vaticano. El joven norteamericano pasaba unos días de vacaciones en casa del diplomático John Wiley y su esposa, la escultora Irene Baruch. La artista necesitaba modelo para un ángel que debía ir colocado alrededor de la estatua de Santa Teresa de Lisieux. Los cabellos ondulados y la cara del ángel fueron la copia del cabello y el rostro de JFK. En la estatua que puede verse hoy en día aparece un pequeño ángel que apoya una mano en el hombro de Santa Teresa y la otra sobre un libro que lleva la santa.

¿Quién diseñó la escalinata de San Pedro?

La escalinata por donde se accede a las puertas de la basílica de San Pedro fue una idea de Miguel Ángel.

¿De dónde procede el obelisco egipcio que se encuentra en el mismo centro de la plaza de San Pedro?

El gigantesco obelisco no tiene ninguna inscripción o relieves, de tal forma que resultaba muy difícil descubrir de qué época es. Un profesor italiano de arqueología fue quien descubrió su procedencia. El experto observó que cuando le daba el sol se distinguían unos pequeños agujeros de tamaño milimétrico y que posiblemente fuese la huella de pequeños clavos que sujetasen letras de bronce. Seguramente fue el emperador Calígula quien ordenó quitarlas. El arqueólogo decidió hacerse con varias letras de diferentes tamaños en material plástico e intentó colocarlas sobre las marcas dejadas por los clavos. Un año y medio más tarde, y después de cientos de miles de pruebas, el misterio quedó resuelto. La inscripción demostraba que el gigantesco obelisco había sido erigido en Heliópolis por el prefecto Cornelio Gayo, y que había ordenado levantar muchos de ellos en todo Egipto en su honor. Cornelio Gayo cayó en desgracia y acabó suicidándose mediante la ingestión de veneno.

¿Quién decidió su emplazamiento actual en la plaza de San Pedro?

Antes de estar situado en su emplazamiento actual, el obelisco, de 320 toneladas de peso, estaba plantado en la mitad de un circo romano, en donde se celebraban carreras de cuadrigas y combates de gladiadores. El emperador Calígula hizo esculpir en la base del obelisco una inscripción en honor a su madre Agripina. Mil quinientos años después fue el pontífice Sixto V (24 de abril de 1585-27 de agosto de 1590) quien ordenó trasladarlo a su ubicación actual en la plaza.

¿Por qué conmutó una pena de muerte el papa Sixto V a un marinero?

Para el traslado del gigantesco obelisco a la plaza de San Pedro se utilizaron miles de caballos y obreros, así como cientos de kilómetros de soga. El papa Sixto V había ordenado el silencio total en Roma bajo pena de muerte a quien pronunciase alguna palabra durante la operación de traslado. Cuando se estaba levantando el obelisco de 23 metros de altura, las cuerdas comenzaron a romperse con el consiguiente peligro provocado por la caída de las 320 toneladas. De repente, el silencio en Roma se rompió cuando un marinero y comerciante de palmas saltó sobre un andamio y comenzó a gritar «Agua a las sogas», «Agua a las sogas». Las sogas secas se rompían más fácilmente mientras que las mismas sogas húmedas se hacían más flexibles. Tras la colocación del obelisco, el marinero fue detenido por la guardia papal con el fin de ejecutarlo. En ese momento intercedió el papa Sixto V, quien no solo anuló la condena a muerte, sino que incluso lo nombró abastecedor oficial de palmas al Vaticano. Aún hoy siguen siendo los herederos del marinero quienes continúan suministrando a la Santa Sede de hojas de palma.

¿Cuál fue la venganza de Miguel Ángel al maestro de ceremonias del pontífice Julio II?

El poderoso Biagio di Casena, maestro de ceremonias del Papa, entró un día en la Capilla Sixtina y comenzó a recriminar al artista la gran cantidad de desnudos que había pintado. Miguel Ángel expulsó a Biagio de la Capilla. Poco después el papa Julio II obligó al genial pintor a disculparse con su maestro de ceremonias. Miguel Ángel lo hizo, pero, cuando estaba pintando el *Juicio Final*, decidió pintar un retrato de Biagio di Casena con unas enormes orejas de asno.

¿Qué dibujó Giotto al enviado papal para convertirse en artista oficial del Vaticano?

Un simple círculo. El Papa quería encargar varias obras para el Vaticano y necesitaba artistas a los que encargarlas. Giotto se presentó ante el enviado del Papa y, en un lienzo colocado en el suelo, con un pincel pintó a pulso un círculo perfecto. Giotto fue contratado

¿Qué importante obra de arte de Miguel Ángel no está expuesta en el Vaticano por expreso deseo del artista y respetado hasta la fecha?

El Moisés. Según el artista, la escultura tenía dos defectos, por lo que Miguel Ángel no estaba de acuerdo en que la viesen los ojos del Santo Padre. La escultura, según el genial artista, tenía la cabeza más pequeña que el cuerpo. El problema surgió cuando Miguel Ángel estaba esculpiendo la cabeza. En uno de los golpes de martillo, al artista se le escapó el cincel provocando el desprendimiento de una gran esquirla, y tuvo que retocar la cabeza reduciendo su tamaño. Cuando finalizó la escultura, su imagen no era la que deseaba el artista, de modo que, en un ataque de ira, Miguel Ángel golpeó nuevamente la escultura con un martillo y provocó una grieta en la rodilla derecha de *El Moisés*.

En la actualidad esa grieta ha desaparecido casi por completo debido a la costumbre de los turistas de tocar la rodilla de Moisés, como señal de que volverán a visitar la ciudad de Roma. La escultura puede admirarse en la iglesia de San Pietro in Vincoli, a pocos minutos del Coliseo.

¿Qué artista esculpió el San Pedro que puede verse en la actualidad en el Vaticano?

No ha podido ser identificado el artista. Al parecer, la cabeza está esculpida en el siglo XIII, las manos en el siglo XIV y el resto de la figura es del siglo III o IV.

¿Qué tumba de una mujer está colocada entre las de Juan XXIII, Pablo VI y Juan Pablo I?

La de la reina Cristina de Suecia (1626-1689).

¿Cuál es el índice más bajo del Vaticano desde su creación como Estado?

El índice de natalidad. Aunque en la Ciudad-Estado del Vaticano viven y trabajan mujeres, jamás ha habido un nacimiento. Durante el pontificado del papa Pablo VI una ciudadana italiana que visitaba la basílica de San Pedro rompió aguas en la escalinata, pero una ambulancia del Estado Vaticano la trasladó a un hospital próximo en territorio italiano. Al enterarse, el Sumo Pontífice se comprometió a bautizar a la niña en una de las capillas de la basílica.

¿Desde qué ventana vaticana es posible ver tres países a la vez?

Desde la ventana norte de un edificio perteneciente a la Soberana y Militar Orden de Malta, situada en la colina del Aventino. Este país, situado en el número 68 de vía Condotti y con 80 habitantes, emite su propia moneda y sus propios sellos de correos. Desde la ventana se pueden ver los territorios de la Soberana y Militar Orden de Malta, el del Ciudad-Estado del Vaticano y el de la República de Italia.

¿Tiene helipuerto el Vaticano?

Sí, se llama *helicoptorum*. Antes de ser helipuerto fue pista de tenis. Únicamente ha sido utilizado en dos ocasiones: por los presidentes de Estados Unidos Dwight D. Eisenhower y Lyndon B. Johnson tras hacer una visita oficial al Vaticano.

¿Ha sido bombardeado alguna vez el territorio del Vaticano?

Sí, en la noche del 5 de noviembre de 1943. Los bombarderos de la Luftwaffe lanzaron cuatro bombas por error de cálculo que cayeron en territorio vaticano. No hubo bajas, pero las explosiones hicieron mella en la estación de ferrocarril.

¿De dónde procede la llamada Santa Escalera?

Los peldaños de mármol que forman la *Scala Santa* fueron llevados a Roma por Santa Elena, la madre del emperador Constantino, en el año 335. El papa Sixto ordenó colocar los veintiocho peldaños hacia finales del siglo XVI en el edificio que se encuentra frente a la basílica de San Juan de Letrán. Según fuentes históricas, los veintiocho peldaños estaban situados a la entrada del palacio de Poncio Pilato, cuando este era todopoderoso gobernador de Judea. Se cree que Jesucristo debió subir y bajar por los peldaños cuando el gobernador lo condenó a morir en la cruz. Los rastros de sangre que pueden observarse hoy y que se encuentran protegidos por un grueso cristal se cree que podrían pertenecer a Jesucristo.

¿Qué se construyó sobre la tumba del emperador Nerón?

En 1472 el papa Sixto IV (9 de agosto de 1471-13 de agosto de 1484) ordenó construir la iglesia de Santa María del Popolo en el supuesto lugar donde se suicidó el emperador Nerón. En la llamada Piazza del Popolo, el lugar donde se suicidó Nerón, se había plantado un nogal. En el año de 1099 la Virgen se apareció al papa Pascual II (13 de agosto de 1099-21 de enero de 1118) y le pidió que talase el árbol, desenterrase los huesos de Nerón, lo quemase todo junto y las cenizas las arrojara al Tíber. Hoy en el altar de la iglesia de Santa María del Popolo puede contemplarse un retablo en donde aparece el papa Pascual II cortando el nogal con un hacha.

¿Cuánto se tarda en dar la vuelta a la redonda a la Ciudad-Estado del Vaticano?

A una velocidad media de unos diez kilómetros por hora, se tarda aproximadamente unos cincuenta y cinco minutos.

¿Qué problema surgió con la ropa indecorosa de los turistas, que aún se sigue discutiendo en el Vaticano entre los cardenales y el Papa?

A la entrada de la basílica de San Pedro aparecen dos grandes carteles redactados en cinco lenguas, en donde se pide a los fieles y los turistas que vistan de forma decorosa en su interior. A las mujeres se les prohíbe entrar con pantalones cortos, minifaldas, camisas sin mangas, camisetas de tirantes, y a los hombres en pantalón corto o bañador. La autoridad vaticana situó a seis vigilantes hasta que dos de ellos acabaron en el hospital tras una pelea con cinco turistas alemanes. La siguiente opción fue la de situar estratégicamente a varias monjas para informar a los turistas con vestimenta indecorosa. Nueve semanas después las monjas pidieron al responsable de la basílica que las cambiase de destino debido al estrés que sufrían muchas por los altercados con las visitantes. La tercera opción fue la de adquirir en una empresa de Roma cientos de chubasqueros de color negro que les eran entregados por una religiosa a los turistas con vestimenta poco apta para entrar en la basílica. El problema surgió cuando cuatro meses después tan solo quedaban seis de los más de cuatrocientos chubasqueros adquiridos, porque, según alguna versión, los turistas se los llevaban como recuerdo. Aún hoy este tema sigue siendo un problema para las autoridades vaticanas.

¿Existen farmacias en la Ciudad-Estado del Vaticano?

Una. No tiene ningún rótulo, pero es la más antigua del mundo. La farmacia vaticana fue fundada en el año 1277 por el papa Nicolás III (25 de noviembre de 1277-22 de agosto de 1280). El papa Nicolás III nombró a un boticario pontificio con el fin de que supervisara todas las boticas que operaban de forma clandestina en la Roma del siglo XIII. Ninguna botica podía vender productos ni recetarlos si estas no exhibían en su puerta el sello de lacre del Santo Padre. Actualmente la Farmacia Vaticana está regentada por sacerdotes-farmacéuticos españoles, italianos, alemanes y norteamericanos, y despachan más de cinco mil recetas mensuales. Como anécdota, cabe mencionar particularidades con algunos fármacos como el de que la famosa aspirina de Bayer esté envasada en una caja con los dos colores de la bandera vaticana, amarillo y blanco, y en cada píldora aparezca grabado el escudo del Vaticano. En el mismo edificio de la Farmacia Vaticana se encuentra ubicado el Servicio de Salud del Vaticano, creado en 1958 por el papa Pío XII (2 de marzo de 1939-9 de octubre de 1958). A los más de tres mil trabajadores del Vaticano se les retiene una pequeña cantidad de la nómina destinada al mantenimiento del Servicio de Salud. Los trabajadores y pensionistas del Vaticano no pagan la sanidad, incluida la odontología, ni los medicamentos de la Farmacia Vaticana. En la Farmacia Vaticana no se vende ningún artículo femenino.

¿Existen fábricas en la Ciudad-Estado del Vaticano?

No existen fábricas o industrias de capital privado. Las que existen pertenecen a los bienes del Vaticano. En el Estado existe una sola fábrica, la de mosaicos. La llamada Escuela del Mosaico tiene la responsabilidad de la conservación y la restauración de todos los mosaicos que se encuentran dentro de la Ciudad-Estado del Vaticano. La escuela fue fundada a comienzos del siglo XVIII. La colección de piedras por colores es una de las más grandes del mundo con casi treinta y siete mil cajas alineadas por tonalidades en línea de estantes que alcanzan los cuatro kilómetros. La Escuela del Mosaico ha sido reclamada incluso por el Estado italiano para la restauración de sus mosaicos romanos.

¿Existen supermercados en la Ciudad-Estado del Vaticano?

Uno. No se puede entrar ni comprar nada sin la debida autorización del gobernador de la ciudad. Sus precios son muy bajos. Los principales clientes son el personal no religioso o sus familias que trabajan en algún departamento del Vaticano. Existe una línea de caja solo para religiosos, para no esperar, norma instaurada por Juan XXIII, ya que tuvo que esperar en una larga cola cuando aún era cardenal. En el supermercado vaticano pueden comprar también personas vinculadas con la Iglesia y que no habitan en el Vaticano, o aquellas que han hecho actos importantes a favor de ella.

¿Cuántos edificios tiene la Ciudad-Estado del Vaticano?

Medio centenar, entre palacios, edificios administrativos y edificios de viviendas para el personal.

¿Qué propiedad del Vaticano tiene mayor extensión que la propia Ciudad-Estado Vaticano?

Castelgandolfo, la residencia de verano y descanso del Papa. La finca sobre la que se asienta la residencia mide 55 hectáreas, once más que la Ciudad del Vaticano.

¿Quién fue el primer Papa que utilizó Castelgandolfo como residencia de descanso?

Un médico recomendó al papa Urbano VIII (6 de agosto de 1623-29 de julio de 1644) que se retirase durante una temporada a descansar a algún lugar apacible. El Papa eligió un castillo ducal del siglo XVI. Bernini y Carlo Maderno, el arquitecto que diseñó la fachada de la basílica de San Pedro, convirtieron la ruinosa edificación en un maravilloso y confortable palacio.

¿Cuántos papas han fallecido en el interior de los muros de Castelgandolfo?

Dos. Pío XII en octubre de 1958 y Pablo VI en agosto de 1978.

¿Desde cuándo es Castelgandolfo la residencia de verano del Pontífice?

Castelgandolfo, situada a unos 20 kilómetros de Roma, es el lugar de vacaciones y descanso de los pontífices desde 1626. Su territorio quedó incluido dentro del territorio del Estado Vaticano tras la firma del Concordato de la Santa Sede con la Italia de Mussolini en agosto de 1929. Situado en el corazón de las colinas Albanas, se divisa el pueblo de Castelgandolfo. La finca pontificia ocupa la longitud total del pueblo. El complejo está formado por tres edificios, una granja y unos enormes jardines.

¿Qué característica especial de situación tienen los jardines con respecto al edificio principal de Castelgandolfo?

Los jardines están situados frente al edificio principal de la residencia papal separados por una calle. Para pasar de un lado a otro, el Pontífice utiliza una pasarela cubierta, para no tener que acceder por la calle con los problemas de seguridad que ello conlleva.

¿De cuándo data la finca en la que se encuentra el complejo de Castelgandolfo?

Los jardines están construidos sobre las ruinas de una antigua finca romana propiedad del emperador Domiciano (81-96 d. de C.).

¿Cuántas bodas se han celebrado en el complejo de Castelgandolfo?

En la capilla anexa a las habitaciones del Pontífice, la consagrada a la memoria del papa Urbano VIII (6 de agosto de 1623-29 de julio de 1644), se han celebrado dos enlaces matrimoniales: la del príncipe Barberini en el año 1627, y la segunda en 1960, de una sobrina del papa Juan XXIII.

¿Qué función tuvo Castelgandolfo durante la Segunda Guerra Mundial?

Sirvió de refugio a casi diez mil personas que huían del nazismo por diferentes motivos. Entre los refugiados se encontraban ciudadanos judíos, aviadores aliados derribados sobre la Italia ocupada o enemigos políticos de la ideología nazi. Las tropas de asalto de las SS alemanas esperaron tres años a que les llegase la orden de Adolf Hitler para tomar la residencia papal, pero el líder nazi no dio nunca la orden.

El día de la liberación de Italia es celebrado aún hoy por los descendientes de los diez mil refugiados, para ello se concentran en Castelgandolfo como signo de agradecimiento por la protección papal.

¿Cuál es la iglesia más antigua edificada en el Estado Vaticano?

San Esteban de los Abisinios, fundada en el siglo VI. En su cripta rezó el mismísimo emperador Carlomagno.

¿Tienen los vehículos vaticanos matrículas especiales?

Sí. Los vehículos de la Ciudad-Estado del Vaticano llevan el distintivo SCV (Stato-Città del Vaticano) acompañado de un número. El SCV-1 es el vehículo marca Mercedes-Benz negro blindado que lleva al Pontífice en sus desplazamientos cortos. El SCV-2 es el llamado «papamóvil». En el territorio vaticano hay siete gasolineras que solo suministran combustible a los vehículos vaticanos o a los de emergencia y personal de la Ciudad-Estado del Vaticano.

¿Cuántas calles y plazas hay en la Ciudad-Estado del Vaticano?

En total hay treinta calles y plazas, cuyos nombres están indicados por placas.

¿Qué «guerra» se desató entre el Vaticano y otro Estado a finales de la década de los años setenta?

La última guerra desatada por el Estado Vaticano sucedió en 1978 contra la República de San Marino. Realmente fue más una cuestión diplomática que bélica. Al parecer, las autoridades de la República de San Marino utilizaron la imagen de una escultura de Pericle Fazzini, *La Resurrección*, en un sello de correos. La escultura forma parte de la decoración de la Sala de Audiencias del Vaticano, de modo que la diplomacia vaticana presentó una protesta formal al Gobierno de San Marino para que retirase de circulación el sello en cuestión. San Marino se sintió «amenazado» por el Vaticano, por lo que decidió seguir adelante con el dichoso sello. Los enviados pontificios alegaban que la escultura era del Estado Vaticano y que, por tanto, no tenían derecho a la utilización de su imagen. La última cumbre vaticano-sanmarinense se desarrolló en el monte Titano a 700 metros del nivel del mar. Al final, y para evitar un «conflicto» aún mayor, las autoridades de San Marino y del Vaticano decidieron emitir un comunicado conjunto, en el que la pequeña república de Italia decidía reemplazar la imagen de la polémica escultura de Fazzini por la de una Natividad. El conflicto se zanjó sin que los ejércitos de ambos países hubiesen pegado un solo tiro.

¿Cuándo fue la última vez que el Vaticano ejecutó a un prisionero?

La última ejecución por orden papal sucedió durante el pontificado del papa Pío IX (16 de junio de 1846-7 de febrero de 1878). El 24 de noviembre de 1868 fueron decapitados Giussepe Monti de 33 años y Gaetano Tognetti de 25 años, porque los dos jóvenes colocaron una bomba en un cuartel de la guardia pontificia, cuya detonación mató a veinticinco de sus miembros y dejó heridos a otro nueve. Monti pidió clemencia al papa Pío IX, que no le fue concedida, mientras que Tognetti gritó en el cadalso que si hubiera tenido oportunidad habría matado al mismísimo Papa. Los cuerpos de ambos revolucionarios fueron incinerados y sus cenizas arrojadas al Tíber. A mediados de los años sesenta se rodó una película contando el caso, en el que el papel de Giussepe Monti era interpretado por el actor Nino Manfredi. La película no vio nunca la luz. Al parecer, miembros de la Santa Alianza pagaron al productor y al director por las seis únicas copias de la película. A pesar de que en la mayor parte de los países han abolido la pena de muerte en sus códigos penales, en el del Estado Vaticano sigue vigente.

¿En qué iglesia podemos ver restos de la cruz de madera en la que murió Jesucristo?

Guardada herméticamente en un relicario de plata aparece una astilla de unos diez centímetros que supuestamente forma parte del madero principal de la cruz. El relicario puede verse en la iglesia de la Santa Cruz de Jerusalén, en la ciudad de Roma, y en la misma iglesia, situadas en un pequeño altar y que poca gente visita, hay otras tres reliquias: un fragmento del letrero que se colocó por orden del gobernador Poncio Pilato sobre la cruz de Jesucristo y en donde todavía puede leerse las palabras en latín *Nazarenus* y *Iodeorum*, y dos pequeñas espinas que supuestamente pertenecen a la corona que pusieron en la cabeza de Cristo.

¿Cuál es la reliquia que más visitan los turistas y fieles llegados al Vaticano?

El trono de Pedro. El trono de madera esta herméticamente encajado en otro de bronce y situado en la basílica de San Pedro detrás del altar. En 1968 varios científicos demostraron que la madera del trono de Pedro podía ser de la época.

¿Qué famosa obra de arte fue rescatada por un cardenal?

El *Retrato de San Jerónimo*, una valiosa pintura de Leonardo da Vinci. El retrato del santo está pintado en una tabla de madera, que estaba partida en dos fragmentos. La parte de la tabla de madera en donde aparece la cabeza de San Jerónimo estaba envuelta en plástico rojo y servía como taburete para un zapatero de Roma. El resto de la tabla en donde aparece el cuerpo de San Jerónimo hacía de tapa de un baúl y que un cardenal experto encontró en una tienda de antigüedades. El cardenal pagó por el baúl la cantidad de 300 euros, y por el taburete, 120 euros. El Vaticano adquirió la obra de Leonardo da Vinci por 420 euros, unas 70.000 pesetas.

¿Quién es el único ciudadano que ha sido desterrado de por vida, así como sus descendientes, del Estado Vaticano?

El doctor Ricardo Galeazzi Lisi, de nacionalidad italiana. Durante la agonía del papa Pío XII en octubre de 1958, alguien lo filmó en su lecho de muerte y aún con vida. El espionaje vaticano descubrió que alguien estaba subastando entre diversos medios de comunicación una filmación clandestina de la agonía del papa Pío XII. Por un lado, se contrató a un detective para que descubriese al autor de la filmación y para que recuperase el material. Por otro lado, se encargó a agentes de la Santa Alianza que descubriesen al autor de la filmación y lo convenciesen «por todos los medios» para entregar todas las copias del material filmado. Los espías del Vaticano descubrieron que la filmación había sido realizada por el doctor Ricardo Galeazzi Lisi, médico privado del Pontífice. Se le conminó a entregar la película, y posteriormente, tras una denuncia, Galeazzi Lisi fue expulsado del Colegio de Médicos de Italia. El médico siguió ejerciendo hasta su muerte en una clínica de cirugía estética en una ciudad cercana a la frontera francoitaliana. El papa Juan XXIII ordenó el destierro para el médico y para todos sus descendientes, prohibiéndoles pisar suelo vaticano. Según algunos documentos, la película fue destruida, mientras otros aseguran que se encuentra archivada en perfecto estado en el llamado Archivo Secreto Vaticano.

¿Cuál fue el primer documento difundido por el Vaticano en Internet?

El mensaje de Navidad de Juan Pablo II, el 25 de diciembre de 1995. El mensaje fue transmitido por Internet en cincuenta y tres lenguas a través de la página web oficial del Estado Vaticano, www.vatican.va. En los dos primeros días en el ciberespacio la página fue visitada por más de trescientos mil internautas. El 24 de marzo de 1997 fue cuando realmente comenzó a funcionar la página web oficial del Estado Vaticano al ser inaugurada por el mismo Pontífice. Los tres servidores que alimentan a la página web se encuentran en los sótanos de uno de los edificios administrativos del Vaticano. «Rafael» alimenta con documentos pontificios a la página; «Miguel» protege el sistema y los servidores de ataques de virus o de *hackers*, y «Gabriel» es el encargado de recibir y enviar los miles de correos electrónicos que se reciben en el Vaticano cada día.

¿Dónde está situada la llamada Puerta Santa?

Es una de las cuatro puertas de acceso a la basílica de San Pedro. Esta solo se abre cada veinticinco años con motivo del Año Santo, y solo puede ser abierta por el Sumo Pontífice. Hasta 1975 se hacía mediante un martillo de plata. El problema fue que, cuando en 1975 lo intentó el papa Pablo VI, varios cascotes estuvieron a punto de golpearlo. La última vez que se abrió fue en el año 2000 para celebrar el Jubileo del Tercer Milenio, pero esta vez el papa Juan Pablo II lo hizo con una llave. La Puerta Santa se volverá a abrir en el año 2025.

¿Qué es la Sábana Santa?

Llamada también Sacra Sindone, cuenta la leyenda que esta fue el sudario en el que se envolvió el cuerpo de Cristo tras su crucifixión en la cruz. En ella quedó grabada su cara y parte de su cuerpo. En 1453, bajo el pontificado del papa Nicolás V (6 de marzo de 1447-24 de marzo de 1455), la Sábana Santa fue expuesta por vez primera ante los fieles, siendo propiedad de Anna de Lusignano, esposa del duque de Saboya. En 1578, bajo el pontificado del papa Gregorio XIII (13 de mayo de 1572-10 de abril de 1585), queda expuesta en la catedral de Turín. En 1983 el ex rey Umberto II de Saboya, monarca destronado de Italia, regala al papa Juan Pablo II la Sábana Santa. Posteriormente el Papa aceptó una petición del arzobispo de Turín para que la Sábana Santa fuera sometida a un análisis científico para determinar su autenticidad. La Sábana Santa se conservaba desde 1640 enrollada en un cilindro de plata y cristal. El 21 de abril de 1988 varios científicos vaticanos extrajeron trozos del lino para ser enviados a tres de los más prestigiosos laboratorios del mundo en pruebas de carbono 14. Tres sacerdotes de la Santa Alianza portaron los tres trozos de la tela santa a Tucson (Estados Unidos), Oxford (Gran Bretaña) y Zúrich (Suiza). Las pruebas a las que sometieron los tres trozos de tela demostraron que estaba confeccionada entre los años 1260 y 1390, o lo que es lo mismo entre los pontificados de Alejandro IV (12 de diciembre de 1254-25 de mayo de 1261) y Bonifacio IX (2 de noviembre de 1389-1 de octubre de 1404). De esta forma la ciencia dejaba al descubierto la realidad de la Sábana Santa y de su origen. El papa Juan Pablo II no quedó contento con el resultado y convocó a científicos católicos de prestigio para que la analizasen. Siempre en la misma línea que la defendida por los que analizaron la tela, los científicos católicos no pudieron explicarse cómo quedó grabada ahí la imagen de Cristo, cuando en el siglo XIII y XIV desconocían por completo las técnicas que lo hicieran posible. El arzobispo de Turín, protector de la Sábana Santa, matizó que la tela debía seguir siendo venerada, ya que evoca «la imagen de Nuestro Señor». Juan Pablo II se arrodilló en dos ocasiones para rezar ante la Sábana Santa, dándole una importancia espiritual para los creyentes, aunque no para los científicos.

En la actualidad, la Sábana Santa es expuesta desplegada en el interior de una urna de cristal y acero en cuyo interior se ha inyectado gas argón que evita la oxidación del lino. En la noche del 11 de abril de 1997 y durante un trágico incendio, un bombero consiguió romper a golpe de maza la urna y rescatar la Sábana Santa. El bombero recibió una carta de agradecimiento del Papa y una cruz de plata.

¿A qué se denomina la Santa Sede?

La Santa Sede es el órgano ejecutivo del gobierno de la Iglesia católica. Bajo el gobierno supremo del Pontífice, la Santa Sede tiene rango de monarquía, democrática (ya que el Papa es elegido democráticamente por los cardenales) pero absoluta (en parte porque el Papa tiene el máximo y único poder ejecutivo).

Capítulo V

Departamentos y órganos de poder

¿Qué funciones tiene el secretario de Estado?

POR regla general, se suelen confundir las funciones del secretario de Estado Vaticano con las del secretario de Estado norteamericano, una especie de ministro de Asuntos Exteriores. En realidad, el secretario de Estado Vaticano podría equipararse a un primer ministro.

¿Cuáles son las funciones de la Secretaría de Estado?

La Secretaría de Estado es el órgano de mayor poder y rango en el Estado Vaticano. Es dirigido por un cardenal de plena confianza del Papa, y está considerado el «número dos» de poder en el Estado Vaticano y «número uno» cuando el Papa se encuentra fuera del Vaticano; por ejemplo, realizando viajes pastorales.

El cargo de secretario de Estado Vaticano comenzó a funcionar tal y como hoy es conocido en 1644, bajo el pontificado de Inocencio X (15 de septiembre de 1644-7 de enero de 1655). En la actualidad la labor que realiza el secretario de Estado con anterioridad al siglo XVII era denominada como *Secretarius Intimus* o *Secretarius Papae*. En 1989 la organización sufrió una importante reforma tras la promulgación de la Constitución Apostólica *Pastor Bonus* por parte del papa Juan Pablo II. Desde la aprobación de este documento, la Secretaría de Estado quedaba dividida en dos áreas importantes: Primera Sección y Segunda Sección.

¿Qué funciones tiene la llamada Primera Sección?

La Primera Sección, también denominada Sección de Asuntos Generales, es uno de los dos importantes departamentos en los que se divide la Secretaría de Estado vaticana. La Primera Sección es una oficina coordinadora de los dicasterios, cuya misión es ayudar al Papa filtrando todos aquellos asuntos de las congregaciones pontificias, dirigidas estas por cardenales. El jefe de la Primera Sección es el llamado «sustituto de la Secretaría de Estado». Esta sección depende de la Secretaría de Estado y del secretario de Estado, número dos del Estado Vaticano.

¿Qué funciones tiene la llamada Segunda Sección?

La Segunda Sección también es denominada Relaciones con los Estados y su función principal es atender las relaciones exteriores de la Santa Sede con otros países y organismos internacionales. Al frente de esta sección se encuentra un cardenal de la carrera diplomática, y dependen de ella los nuncios y las nunciaturas vaticanas en el extranjero. Esta sección depende de la Secretaría de Estado y del secretario de Estado, número dos del Estado Vaticano.

¿Qué organización vaticana funciona de forma similar a la Seguridad Social?

El Fondo de Asistencia Sanitaria, fundado en 1953 por orden del papa Pío XII (2 de marzo de 1939-9 de octubre de 1958); el Fondo de Asistencia Sanitaria da asistencia a los trabajadores tanto religiosos como laicos de la Ciudad del Vaticano. A los trabajadores se les descuenta un pequeño porcentaje de sus nóminas destinado a la financiación del Fondo de Asistencia Sanitaria. La dirección económica del Fondo es dirigida y controlada por una comisión especial de cardenales.

¿Quién fundó la famosa Biblioteca Vaticana?

Existen dos versiones distintas sobre el verdadero fundador de la Biblioteca-Archivo Vaticana. Según unas fuentes, se debe al papa Martín V (11 de noviembre de 1417-20 de febrero de 1431), cuando se trasladó la sede pontificia de Aviñón a Roma. Martín V cambió la enorme biblioteca papal desde la ciudad francesa. La mayor parte de los manuscritos que se acumulaban en aquella época eran copias realizadas a mano por frailes a los que se denominaban *scriptores*, que es como en la actualidad se denomina a los bibliotecarios de la Biblioteca Vaticana.

Otras fuentes hablan de que fue el papa Nicolás V (6 de marzo de 1447-24 de marzo de 1455) quien realmente pensó en una organización de libros, manuscritos y documentos propiedad del Vaticano, pues hasta el momento se encontraban desperdigados por todas las dependencias eclesiásticas de Roma. El Pontífice dio la orden de centralizar todos los fondos editoriales en una sola sala que fue el origen de la Biblioteca-Archivo Vaticano. También el papa León XIII (20 de febrero de 1878-20 de julio de 1903) decidió la adquisición de valiosos volúmenes con el fin de enriquecer una Biblioteca Vaticana muy castigada por las tropas napoleónicas.

¿Cuánto miden las estanterías de la Biblioteca-Archivo Vaticano?

Las estanterías de los archivos vaticanos miden alrededor de 25 kilómetros, sin contar con los archivos secretos, a los que solo tiene acceso el Papa y un número concreto de cardenales y alta jerarquía del Estado Vaticano. La Biblioteca-Archivo-Vaticana cuenta con más de un millón de volúmenes, más de cien mil mapas y grabados y aproximadamente cien mil manuscritos.

¿Qué otras labores realizan los funcionarios de la Biblioteca Vaticana?

En la llamada «clínica de libros» los restauradores se ocupan de reparar cualquier tipo de manuscrito que llega a su poder. Los pergaminos son lavados, secados y planchados y, en el caso de que alguna de las páginas estén agujereadas, los restauradores cortan el pedazo que falta y lo añaden de forma milimétrica gracias a potentes microscopios. Una vez que se ha colocado el trozo de pergamino se adosa una gasa transparente de un grosor micronésimo, que queda fundida con el papel original del pergamino. El trabajo más laborioso fue el de la restauración de un pergamino enterrado bajo las arenas de Egipto. Para su total restauración se tardó una década.

¿Quién llevó a cabo las más importantes reformas de la Biblioteca Vaticana y por qué?

El papa Pío XI (6 de febrero de 1922-10 de febrero de 1939). El Pontífice había sido bibliotecario y de ahí su afición a pasar largas horas revolviendo en la Biblioteca Vaticana. Este Papa fue el que introdujo el mayor número de reformas en este importante departamento del Vaticano. Para ello envió a diez sacerdotes expertos en biblioteconomía a Washington para que aplicasen las mismas técnicas de clasificación que tienen aún hoy la Biblioteca del Congreso. Asimismo, y copiando el de su hermana americana, se instaló un sistema especial de aire para mantener un índice de humedad constante, ya que hasta ese momento las instalaciones proporcionaban un alto índice de humedad y perjudicaba a las encuadernaciones más antiguas. Otra de las reformas más importantes llevadas a cabo por el papa Pío XI fue la instalación de casi doce kilómetros de estanterías de acero.

¿Cuántas cartas de personajes importantes hay en el Archivo Vaticano?

Es una de las mejores colecciones del mundo. En ella hay miles de cartas de personajes de las artes, las ciencias y la política que han sido recopiladas a lo largo de los siglos. En el Museo Vaticano se exponen de forma permanente doscientas treinta y seis cartas. La más valiosa es sin duda la carta enviada por el rey Enrique VIII de Inglaterra al papa Clemente VII, un viejo pergamino de 60 por 90 centímetros y con la firma como aval de setenta y cinco altas personalidades. En la carta el monarca inglés, que deseaba contraer matrimonio con Ana Bolena, solicitaba el permiso papal para divorciarse de la reina Catalina de Aragón, hija de los Reyes Católicos. La petición fue denegada y provocó el rechazo de Enrique VIII a la Iglesia católica, creando la Iglesia protestante o anglicana, en donde el monarca se autonombraba cabeza máxima de la nueva Iglesia. El documento original aparece con setenta y cinco cintas de seda roja de donde penden setenta y cinco sellos de lacre. En el archivo se conservan también cartas de Erasmo de Roterdam, Leonardo da Vinci, Napoleón, María Estuardo, Voltaire, Miguel Ángel, Galileo o el documento que permite el libre paso por el Vaticano al artista Miguel Ángel.

¿Qué es el *Index Librorum Prohibitorum*?

Es un grueso catálogo que se encuentra en la Biblioteca Vaticana, que recoge casi cuatro mil títulos de libros prohibidos. El *Index Librorum Prohibitorum* fue elaborado por orden del papa Pablo IV (23 de mayo de 1555-18 de agosto de 1559). Juan Pedro Caraffa, religioso con un claro sentimiento antiespañol, había sido nombrado cardenal por el papa Julio III (8 de febrero de 1550-23 de marzo de 1555). Como papa, Pablo IV, de setenta y nueve años, era un hombre con un fuerte temperamento y que no toleraba que nadie lo contradijese. Para ser incluido en el *Index Librorum Prohibitorum* bastaba con ser denunciado de forma anónima. Lo curioso es que todos los títulos incluidos en el *Index* forman parte de la Biblioteca Vaticana. En la lista de títulos prohibidos aparecen *El conde de Montecristo* y *Los tres mosqueteros,* de Alejandro Dumas; *La decadencia y caída del Imperio romano,* de Edward Gibbon; un tratado de ungüentos para quemaduras del siglo XVII e incluso un catálogo sobre los museos de Italia del año 1949 en donde no se recomiendan los museos vaticanos.

¿Qué películas han sido consideradas como propaganda por las autoridades del Vaticano?

Realmente fue en 1968 bajo el pontificado de Pablo VI cuando el Vaticano se dio cuenta del poder del cine como método de propaganda. Se estrenaba *Las sandalias del pescador,* una película dirigida por Michael Anderson y protagonizada por el actor Anthony Quinn. En ella, y rodada de forma documental, se relata las vicisitudes de un cardenal de un país del Este de Europa que es elegido Papa. El éxito de la película, incluso después de las trabas puestas para el rodaje por el propio Vaticano, hizo que se pensase en este medio como forma de propaganda. A pesar de todo, y de que la película no contiene escena alguna que pueda provocar el rechazo del Vaticano, este se negó a permitir el acceso del equipo de rodaje en las dependencias vaticanas. Otra de las películas que causaron una buena impresión fue *El cardenal,* dirigida por Otto Preminger en 1963 y basada en la novela homónima de Henry Morton Robinson. La película relata la vida de un sacerdote hasta que llega a ser nombrado cardenal por el Papa, no sin antes haberse enfrentado al Ku Klux Klan y a los nazis. Según su director, la novela estaba basada en la vida del poderoso cardenal Spellman. El Vaticano intentó paralizar la producción sin ningún éxito, e incluso desde *L'Osservatore Romano* se lanzó una clara condena. Finalmente, y tras el estreno de la película, algunas altas jerarquías del Vaticano reconocieron que la misma era una gran propaganda para el mensaje que la Iglesia católica quería dar a los fieles.

¿Cuándo comenzaron las emisiones de Radio Vaticano?

La sede de Radio Vaticano está situada en medio de los jardines vaticanos. Comenzó a emitir en 1931 mediante un equipo montado personalmente por Guglielmo Marconi. Hoy puede escucharse en los archivos de Radio Vaticano la primera emisión del 12 de febrero de 1931 en donde el propio Marconi presenta al papa Pío XI. Actualmente emiten programas en treinta y tres idiomas, con doscientas veinticinco horas de emisión semanal, y casi ochenta millones de oyentes. Desde 1931 el director de Radio Vaticano suele ser un miembro de la Compañía de Jesús.

¿Con qué palabras comienzan las emisiones de Radio Vaticano desde el primer día de emisión?

Tras la emisión de una grabación de las campanas de la basílica de San Pedro, el locutor pronuncia las palabras *Laudetur Jesus Christus* (Alabado sea Jesucristo) y continúa con la frase «Aquí Radio Vaticano».

¿Cuántos programas emite semanalmente Radio Vaticano?

Exactamente 314 programas, incluidas las emisiones del Pontífice, bendiciones, retransmisiones de misas, noticias internacionales, noticias religiosas y programas musicales de *jazz* y música clásica. El equipo de Radio Vaticano está formado por más de trescientas personas, entre directivos, periodistas, locutores y técnicos.

¿Emite otro tipo de información Radio Vaticano?

Mensajes procedentes de la Secretaría de Estado a las diferentes autoridades de la Iglesia en cualquier lugar del mundo, incluidas las nunciaturas. Cada miembro de la Iglesia es avisado con antelación de que será emitido a través de Radio Vaticano un mensaje para él. Los mensajes emitidos por la emisora vaticana para las nunciaturas, obispos, arzobispos o cardenales son recibidos de forma codificada. La codificación de los mensajes son responsabilidad de la Santa Alianza.

¿Es rentable el Departamento de Correos de la Ciudad-Estado del Vaticano?

Sí, el llamado negociado de Correos del Vaticano es rentable debido a que es el departamento que se ocupa de la venta de sellos especiales y monedas conmemorativas del Vaticano.

¿Cuándo se creó el departamento de Correos del Vaticano?

Se creó en el siglo XIV, cuando un sistema de mensajeros a caballo distribuían los mensajes papales a todas las ciudades y los pueblos de Italia. Su sede actual es el interior de la puerta de Santa Ana, donde se procesan y distribuyen anualmente cerca de dos millones y medio de cartas, más de siete millones de postales y cerca de veinte mil paquetes.

¿Cuánta correspondencia se recibe diariamente en el Vaticano?

Según datos del departamento de Correos del Vaticano, en el año 2002 se recibían casi cuatrocientos noventa kilos de correspondencia. En el mismo año se enviaban casi novecientos kilos de correspondencia diaria, debido en parte a los turistas que utilizaban cualquiera de las cuatro oficinas postales vaticanas para enviar sus tarjetas postales.

¿Cuál fue el escándalo de falsificación que afectó al negociado de Correos de la Ciudad-Estado del Vaticano y descubierto por agentes de la Santa Alianza, el espionaje pontificio?

En julio de 1981 el negociado de Correos detectó que en la emisión de tarjetas conmemorativas en las que aparecía el papa Juan Pablo II lo hacía con el brazo derecho —con el que imparte la bendición— cortado hasta la muñeca. Las tarjetas tenían un precio que oscilaba entre las

150 y 200 liras. El caso fue puesto bajo investigación de los agentes de la Santa Alianza que pidieron ver las planchas originales, donde, en efecto, sí podía verse la mano. El espionaje vaticano dedujo que alguien de la imprenta oficial del Estado italiano, la Casa de la Moneda, y responsable de la impresión del papel moneda y correo de la Ciudad-Estado del Vaticano, había realizado una tirada clandestina en una máquina que no fue ajustada de forma correcta y la guillotina cercenó la mano derecha del Pontífice. Las tarjetas defectuosas habían sido introducidas en las cajas con sello del Vaticano para su venta, pero lograron sustituir las malas por las buenas y estas últimas vendidas en el mercado negro en Roma. La Santa Alianza consiguió descubrir a los culpables y la policía italiana detuvo a catorce personas.

¿Cuándo tuvo que quemar una gran tirada de sellos el departamento de Correos del Vaticano?

En 1975, durante el Año Santo. Con este motivo el departamento de Correos lanzó una gran serie de sellos con la cara del papa Pablo VI. La oferta fue mayor que la demanda y el propio Papa tuvo que ordenar la destrucción de poco más de un millón de estos sellos a finales del año 1975.

¿Tiene el Vaticano servicio de espionaje?

Sí. Su nombre es la Santa Alianza. Fue el papa Pío V (7 de enero de 1566-1 de mayo de 1572) quien organizó el primer servicio de espionaje pontificio con el fin de luchar contra el protestantismo representado por Isabel I de Inglaterra. El nombre del espionaje vaticano fue dado por el propio papa Pío V en honor de la alianza secreta entre el Vaticano y la reina católica de Escocia, María Estuardo.

¿Cuál fue la primera tarea de la Santa Alianza?

Las primeras tareas de los agentes de la Santa Alianza no era otra que la de recabar información que a su vez era enviada a aquellos poderosos monarcas que apoyaban el catolicismo y el poder pontificio ante el cada vez más extendido protestantismo. El principal cometido de los espías del Papa era prestar sus servicios a la reina María Estuardo para restaurar el catolicismo en Escocia e Inglaterra, la cual se había declarado presbiteriana en el año de 1560.

¿Quién organizó la primera fuerza de choque de la Santa Alianza?

El papa Gregorio XIII (13 de mayo de 1572-10 de abril de 1585) fue quien organizó con ayuda de los jesuitas la primera fuerza de choque de la Santa Alianza. Esta fuerza consistía en un pequeño grupo de jesuitas escogidos y fieles a la autoridad papal, los cuales tenían la labor y el único objetivo de asesinar a la reina de Inglaterra, cabeza de la Iglesia protestante. Pero el papa Sixto V (1585-1590) fue quien realmente convirtió a la Santa Alianza, casi a finales del siglo XVI, en un verdadero instrumento efectivo de espionaje y operaciones especiales tal y como hoy conocemos a los servicios de espionaje en pleno siglo XXI.

¿Tiene servicio de contraespionaje el Vaticano?

Sí. Se denomina *Sodalitium Pianum* o Asociación de Pío. Es más conocido por sus siglas, el S.P. El papa Pío X (4 de agosto de 1903-20 de agosto de 1914) fue quien ordenó a su secretario de Estado, al cardenal español Rafael Merry del Val, la creación de una unidad de contraespionaje que operase dentro de la Santa Sede.

¿Quién fue el primer jefe del *Sodalitium Pianum*?

El poderoso y misterioso monseñor Benigni. El secretario de Estado encargó en septiembre de 1906 a Umberto Benigni, uno de los mayores defensores de la corriente tradicionalista, la creación de un servicio de información. Monseñor Umberto Benigni se convirtió en muy poco tiempo en uno de los personajes vaticanos con mayor información sobre cualquier punto del mundo. Nada ocurría más allá de las fronteras de la Santa Sede o en el interior de los muros vaticanos sin que monseñor Benigni lo supiese.

¿Cuál fue la principal tarea del *Sodalitium Pianum*?

La principal tarea del nuevo servicio creado por Benigni era la de perseguir dentro de los muros vaticanos a todos aquellos que defendiesen las ideas modernizadoras de la Iglesia. También se dedicaron a la caza y captura de religiosos que residían en el Vaticano y que pasaban información delicada a servicios de inteligencia de potencias extranjeras.

¿Quiénes forman el Sodalitium Pianum?

En su mayor parte sacerdotes que actúan como verdaderos agentes de un servicio de espionaje recabando cualquier tipo de información, desde el dato más nimio sobre un acontecimiento ocurrido en una pequeña congregación a pura información política o religiosa sobre importantes políticos del país en cuestión.

¿Quiénes han sido los espías de la Santa Alianza más famosos desde su creación en 1566?

David Rizzio, un joven sacerdote nacido en Génova y uno de los primeros miembros del recién creado servicio secreto vaticano. Rizzio, un maestro del laúd, se convirtió en secretario privado de la reina María Estuardo y en supuesto amante de esta. Rizzio fue asesinado por nobles escoceses. Walter M. Ciscek, un sacerdote que operaba de forma clandestina en la Unión Soviética impartiendo misas clandestinas. Su nombre de cobertura era Vladimir Lipinski. Perteneciente al llamado departamento *Russicum,* fue un verdadero quebradero de cabeza para el KGB hasta que fue detenido. Juzgado y condenado, pasó veintitrés años en un gulag soviético hasta que el papa Pablo VI consiguió su liberación. Hasta su jubilación, el padre Ciscek dirigió el departamento ruso en la Santa Alianza.

¿Qué es el Russicum?

El *Russicum* es el departamento de la Santa Alianza, el espionaje vaticano, encargado de formar a los sacerdotes que eran introducidos de forma clandestina en la antigua Unión Soviética. Los sacerdotes reclutados por el *Russicum* eran en su mayor parte religiosos con espíritu de aventura. Algunos de ellos eran arrojados en paracaídas sobre los territorios inhóspitos de la URSS con el fin de mezclarse con la población e impartían misa a sus ciudadanos. Los candidatos operaban como auténticos espías y para su entrenamiento se les recluía en monasterios sin ningún tipo de calefacción, en donde estudiaban el idioma, aprendían a escribir en cirílico y comían los platos típicos rusos. Solo leían periódicos rusos y libros de autores rusos escritos en ruso. Se desconoce el número de agentes-religiosos del *Russicum* que fueron ejecutados por el antiguo KGB. Todos los documentos relacionados con el *Russicum* o con sus miembros son aún secretos y están depositados en el llamado Archivo Secreto bajo el control de los responsables del departamento de Bibliotecas y Archivos Vaticanos.

¿A qué se le llama el «Archivo Secreto»?

Es un departamento especial que depende de la Biblioteca Vaticana, en donde se archivan todos aquellos documentos que el Vaticano considera extremadamente delicados en cuestión de materia reservada. Fue el papa Pablo VI (28 octubre 1958-3 junio 1963) quien ordenó la construcción de dos plantas subterráneas blindadas a más de veinticinco metros bajo tierra y dentro del recinto amurallado del

Vaticano. La construcción sufrió un pequeño parón hasta la llegada de Wojtyla, quien ya como Papa ordenó la finalización de las obras y la puesta en marcha del Archivo Secreto en sus nuevas instalaciones. Juan Pablo II ordenó la desclasificación de documentos hasta ese momento de carácter secreto, incluido el pontificado de León XIII (20 de febrero de 1878-20 de julio de 1903). Los documentos que permanecen en el Archivo Secreto no pueden ser consultados por nadie sin un consentimiento expreso del propio Pontífice, cosa que no ha sucedido jamás. En 1988 Juan Pablo II nombró al cardenal español Antonio María Javierre custodio de la Biblioteca Vaticana y del Archivo Secreto Vaticano. Javierre es un experto en temas relacionados con el Concilio Vaticano II, ya que fue el enviado del episcopado español.

¿Qué característica tiene la Imprenta Vaticana?

La Imprenta Vaticana nació como tal en 1908 por orden del papa Pío X (4 de agosto de 1903-20 de agosto de 1914). Para ello se fusionaron las dos imprentas que existían en el Vaticano. Una, fundada en 1587 por orden del papa Sixto V (24 de abril de 1585-27 de agosto de 1590), y que se ocupaba de la edición de textos papales, y la segunda, fundada en 1626 por orden del papa Urbano VIII (6 de agosto 1623-29 de julio 1644), con el fin de editar estos mismos textos en cirílico. Según un antiguo responsable, la Imprenta Vaticana es capaz de editar cualquier libro, incluida la Biblia, en jeroglíficos egipcios, árabe, copto, griego, tamil, malgache, tibetano, gaélico e incluso alemán medieval. En la colección de la Imprenta Vaticana se guardan en perfecto orden los tipos de más de cuarenta alfabetos, así como nueve tipografías diferentes para el griego, siete para el árabe, cuatro para el hebreo, una para el arameo (el idioma de Jesucristo), dos para el armenio y dos para el sánscrito. Una de sus más valiosas joyas es un alfabeto completo para el caldeo nestoriano.

¿En qué lugar del Vaticano se guardan aquellos objetos que no se desean tirar a la basura?

En un palacio al que llaman «la Florería». En su gigantesco desván se guardan todos aquellos objetos que no se desean arrojar a un contenedor de basura. Allí se amontonan diferentes tronos portátiles; cuberterías de plata que no han sido utilizadas nunca; abanicos de épocas anteriores al aire acondicionado; miles de bustos de mármol de figuras eclesiásticas sin nombre; alfombras; tronos pontificios policromados. Uno de los objetos más curiosos que envejecen en la Florería, por ejemplo, es la cama en donde falleció el papa Pablo VI, un viejo despertador que al parecer perteneció al papa Juan XXIII, un reloj de pared con el escudo nazi que, según afirman, regaló Adolf Hitler al papa Pío XII cuando este era nuncio vaticano en Berlín. También bajo una lona de tela de saco se almacena *Las bodas místicas de Santa Teresa*, atribuido en un primer momento al pintor Murillo, regalo de la reina María Cristina de España al papa Pío IX. Hasta 1968, la pintura estuvo expuesta en una de las salas del Museo Vaticano hasta que se descubrió que esta era una simple y burda copia. El cuadro fue descolgado y enviado a la Florería.

¿A qué se le llama el «Archivo de Reliquias»?

Es uno de los departamentos del Palacio Apostólico más valioso para la Iglesia católica. En esta gigantesca sala abovedada se alinean en enormes archivadores metálicos, estanterías y cajas de madera. En ella trabajan tres sacerdotes que se ocupan de enviar a cualquier rincón del mundo desde pequeñas a grandes cajas de madera con reliquias de santos y mártires. El Derecho Canónico exige que todo altar o capilla ha de contener una reliquia. Como cada semana se abre una nueva iglesia en cualquier parte del mundo, los sacerdotes se ven obligados a recurrir al ingenio. Por ejemplo, una de las reliquias más enviadas es un poco de tierra sacada de la zona en donde se encuentra la tumba del apóstol San Pedro. La tierra se echa en pequeñas urnas de plástico hermético, y cada una se introduce en una caja de madera que es cerrada con lacre y sellada con el escudo pontificio.

¿Cuál fue el departamento más activo en toda la historia del Estado Vaticano?

El llamado Departamento de Información, que operó entre 1939 y 1946. Su función fue la de localizar a personas desaparecidas durante y después de la Segunda Guerra Mundial. Para ello se utilizaban de forma piramidal a los nuncios vaticanos, delegados apostólicos, responsables de conventos y monasterios. En sus seis años de actividad hizo circular datos de diez millones de personas, entre civiles y militares a lo largo de toda la Europa devastada. Gracias a este departamento se logró localizar a cerca de seis millones y medio de personas.

¿Quién controla las comunicaciones telefónicas del Estado Vaticano?

Desde 1886, durante el papado de León XIII (20 de febrero 1878-20 de julio 1903), en que comenzó a operar la primera central telefónica en el Vaticano, son los frailes de los Seis Hermanos de la cofradía de Don Orione quienes tramitan, a través de un sistema complejo y digital, las más de veinte mil llamadas diarias que se reciben en el Vaticano.

¿Tiene relaciones diplomáticas el Estado Vaticano con otros Estados no católicos?

El Vaticano tiene nuncios (embajadores) con muchas naciones no católicas, ya sean judías, budistas, musulmanas e incluso ateas. En aquellos países en los que no hay un nuncio, el Estado Vaticano envía un delegado apostólico que hace a su vez de embajador, y en la mayor parte de los casos es tratado con la categoría de un embajador y con respeto a su inmunidad diplomática.

¿Cuál es el origen de la guardia suiza?

La guardia suiza fue fundada por el cardenal Juliano della Rovere, quien años más tarde sería elegido Papa y adoptaría el nombre de Julio II (31 de octubre de 1503-21 de febrero de 1513). Durante su obispado en la ciudad suiza de Lausana, Della Rovere se fijó en la bravura de los soldados suizos, así que solicitó por carta al papa Sixto IV (9 de agosto de 1471-13 de agosto de 1484) que reclamase como fuerza especial de protección pontificia el envío de un centenar y medio de estos soldados. Aunque es durante el pontificado de Julio II cuando la guardia suiza adquiere un papel relevante. El llamado «papa guerrero» iba siempre escoltado por sus miembros. La carta enviada por el cardenal Della Rovere al papa Sixto IV permanece expuesta en el Museo de Historia Vaticana, y para los miembros de la guardia suiza aquella carta es realmente el documento que marca su fundación. Hoy es el cuerpo militar en activo más antiguo del mundo.

¿Cuáles son las funciones de sus miembros?

Los miembros de la guardia suiza son los responsables de la seguridad en el interior del Estado Vaticano y en la residencia de verano del Papa, Castelgandolfo. Los guardias patrullan los pasillos y accesos al Palacio Apostólico y la puerta de las habitaciones del Sumo Pontífice. También escoltan al Papa cuando este realiza sus viajes pastorales, coordinan su seguridad con la autoridad local del país que van a visitar y lo protegen en sus desplazamientos.

¿Qué condiciones debe reunir un recluta para entrar a formar parte del ejercito papal?

Su incorporación es voluntaria, pero a pesar de todo debe reunir unas condiciones especiales. Ser soltero, suizo, tener entre veinticinco y treinta años, de una estatura no inferior a 1,74 metros y ser católico practicante. En esto último, y con la petición de incorporación a la guardia, debe ir un informe de su párroco. Cuando son aceptados firman un contrato de dos años. Debido a la férrea disciplina a la que son sometidos sus miembros, pocos son los que se reenganchan. Hay un solo caso en donde el guardia suizo cumplió 30 años de servicio al Pontífice.

¿Cómo se desarrolla el juramento de los nuevos miembros de la guardia suiza?

Vestidos con el uniforme de gala, coraza y yelmo adornado con un penacho, sujetan con la mano izquierda la bandera pontificia y la derecha la mantienen levantada con tres dedos extendidos mientras recitan el juramento: «Juro servir fiel, leal y honrosamente al Sumo Pontífice reinante y entregarme a él con todas mis fuerzas, sacrificando si fuera preciso la vida en su defensa. Que Dios y nuestros santos patrones me ayuden en esta labor. Juro».

¿Quién diseñó realmente el uniforme de la guardia suiza?

Siempre ha estado vigente la leyenda de que el colorista uniforme —oro, blanco, rojo, amarillo y azul— fue diseñado por los artistas Miguel Ángel o Rafael. No es cierto ni una cosa ni la otra. Realmente fue una petición del papa Benedicto XV (3 de septiembre de 1914-22 de enero de 1922), quien en 1914 pidió a una monja que era sastre que pensase en el diseño de un uniforme para la guardia suiza. El uniforme que la religiosa diseñó es el que portan hoy los miembros del cuerpo pontificio. El diseño está inspirado en los cuadros de Rafael.

¿Cuál fue el momento más heroico de la guardia suiza?

El 6 de mayo de 1527, cuando mercenarios españoles y alemanes a las órdenes del emperador Carlos V dieron paso al llamado «Saco de Roma». El cuerpo de la guardia suiza perdió a casi todos sus miembros cuando estos protegían con su propio cuerpo la huida del papa Clemente VII (19 de noviembre de 1523-25 de septiembre de 1534) desde las dependencias vaticanas a la fortaleza de Sant'Angelo perseguidos por los soldados del emperador español. Desde aquel momento, el 6 de mayo es la fecha elegida por la guardia suiza para todas sus celebraciones, jura de sus nuevos miembros y ascensos de sus mandos.

¿Ha luchado alguna mujer en la guardia suiza en alguna ocasión?

Sí, a pesar de que no se aceptan mujeres en la guardia suiza. En el «Saco de Roma» de 1527 y durante la huida del papa Clemente VII, el comandante del cuerpo, Gaspare Rouat, cayó mortalmente herido por una lanza española. Su esposa agarró entonces la espada y dirigió la defensa del Pontífice con los cuarenta y tres guardias que aún quedaban con vida.

¿Llevan armas los miembros de la guardia suiza?

El único armamento que portan los miembros de la guardia suiza es la clásica alabarda y un pulverizador lacrimógeno para paralizar a un posible agresor. Los suboficiales portan bajo su colorista uniforme una pistola. Durante la Segunda Guerra Mundial el papa Pío XII ordenó a la guardia suiza que escondiesen sus armas, haciendo que estos patrullasen la frontera entre el Estado Vaticano e Italia con sus clásicas alabardas, picas y dagas. Era curioso ver en un lado de la línea blanca a soldados del siglo xv y al otro a los soldados de las unidades blindadas *panzer* alemanas estacionadas en la misma línea.

¿Cuándo fue la primera vez que un Papa ordenó el desarme de la guardia suiza?

Durante la invasión de Roma por parte del emperador Napoleón Bonaparte. El Papa temía que la guardia suiza fuera diezmada por las tropas napoleónicas en su entrada en el Vaticano, y ordenó que la guardia suiza se desarmase y se retirase a su cuartel.

¿Qué problema tuvieron los miembros de la guardia suiza con un futuro Papa?

Durante la coronación del papa Clemente XIII (6 de julio de 1758-2 de febrero de 1769) dos miembros de la guardia suiza decidieron echar de la basílica de San Pedro a un franciscano que iba humildemente vestido y desentonaba con el boato de la ocasión. Un año después, aquel humilde fraile, de nombre Antonio Ganganelli, era nombrado cardenal y, en 1769, Papa con el nombre de Clemente XIV (19 de mayo de 1769-21 de septiembre de 1774). Ya como Papa, Clemente XIV dijo: «Me ha gustado mucho la ceremonia ahora que la guardia suiza me ha dejado verla».

¿Cuándo se provocó el mayor escándalo vivido en el seno de la guardia suiza?

El lunes 4 de mayo de 1998, sobre las nueve de la noche. En el edificio de apartamentos en donde residen los oficiales de la guardia suiza, el comandante del cuerpo, Alois Estermann y su esposa, la venezolana Gladys Meza Romero, fueron asesinados aparentemente por el cabo segundo de la guardia suiza, Cedric Tornay. El joven guardia asesinó al matrimonio Estermann con su arma reglamentaria y después se pegó un tiro en la boca. Otra versión que circula por diversos medios aseguran que tanto el comandante como su esposa fueron «ejecutados» por algún agente libre de la Santa Alianza por sus contactos con el Opus Dei y que Cedric Tornay, al que también se ejecutaría, sería tan solo un hombre de paja. El caso fue cerrado sin ningún tipo de investigación. En una investigación independiente aparece el nombre del supuesto agente del espionaje vaticano que estaba aquella noche en la residencia de los Estermann. Ivan Bertorello, alias «Padre Ivan» o «Padre Ivano», un misterioso abad francés que transita abiertamente por los pasillos vaticanos y al que se relacionó también con el escandaloso caso del IOR, el Banco Ambrosiano y la misteriosa muerte de Roberto Calvi.

¿Qué departamentos y órganos de poder del Estado Vaticano y en suelo italiano gozan de inmunidad diplomática ante la República de Italia?

En Roma existen varios edificios que gozan de inmunidad diplomática, por lo que están exentos de pagos de impuestos locales, municipales o nacionales. De inmunidad diplomática goza el edificio del Santo Oficio; el Instituto Internacional de los agustinos; los talleres de la Fábrica de Pedro; la residencia del general de los jesuitas; la residencia y las aulas de la Propaganda Fide; los colegios ruso, rumano y ruteno; las oficinas anexas a las basílicas de San Juan de Letrán, Santa María la Mayor, San Pedro Extramuros; el Palacio Dataria; el antiguo Palacio de la Propaganda Fide en la plaza de España; el Palacio del Vicariato y la Cancillería; la llamada Academia de la nobleza eclesiástica en plaza Minerva; la Universidad Pontificia Gregoriana; el Instituto Pontificio de Arqueología; la basílica y monasterio de los Doce Apóstoles; y la residencia de verano del Pontífice en Castelgandolfo, situado en las colinas Albanas a pocos kilómetros de Roma.

¿Cuál es una de las mayores fuentes de ingresos del Estado Vaticano?

El llamado «óbolo de San Pedro». El óbolo proviene de la recaudaciones llevadas a cabo en todas las iglesias o diócesis de todo el mundo. La costumbre comenzó en Inglaterra hace siglos como un impuesto papal especial aplicado a los terratenientes. Actualmente el óbolo es voluntario. La cantidad recogida es entregada hoy en día por el obispo en su visita al Papa en forma de cheque. El importe debe ir en dólares si es una comunidad cristiana no europea, y en euros si la comunidad es europea. Se calcula que el Estado Vaticano ingresa cerca de 40 millones de euros al año con el óbolo de San Pedro, unos 6.655 millones de pesetas.

¿Cuándo fue fundado el diario vaticano *L'Osservatore Romano*?

Fue fundado el 1 de julio de 1861 por dos jóvenes abogados como forma de expresión de los partidarios del papa Pío IX (16 de junio de 1846-7 de febrero de 1878) y ante el empuje de las tropas italianas en la ocupación de los antiguos Estados Pontificios. *L'Osservatore Romano* era claramente antiitaliano y antimonárquico. Los dos abogados veían cómo los medios de comunicación italianos atacaban la figura del Pontífice, por lo que para equilibrar la balanza crearon un medio de comunicación, *L'Osservatore Romano,* para defender al Papa, lo que le supuso censuras y cierres temporales. Fue en 1885 cuando el papa León XIII (20 de febrero de 1878-20 de julio de 1903) ordenó la adquisisión del rotativo, que se convertiría desde entonces en el órgano oficial de expresión del Estado Vaticano. A pesar de su aburrida maqueta e incómodo formato, *L'Osservatore Romano* es una de los más leídos por los jefes de Estado y de gobierno del mundo. Realmente, y si comparamos con las tiradas de los grandes diarios del mundo, el rotativo vaticano no es más que un boletín de barrio con solo 80.000 ejemplares, pero si los comparamos por influencia, *L'Osservatore Romano* es similar al londinense *The Times* o a los norteamericanos *The New York Times* o *The Washington Post*.

¿Qué famoso personaje odiaba personalmente al director de *L'Osservatore Romano?*

Benito Mussolini. *Il Duce* odiaba al conde Giuseppe dalla Torre, director de *L'Osservatore Romano* durante cuarenta años hasta su retiro en 1961. Dalla Torre era el único director de un medio de comunicación que se negaba a llamar a Mussolini como *Il Duce* (El Caudillo) en los titulares. El político italiano intentó en varias ocasiones hacer que el Papa cesase a Dalla Torre de la dirección del periódico, pero ninguno de los pontífices ante los que intercedió llegaron siquiera a pensarlo. Giuseppe dalla Torre fue testigo como director de *L'Osservatore Romano* de cuatro pontificados, el de Benedicto XV (3 de septiembre de 1914-22 de enero de 1922), el de Pío XI (6 de febrero de 1922-10 de febrero de 1939), el de Pío XII (2 de marzo de 1939-9 de octubre de 1958) y el de Juan XXIII (28 de octubre de 1958-3 de junio de 1963).

¿Se permite la publicidad en las páginas de L'Osservatore Romano?

Sí, pero es una agencia bajo control del Vaticano quien revisa atentamente hasta los anuncios por palabras que aparecen en sus páginas. En la agencia se sigue la clara directriz de que ante «cualquier duda sobre un anuncio, este no aparece publicado».

¿Qué poderoso anunciante fue «invitado» cordialmente por la dirección del L'Osservatore Romano a publicar sus anuncios en otros medios de comunicación?

El gigante norteamericano de productos de limpieza Johnson's Wax. La compañía consiguió introducir, aún no se sabe cómo, una publicidad a doble página en la que aparecía una vista panorámica de la plaza y la basílica de

San Pedro en el Vaticano. El texto del anuncio decía: «Auténticamente espléndida. La basílica de San Pedro limpiada con productos Johnson's Wax». A las autoridades vaticanas no les gustó el anuncio, porque aunque era cierto que la basílica había sido limpiada con productos especiales de la compañía, la publicidad podía dar lugar a engaños. Por ejemplo, otras compañías competidoras de Johnson's Wax podrían pensar que el departamento del Vaticano encargado de la conservación de la basílica de San Pedro podía preferir los productos de la compañía norteamericana a los de ellos. También se daba la impresión de que las autoridades de limpieza del Estado Vaticano recomendaban la utilización de esta cera, cosa incierta. Y, por último, se daba pie a que pensasen que el producto había sido donado por la compañía norteamericana al Vaticano, también incierto. Al final se pidió a la Johnson's Wax que se anunciase en otros medios, pero nunca más en las páginas del *L'Ossservatore Romano*.

¿Es *L'Osservatore Romano* el órgano oficial del Estado Vaticano?

No. Existe un boletín muy parecido al que tienen el resto de países, como sucede en España con el BOE, en donde se publican las llamadas actas. El boletín lleva por nombre *Acta Apostolicae Sedis*. Se publica trimestralmente y en él solo aparecen los textos legales de la Iglesia, legislación vaticana y anuncios oficiales publicados en latín, como son los nombramientos realizados por el Papa.

¿Existe algún antecedente al *Acta Apostolicae Sedis*?

El llamado *Diario de Roma* fundado en 1829 por orden del papa León XII (28 de septiembre de 1823-10 de febrero de 1829). El *Diario de Roma* tenía la característica especial de ser el más pequeño del mundo ya que estaba impreso a una sola columna. El formato era de 11 por 7 centímetros.

¿Cuántos ejemplares originales se conservan del *Diario de Roma* de 1829?

Dos. Los dos únicos ejemplares que se conservan están en la Biblioteca-Archivo Vaticano y en el Museo Internacional de la Prensa, en la ciudad alemana de Aquisgrán.

¿Qué departamento vaticano es el encargado de investigar a los posibles candidatos a santos?

La Congregación para las Causas de los Santos, y conocida dentro de los muros vaticanos como «la fábrica de santos». En los poco más de dos mil años de historia de la Iglesia católica más de dos mil quinientos personajes han sido nombrados santos.

¿Cuánto tiempo debe pasar para que un candidato sea nombrado santo?

No hay un tiempo específico para que un candidato sea nombrado santo. Juana de Arco esperó cinco siglos hasta ser nombrada santa. Actualmente, en estudio en los archivos de la Congregación para las Causas de los Santos, hay más de mil quinientos candidatos a ser santos. Entre los más famosos figuran la reina Isabel la Católica, Cristóbal Colón e incluso papas como Juan XXIII o Pío XII.

¿Cómo se elige un candidato a santo?

El proceso es bastante largo y la investigación bastante ardua. El proceso se inicia cuando un grupo de personas o una congregación pide la canonización de un personaje. La Congregación para la Causa de los Santos establece si el personaje puede o no puede seguir el camino a la santidad. Si es positivo, al personaje se le denomina «venerable». Inmediatamente después se nombra primero un «abogado del Diablo» que será el encargado de buscar cualquier traba para que el personaje no sea nombrado santo. Al mismo tiempo la Congregación nombra a un «abogado de Dios» que será el encargado de defender la causa del personaje para su santidad. En un pequeño departamento de la Congregación se amontona en carpetas toda aquella información que haga posible la santificación o el rechazo a la aureola. Cada abogado dispone de un equipo de cuatro investigadores que analizan al milímetro las obras y los actos del candidato. Cuando se tiene absolutamente todo documentado, el informe pasa a una comisión formada por cinco jueces a la que asisten los dos abogados, el del Diablo y el de Dios. Una vez pasado este trámite, la comisión es la que decide rechazar el informe para la recopilación de nuevos datos o pasar el informe a la ratificación del Sumo Pontífice. Al Papa se le entrega un retrato pintado del personaje, una biografía bellamente encuadernada y un ramo de flores. El Papa celebrará dos misas por el candidato a santo o santa, una de dos horas y otra segunda de media hora. Mientras esto sucede, redoblan las campanas en la plaza de San Pedro y el coro de la basílica pronuncia en tres ocasiones el «Amén». Cuando esto sucede, se puede anteponer al nombre del personaje la palabra «San» o «Santa». Hasta el final del proceso, desde que la congregación presentó la candidatura del personaje a la santidad, es posible que pasen de entre cincuenta años a cinco siglos.

¿Cómo se estudian los milagros médicos realizados supuestamente por el candidato a santo?

Si estos fueren de origen médico, por ejemplo, que el candidato sanase a enfermos de cáncer, se estudia mediante una comisión médica el caso, el informe médico y hasta las creencias en materia religiosa del paciente. Si se demostrase que los pacientes sanaban sin ninguna explicación médica coherente, el milagro sería aprobado y atribuido al candidato a la santidad.

¿Qué santos cayeron del santoral por orden del papa Pablo VI y qué día ocupaban en el calendario?

Alejo (17 de julio), Anastasia (25 de diciembre), Apuleyo (7 de octubre), Baco (7 de octubre), Bárbara (4 de diciembre), Bibiana (2 de diciembre), Bonifacio de Tarso (14 de mayo), Catalina de Alejandría (25 de noviembre), Cipriano (26 de septiembre), Crescencia (15 de junio), Crisógono (24 de noviembre), Cristóbal (25 de julio), Domitila (12 de mayo), Eusebio (14 de agosto), Eustaquio (20 de septiembre), Félix de Valois (20 de noviembre), Geminiano (16 de septiembre), Hipólito (22 de agosto), Juan y Pablo mártires (26 de junio), Justina (26 de septiembre), Lucía (16 de septiembre), Margarita de Antioquía (20 de julio), Martina (30 de enero), Mauro (15 de enero), Modesto (15 de junio), Ninfa (10 de noviembre), Pablo el Ermitaño (15 de enero), Plácido (5 de octubre), Práxedes (21 de julio), Prisca (18 de enero), Prudenciana (19 de mayo), Respicio (10 de noviembre), Sabina (29 de agosto), Sinforosa (18 de julio), Susana (11 de agosto), Tecla (23 de septiembre), Trifón (10 de noviembre), Úrsula y sus compañeras mártires (25 de octubre), Venancio (18 de mayo) y los Doce Hermanos Mártires (1 de septiembre).

¿Qué organismo vaticano defiende la libertad de la investigación científica en cualquier rincón del mundo?

La llamada Academia de las Ciencias. Aunque fue fundada en el año de 1603 por orden del papa Clemente VIII (30 de enero de 1592-5 de marzo de 1605), fue realmente el papa Pío XI (6 febrero de 1922-10 de febrero de 1939), en 1936, quien dio a la Academia su denominación actual y su sistema de organización. Actualmente la Academia de las Ciencias está formada por ochenta académicos de todo el mundo que son elegidos por el Pontífice. La última reunión más famosa de los ochenta miembros de la Academia de las Ciencias fue por orden del papa Juan Pablo II para el estudio del llamado «Caso Galileo».

¿Qué organismo vaticano tiene por función la vigilancia de los preceptos católicos en materias como la clonación o la manipulación genética?

La llamada Academia de la Vida. Fue fundada en 1994 por orden del papa Juan Pablo II. La Academia de la Vida está formada por cincuenta académicos de veinte países que son elegidos por el Pontífice entre los más insignes científicos católicos. Ellos son los encargados de asesorar al Papa en materias tan dispares que van desde la ingeniería genética o la clonación, al aborto o el uso de anticonceptivos.

¿Cuál es el organismo encargado de gestionar el patrimonio de la Santa Sede?

La Amministrazione del Patrimonio della Sede Apostolica, y conocido con la sigla APSA. Este departamento, dirigido siempre por un obispo italiano, tiene la responsabilidad de gestionar los depósitos del Estado Vaticano, así como controlar el uso que se da al dinero durante esa gestión. El APSA está dividido en dos divisiones, conocidas como «Extraordinaria» y «Ordinaria». La primera división es lo que se conoce como Banco Vaticano, y se ocupa de invertir el patrimonio procedente de los fondos que cada año entrega la República de Italia al Estado del Vaticano como indemnización por la anexión de los llamados Estados Pontificios, una cantidad que quedó estipulada, así como su abono, tras la firma del Concordato de la Santa Sede con Italia y conocido también como los *Pactos Lateranenses*. La segunda división del APSA, la ordinaria, se ocupa de la administración económica de más de un centenar de organismos vaticanos. Realmente el APSA sería una especie de Ministerio de Finanzas del Vaticano.

¿A qué institución se denomina *Ateneo Angelicum*?

A la Universidad Pontificia ubicada en la romana plaza de Venecia. También es conocida como «la Angelicum» o «La Gregroriana». La Universidad fue fundada por el papa Gregorio XIII (13 de mayo de 1572-10 de abril de 1585) en 1580, dándole el nombre de Colegio de Santo Tomás. La *Ateneo Angelicum* está dirigida por dominicos, y junto a la Gregoriana, dirigida por jesuitas, es una de las más prestigiosas del mundo en cuestión de estudios religiosos, filosofía e historia de las religiones, entre otras materias. El papa Juan XXIII (28 de octubre de 1958-3 de junio de 1963) otorgó el rango de Universidad Pontificia a la *Ateneo Angelicum* el 7 de marzo de 1963.

¿Cuál ha sido el caso más famoso y reciente llevado a cabo por la actual Inquisición, denominada la Congregación para la Doctrina de la Fe?

En 1984, durante el pontificado del papa Juan Pablo II. La poderosa Congregación para la Doctrina de la Fe, antiguamente Inquisición, llamó a Roma al sacerdote franciscano Leonardo Boff, uno de los principales dirigentes de la llamada «Teología de la Liberación». El entonces cardenal Joseph Ratzinger dirigió el juicio contra este brasileño nacido en 1938 que había escrito varios libros en los que creía en la necesidad de establecer una teología para los pobres y necesitados. Aquellos libros fueron clasificados por Juan

Pablo II como de «claro carácter marxista». Boff fue condenado por el tribunal de la Congregación para la Doctrina de la Fe a «... once meses de exilio verbal». Aquello significaba que en esos once meses Leonardo Boff no podría impartir misa, ni escribir texto teológico alguno y mucho menos hacer declaraciones respecto a la llamada «Teología de la Liberación». Boff fue nuevamente amonestado por Ratzinger en 1989, hasta que las presiones fueron tales que tres años después, y mediante una carta dirigida al general de los franciscanos, Hermann Schaluek, anunciaba su renuncia al sacerdocio.

¿Qué fue la llamada «Crisis de los Teólogos»?

La llamada «Crisis de los Teólogos» surgió a finales de los años ochenta y principios de los noventa, durante el pontificado de Juan Pablo II. Un gran número de teólogos se reunieron para cuestionar una serie de dogmas oficiales e inamovibles dentro de la Iglesia católica. El Vaticano contraatacó desplegando todo el poder de la Congregación para la Doctrina de la Fe contra los teólogos rebeldes. En principio, a muchos de ellos se les retiró el permiso para poder impartir clases en universidades católicas o colegios religiosos, y en especial en Alemania. En 1989 los rebeldes se reunieron en la ciudad alemana de Colonia, de donde salió el llamado documento *Declaración de Colonia* y que no era más que un manifiesto de protesta contra el autoritarismo del papa Juan Pablo II firmado por doscientos teólogos. Pocas semanas después de hacer pública la declaración, los teólogos rebeldes formaron la llamada Sociedad Europea de Teólogos con setenta miembros, la mayor parte de origen alemán. Los miembros de la Sociedad Europea de Teólogos exigían la libertad de investigación en el campo de la teología, mientras que el Vaticano contraatacaba de nuevo a través del cardenal Joseph Ratzinger, quien aseguraba que la libertad de investigación en materia de teología debía hacerse desde el seno de la Iglesia. Como medida legal, la Congregación para la Educación Católica promovió la llamada Constitución Apostólica *Ex Corde Ecclesiae*, con la que se pretendía salvaguardar los principios inamovibles de la doctrina católica en los centros de enseñanza católicos. Pero esto no tranquilizó a los teólogos, que fueron constantemente presionados y amonestados por el Vaticano y la Congregación para la Doctrina de la Fe.

¿Qué problema surgió a Juan Pablo II dentro de la Compañía de Jesús?

Muchos miembros de la Compañía de Jesús, fundada por San Ignacio de Loyola en 1540 y aprobada por la bula *Regimini Militantis Ecclesiae* del papa Pablo III (13 de octubre de 1534-10 de noviembre de 1549), bajo el precepto fundacional de «luchar por la fe y luchar por la justicia que la propia fe exige», hizo que abrazasen o simplemente simpatizasen con la llamada «Teología de la Liberación», principalmente en los países más pobres de Latinoamérica. Este hecho provocó un auténtico dolor de cabeza al papa Juan Pablo II, quien por recomendación del cardenal Joseph Ratzinger, poderoso prefecto de la Congregación para la Doctrina de la Fe, hoy Benedicto XVI, decidió intervenir. En la Compañía se había producido una especie de vacío de poder tras la trombosis que sufrió en 1981 su prepósito gene-

ral, el español Pedro Arrupe, que estaba al frente de los jesuitas desde 1968. En cumplimiento de las normas internas
de la Compañía de Jesús se nombró a Vincent O'Keefe
para que convocase una Congregación Extraordinaria con
el fin de nombrar a un sustituto de Arrupe. Juan Pablo II
desautorizó para ello a O'Keefe y nombró al también jesuita Paolo Dezza como su «delegado especial». Dezza era
bien visto también por Ratzinger, que con el paso del
tiempo se convirtió en su más firme apoyo para ascender
al cardenalato. Este movimiento del Papa hizo que dentro
de la Compañía se viese como una intromisión sin precedentes del poder pontificio. La Congregación no pudo celebrarse hasta 1983, cuando se eligió a un nuevo prepósito,
el holandés Peter Hans Kolvenbach, quien, con el apoyo
incondicional del Papa y de la Congregación para la Doctrina de la Fe, recondujo el orden dentro de los jesuitas.
Para ello, Kolvenbach realizó numerosas visitas a los defensores de la «Teología de la Liberación», llegando incluso a
ordenar contra ellos medidas disciplinarias.

¿A qué se denomina Congregación Pontificia?

En un departamento dirigido por un cardenal prefecto
y que aconseja al Papa en las determinadas materias necesarias para el gobierno de la Iglesia. Las Congregaciones
Pontificias son los dicasterios de mayor rango, una especie
de ministerios, y sus dirigentes, tanto el cardenal como el
secretario y el auxiliar, son nombrados por el Pontífice por
periodos de cinco años. En estos momentos hay nueve
congregaciones: Congregación para la Doctrina de la Fe,
Congregación para el Culto y la Disciplina de los Sacra-

mentos, Congregación para la Educación Católica, Congregación para la Causa de los Santos, Congregación para las Iglesias Orientales, Congregación para los Institutos de Vida Consagrada, Congregación para los Obispos, Congregación para el Clero y Congregación para la Evangelización de los Pueblos.

¿Cómo funcionan las congregaciones?

Las decisiones de las diferentes congregaciones se adoptan por votación después de que cada caso es presentado por un obispo, como relator. La decisión final es adoptada por el Papa. Las congregaciones fueron fundadas como tales en el siglo XVI, aunque las mayores reformas las sufrieron tras el Concilio Vaticano II.

¿Existe hoy en día la Santa Inquisición o el Santo Oficio?

Sí, aunque claramente reformada. Su nombre es el de la Congregación para la Doctrina de la Fe. Esta es la salvaguarda y defensora de la doctrina de la Iglesia, la teología, la fe y la moral católica. Hoy heredera de la Inquisición, todavía guarda su función de vigilante de las más estrictas normas de la fe, aunque ya no de forma tan punitiva. Realmente el papa Juan Pablo II modernizó este dicasterio con el fin de que la Congregación para la Doctrina de la Fe se convirtiera en un catalizador entre los episcopados para unificar los dogmas de la Iglesia. Bajo la dirección del conservador cardenal alemán Joseph Ratzinger, ahora Benedicto XVI, uno de los más fieles y estrechos colaboradores de Juan Pablo II, la

Congregación tuvo que negociar con los dirigentes de la llamada «Teología de la Liberación», así como con el brasileño Leonardo Boff. De esta nueva Inquisición dependen la Comisión Bíblica, dedicada al estudio de las Sagradas Escrituras, y la Comisión Teológica Internacional, formada por teólogos de todo el mundo y encargada de asesorar en diferentes materias doctrinales a la Congregación para la Doctrina de la Fe.

¿Qué Congregación se ocupa de la vida pastoral de los más de medio millón de sacerdotes repartidos por todo el mundo?

La Congregación para el Clero. Sus tres puntos fundamentales de actuación son: la promoción de la vida cultural e intelectual de los sacerdotes; la parte administrativa, encargada de garantizar la asistencia social a los religiosos ancianos o enfermos o administrar las diócesis, y la apostólica, encargada de promover y mejorar los métodos de catequesis del clero.

¿Qué órgano se ocupa de vigilar el respeto al culto de los siete sacramentos?

La llamada Congregación para el Culto y la Disciplina de los Sacramentos. Este dicasterio se ocupa de vigilar el perfecto cumplimiento de los siete sacramentos tal y como indican las resoluciones del Concilio Vaticano II. Por ejemplo, las comisiones dentro de esta Congregación se ocupan de la disciplina sacramental, como, por ejemplo, estudiar las nulidades matrimoniales no consumadas, la ordenación de los sacerdotes, etcétera.

¿Qué órgano se ocupa de la protección y el mantenimiento de la tumba del apóstol San Pedro en el subsuelo de la basílica de San Pedro?

La Comisión de Arqueología Sacra, fundada por orden del papa Pío IX (16 de junio de 1846-7 de febrero de 1878) en 1852. Los miembros de la Comisión tienen también la labor de mantener y documentar los primeros cementerios cristianos, así como la búsqueda de otros.

¿Qué órgano vaticano se ocupa de salvaguardar los bienes culturales y artísticos de la Iglesia?

La Comisión para los Bienes Culturales de la Iglesia, fundada en 1993 por orden del papa Juan Pablo II. El Pontífice ordenó la creación de esta Comisión con el fin de que sus responsables se encargasen del mantenimiento para el disfrute y la promoción del incalculable patrimonio histórico y artístico de todas aquellas obras de arte que se encuentran tanto en la Ciudad-Estado del Vaticano como en cualquier iglesia del mundo. La Comisión para los Bienes Culturales de la Iglesia no solo se ocupa de los cuadros o los museos, sino también de los archivos y la Biblioteca Vaticana. Esta Comisión está en contacto con la Comisión Permanente para la Tutela de Monumentos, fundada en 1929 por el papa Pío XI (6 de febrero de 1922-10 de febrero de 1939).

Sus responsabilidades abarcan el mantenimiento de los inmuebles y fuentes de la Iglesia en la Ciudad-Estado del Vaticano y aquellos que, aunque están en suelo de la República de Italia, mantienen el estatuto de extraterritorialidad. La Comisión Permanente para la Tutela de Monumentos se formó justo semanas después de la firma del Concordato entre la Santa Sede e Italia, los llamados *Pactos Lateranenses*.

¿Qué órgano de la curia se ocupa de la labor de las misiones?

La Congregación para la Evangelización de los Pueblos, también conocida como *Propaganda Fide* (Propagación de la Fe). Esta Congregación tiene la labor de la evangelización de los pueblos a través de las misiones. La *Propaganda Fide* coordina a las congregaciones misioneras, y una vez que estas se han retirado de la zona a evangelizar, la Congregación se ocupa de dar asistencia al clero local.

¿A qué se define como curia romana?

Son los organismos y funcionarios, tanto laicos como religiosos, que forman parte de la burocracia de la Santa Sede y que dependen de la Secretaria de Estado Vaticana. La curia romana forma los dicasterios y las comisiones pontificias cuya función es asesorar al Papa en diferentes cuestiones. Los miembros de la curia solo pueden asesorar o aconsejar al Papa, pero no imponerle una decisión, ya que el Pontífice es monarca absoluto de la Iglesia y el Vaticano. La primera organización de la curia fue llevada a cabo por el papa Pablo III (13 de octubre de 1534-10 de noviembre de 1549) en 1542 y desde este mismo año ha sufrido cinco grandes reformas. La mayor modernización y descarga burocrática la sufrió en 1988 por orden del papa Juan Pablo II. De esta modernización de la Secretaría de Estado dependían dos secciones, interior y de relaciones exteriores. También quedaban establecidas y reorganizadas nueve congregaciones pontificias, tres tribunales eclesiásticos, once consejos pontificios y un número variable de organismos de carácter administrativo. (Ver anexo II. Organigrama Vaticano.)

¿Qué Congregación se encarga de la tarea de funcionamiento de las órdenes religiosas?

La Congregación para los Institutos de Vida Consagrada es una especie de fiscalizadora de toda orden o congregación religiosa, tanto de hombres como de mujeres. También se ocupa de los institutos pontificios. La congregación se ocupa de legislar, aprobar e incluso mediar en disputas dentro de una congregación religiosa en caso de que surja algún tipo de conflictos.

¿Cómo se llama el órgano disciplinario de la curia romana?

El Comité Disciplinar de la Curia Romana. Este órgano, bajo poder pontificio, es el responsable de estudiar y dirimir los contenciosos de índole eclesial que se dan en la curia. El Comité Disciplinar de la Curia Romana no actúa nunca de *motu proprio,* sino siempre por petición de otras instancias vaticanas desde donde llegan los casos a estudiar. Sus resoluciones no son definitivas. Estas son únicamente recomendaciones a las autoridades superiores, que son quienes deben dar un dictamen definitivo o para ser aprobado por el Papa.

¿Es el CTV una emisora de televisión del Vaticano?

No. El Centro Televisivo Vaticano no es una emisora como tal del Estado Vaticano. El CTV, que es como se conoce, aunque es una institución dentro de la estructura vaticana, funciona como una organización que da asistencia a otras cadenas de televisión en la retransmisión y cobertura de acontecimientos religiosos. El CTV se dedica a grabar también mediante una unidad de cámaras acontecimientos religiosos e incluso entrevistas que después son ofrecidos a las cadenas de televisión de todo el mundo. El CTV fue creado en 1983 por orden de Juan Pablo II, al que se llegó a bautizar como el «primer Papa mediático» de toda la historia de la Iglesia contemporánea.

¿Qué órgano vaticano se encuentra tras las siglas LEV?

Librería Editrice Vaticana. La editorial de la Santa Sede, fundada en 1926 por orden del papa Pío XI (6 de febrero de 1922-10 de febrero de 1939) y como institución independiente de la Tipografía Vaticana. La LEV se dedica a la edición de textos religiosos, así como libros especializados en Derecho Canónico. Desde principios de los años noventa ha publicado también los documentos promulgados por el papa Juan Pablo II.

¿Qué función tienen las nunciaturas?

Son las embajadas permanentes del Estado del Vaticano ante cualquier gobierno extranjero u organismo internacional. El nuncio (embajador) vaticano posee los privilegios de la inmunidad diplomática y su sede tiene la clasificación de extraterritorialidad. Si algún ejército o fuerza policial entrase en la sede de la nunciatura, esta sería tomada como una invasión al propio Estado del Vaticano. Existen, según la Secretaría de Estado del Vaticano, dos categorías de nuncios: los *legati a latere* (nuncios volantes) y *legati nati* (nuncios permanentes). Los primeros funcionan como embajadores extraordinarios que son enviados por el Papa a misiones especiales. Los segundos son embajadores permanentes. El concepto de «nunciatura» quedó legislada por la Secretaría de Estado del Estado del Vaticano en 1965 por orden del papa Pablo VI (21 de junio de 1963-6 de agosto de 1978).

¿Qué organismo se encarga de organizar los actos religiosos que imparte el Papa?

La llamada Oficina para las Celebraciones Litúrgicas del Sumo Pontífice. Esta oficina tiene su origen en la llamada *Magister Caeremoniarum Apostolicum* (Maestro de Ceremonias Apostólicas). La función de esta Oficina de la Santa Sede es la de organizar las celebraciones religiosas impartidas por el Sumo Pontífice. Asimismo, es la encargada de coordinar con la CTV la distribución de imágenes televisivas de las celebraciones a todas las cadenas de televisión del mundo.

¿Qué órgano es el encargado de controlar las finanzas vaticanas?

La llamada Prefectura de Asuntos Económicos. Funciona como un departamento de contabilidad del dinero gastado por el Estado del Vaticano, una especie de Auditoría General del Estado, y es la encargada de presentar balances, realizar las memorias económicas de todos los departamentos y órganos de gobierno del Vaticano. Estos balances deben ser aprobados y ratificados por el llamado «Consejo de los 15».

¿Qué órgano es el encargado de supervisar el protocolo en el Vaticano?

La Prefectura de la Casa Pontificia. Es la institución que se ocupa de todo el protocolo de la Casa Pontificia y en los actos oficiales que se desarrollan en las dependencias privadas del Papa. El prefecto, con ayuda de oficiales ayudantes pontificios, es el encargado de diseñar la agenda diaria del Papa, y con ayuda del secretario de Estado diseña también los programas de los viajes del Pontífice. La Prefectura de la Casa Pontificia fue fundada por orden del papa Pablo VI en 1967.

¿Qué función tiene la Sala de Prensa del Vaticano?

Funciona como portavoz del Papa y de la Santa Sede. Desde este organismo se difunden los mensajes del Papa a los medios de comunicación de todo el mundo acreditados ante el Vaticano. La Sala de Prensa está compuesta de una redacción, cabinas telefónicas para que los periodistas envíen sus crónicas a las radios y una sala para ruedas de prensa. Las notas de prensa están redactadas en diferentes idiomas.

¿Qué es una Prelatura Personal?

Organización de carácter religioso y que es dirigida por un prelado, que puede ser o no obispo. Este prelado, así como los estatutos y las actividades, debe someterse a la disciplina de los obispos diocesanos en aquellas zonas en donde trabajan sus miembros. El llamado régimen de Prelatura Personal fue establecido por el papa Juan Pablo II el 5 de agosto de 1982 tras la aprobación de una declaración realizada por la Congregación para los Obispos. El 23 de agosto, dieciocho días después, el Vaticano hizo público su deseo de erigir al Opus Dei en prelatura personal tras la promulgación de la Constitución Apostólica *Ut Sit*. Muchos críticos pensaron que esta nueva figura creada por el Papa era únicamente para beneficiar al Opus Dei. La Prelatura Personal quedó apoyada jurídicamente por la reforma del Código de Derecho Canónico el 25 de enero de 1983. El primer prelado del Opus Dei fue Álvaro del Portillo hasta 1994, en que fue sustituido por Javier Echevarría tras la muerte de este. Echevarría era miembro del Opus Dei desde 1948, sacerdote desde 1955 y obispo desde 1995.

¿Cómo se llama el órgano judicial de la Santa Sede?

La Sacra Penitenciaría Apostólica, instituida en el siglo XIII y encargada de juzgar las cuestiones morales de los religiosos. A pesar de su siniestro nombre, la Sacra Penitenciaría Apostólica ya no impone sentencias ni penitencias a los religiosos juzgados por ella. El máximo jerarca de la Sacra Penitenciaría es el llamado penitenciario mayor y es auxiliado por un regente y asesorado por un consejo de prelados y un consejo de penitenciarios.

¿Qué único órgano del Vaticano tiene una sede en la residencia de descanso del Papa en Castelgandolfo y en la ciudad norteamericana de Tucson (Arizona)?

La Specola Vaticana (el Observatorio Vaticano). El Observatorio se ocupa de la investigación del espacio exterior y las estrellas. El Observatorio fue impulsado por el papa Gregorio XIII (13 de mayo de 1572-10 de abril de 1585) debido a su afición a observar las estrellas. A este Papa se debe también el calendario gregoriano. El Observatorio tuvo su primera sede dentro de los jardines del Vaticano, pero debido a la contaminación luminosa de Roma se trasladó a Castelgandolfo. Actualmente el Observatorio Vaticano dispone de unas modernas instalaciones en la ciudad de Tucson, en Arizona. En el catálogo del Observatorio están clasificadas las posiciones de más de medio millón de estrellas con sus características y están recopiladas en una enciclopedia de diez volúmenes.

¿Qué diferencia hay entre los Tribunales de la Curia y los Tribunales del Vaticano?

Ambos forman el Poder Judicial de la Santa Sede pero no tienen nada en común. El Tribunal de la Curia debe hacer respetar el llamado *corpus iuris canonici* (leyes eclesiásticas) que componen el Código de Derecho Canónico, el Código de Cánones de las Iglesias Orientales y la Constitución Apostólica *Pastor Bonus*. Las sentencias del Tribunal de la Curia son tan solo recomendaciones al Papa, Juez Supremo de la Iglesia católica, que es quien debe dictar un veredicto. Los Tribunales de la Curia están estructurados en tres tribunales a su vez: la Sacra Penitenciaría Apostólica, el Tribunal Supremo de la Signatura Apostólica y el Tribunal de la Rota. Los Tribunales del Vaticano son el órgano judicial del Gobernatorio de la Ciudad del Vaticano y que fue creado en 1929, tras la creación del Estado del Vaticano durante el pontificado del papa Pío XI (6 de febrero de 1922-10 de febrero de 1939). Estos imparten justicia ordinaria en el nombre del Papa y delitos similares se ocupan de juzgar a sospechosos de robo, daños a la propiedad. Los Tribunales están estructurados en cuatro: El Juez Único, el Tribunal, la Corte de Recursos y la Corte de Casación.

¿Qué funciones tiene el Tribunal de la Rota?

Órgano judicial de la Santa Sede que actúa como un tribunal de apelaciones en materia de disoluciones o anulaciones de matrimonios por la Iglesia. El nombre de «la Rota» significa «tribunal de la rueda» o «tribunal en redondo». Este nombre fue dado al Tribunal debido a que la sala en donde se reunían sus miembros era de forma circular. El Tribunal de la Rota está presidido por el más antiguo miembro. El Tribunal nombra a un «defensor del vínculo» que se ocupa de defender la indisolubilidad del matrimonio de los contrayentes que piden la anulación. Juan Pablo II ha sido uno de los mayores defensores de este Tribunal, pero también su más firme crítico. El Papa acusaba el alto número de anulaciones que había concedido el Tribunal, acogiéndose a la inestabilidad mental de algunos de los contrayentes. Los procesos ante el Tribunal de la Rota son bastante costosos, por lo que el acceso a la anulación solo pueden permitírsela familias adineradas.

¿Qué funciones asume el Tribunal Supremo de la Signatura Apostólica?

Es un órgano judicial que data del siglo XIII y que se divide en dos secciones. La primera sección funciona como Tribunal de Casación y supervisa la administración de justicia en la Iglesia. La segunda sección funciona como un Consejo de Estado y juzga los contenciosos internos de la Iglesia y decide las competencias de los dicasterios en un asunto concreto.

Capítulo VI

Concordatos, cartas, concilios y encíclicas

¿A qué se denomina una carta apostólica?

Es un documento redactado por el Papa sobre una cuestión religiosa, social o política en la que manifiesta su opinión religiosa. En la mayor parte de los casos el Pontífice escribe siempre a quién va dirigida la llamada carta apostólica en el encabezamiento del documento. Se diferencia de la encíclica en que estas últimas suelen ser más extensas y concisas.

¿A qué se denomina una encíclica?

Es un ensayo muy bien documentado escrito por el Papa desde la que difunde su doctrina. Las encíclicas, a diferencia de las cartas apostólicas, suelen ser mucho más estudiadas y completas, y en ellas incluso se pueden incluir las opiniones de otros pontífices sobre la cuestión planteada. Por regla general, las encíclicas suelen ser textos relacionados con temas sociales o políticos.

¿A qué se denomina una exhortación apostólica?

Es un documento que redacta y hace público el Papa sobre cuestiones de tipo religioso, moral e incluso político, y que está dirigido a los creyentes y a los no creyentes. La mayor parte de las exhortaciones apostólicas aprobadas por el papa Juan Pablo II fueron discutidas con anterioridad en un sínodo de obispos.

¿Cuál fue la más dura tarea de la diplomacia vaticana en el año 1929?

Las negociaciones entre el Vaticano y la Italia de Mussolini. El equipo negociador vaticano estaba dirigido por Francesco Pacelli, hermano del que diez años después se convertiría en Pío XII. La primera reunión, que daría más tarde con la firma del Concordato entre Italia y la Santa Sede, tuvo lugar en agosto de 1926, durante el pontificado de Pío XI (6 de febrero de 1922-10 de febrero de 1939). Se celebraron 110 reuniones oficiales, 214 extraoficiales, 26 audiencias con el *Duce* Benito Mussolini, 65 encuentros con el secretario de Estado Vaticano, el cardenal Pietro Gasparri, y 129 audiencias con el Papa. El Concordato con Italia fue conocido también como el llamado *Pacto Lateranense*.

¿Qué asuntos importantes para el Vaticano se firmaron en los llamados *Pactos Lateranenses*?

Tras 920 días de negociaciones, el 11 de febrero de 1929 se firmaron los llamados *Pactos Lateranenses*, que pusieron fin a sesenta años de ocupación. La ocupación de Roma acababa en beneficio de la Italia unificada, con los Estados Pontificios. Benedicto XV (3 de septiembre de 1914-22 de enero de 1922) fue el primer Pontífice que intentó encontrar una aproximación con el Gobierno de Roma sin conseguir nada. Desde 1926, con Pío XI en el Trono de Pedro, comenzó una aproximación de posturas entre el Vaticano y Roma. Los *Pactos Lateranenses* permitieron la creación de la Ciudad-Estado del Vaticano. El punto 26, que necesitó hasta 82 revisiones, reconocía «la existencia del Estado-Ciudad del Vaticano bajo la soberanía del Romano Pontífice». El territorio conseguido por el Vaticano era muy pequeño, pero al menos adquiría la independencia en sus actuaciones. Asimismo, los pactos, o Concordato con Italia, conseguían dos bazas religiosas importantes: la primera, la del derecho a la enseñanza religiosa en las escuelas públicas, y la segunda, el reconocimiento de los efectos civiles del matrimonio religioso, regulado por el Derecho Canónico.

¿Qué concordato firmado por la Santa Sede ha sido uno de los más polémicos en toda la historia de la diplomacia vaticana?

El firmado el 20 de julio de 1933 con la Alemania nazi. La llamada Constitución de la República de Weimar establecía la separación entre Iglesia y Estado, a pesar de lo cual pudo llegarse a firmar acuerdos parciales como el alcanzado en 1924 con la región de Baviera. En él se permitía la libre práctica de la religión católica, pero los nombramientos de las autoridades religiosas debían pasar el veto del Gobierno de Baviera. El nuncio vaticano, Eugenio Pacelli, quien años después se convertiría en el papa Pío XII, consiguió otro acuerdo con Prusia en 1929, a pesar del rechazo y la campaña anticatólica llevada a cabo por los evangelistas.

Tras el nombramiento de Adolf Hitler como canciller de Alemania el 29 de enero de 1933, Pacelli estableció contactos fructíferos con el vicecanciller, Franz von Papen, que desembocaron en la firma del Concordato entre la Santa Sede y la Alemania nazi.

¿Qué imposiciones supuso a la Santa Sede la firma del Concordato con Alemania?

Hitler y el Partido Nacionalsocialista podían vetar el nombramiento de cualquier autoridad eclesiástica en Alemania por motivos políticos. Todos los obispos electos o ya elegidos debían prestar juramento de fidelidad a Adolf Hitler. Asimismo, se impedía a cualquier religioso pertenecer, militar o apoyar a un partido político que no fuese el Nacionalsocialista. Cuando finalizó la Segunda Guerra Mundial, con la derrota de la Alemania nazi en 1945, la nueva República Federal de Alemania aceptó y ratificó todos los puntos del Concordato.

¿Qué polémica suscitó el Concordato de la Santa Sede con Alemania en las naciones aliadas?

La polémica ha estado servida desde 1933, y aún hoy se discute sobre si Pío XII y la política vaticana fueron demasiado «flexibles» con la política nazi, su líder Adolf Hitler y su política con el «problema judío». Los defensores alegan que el Vaticano aceptó una petición de la diplomacia alemana para llegar a un acuerdo que finalizó con la firma del Concordato. Si el Vaticano no hubiese aceptado la negociación con Berlín, habría dejado en una situación delicada a los católicos alemanes, muchos de los cuales estaban en contra de la política de Hitler y el partido nazi.

El papa Pío XI (6 de febrero de 1922-10 de febrero de 1939) fue siempre mucho más explícito en sus críticas a los gobiernos totalitarios de la época que su sucesor Pío XII (2 de marzo de 1939-9 de octubre de 1958), lo que le valió el sobrenombre de «el Papa de Hitler».

¿Qué documento crítico con la política totalitaria de Mussolini no pudo leer el papa Pío XI?

El papa Pío XI preparó un texto muy duro contra la política de Benito Mussolini. Pretendía leerlo ante el grupo de cardenales italianos, muchos de los cuales apoyaban abiertamente la política de Mussolini, en el décimo aniversario de la firma de los *Pactos Lateranenses*. La fecha prevista para hacer público el documento era el 11 de febrero de 1939, pero un día antes de su lectura el Papa falleció de forma repentina. Durante todo el pontificado de Pío XII el documento permaneció guardado en el llamado Archivo Secreto hasta que el papa Juan XXIII lo sacó a la luz y lo leyó. El documento, titulado *Nella Luce*, mostraba que las ideologías fascistas eran incompatibles con la doctrina de Cristo y que el Papa, como la máxima autoridad católica, quería hacerlo patente ante los príncipes italianos de la Iglesia.

¿Cuántas notas de protesta envió el Vaticano a Alemania por las llamadas leyes racistas aprobadas en Núremberg?

En total 55, todas ellas a través del nuncio Eugenio Pacelli. Las notas se centraban en tres puntos concretos. El primero, contra la aprobación de la esterilización a las mujeres no arias; el segundo, contra la situación degradante de los deficientes mentales en Alemania, y el tercero, contra el *Rasse-Heirat Institut* (Instituto para el Matrimonio Racial), en donde las mujeres alemanas arias se prestaban a ser inseminadas artificialmente en su mayor parte por esperma perteneciente a miembros de las SS y las SA.

¿Cuál fue el documento que hizo que Adolf Hitler acusara a Pío XI de ser «judío»?

La encíclica *Mit brennender Sorge,* firmada por el papa Pío XI en 1938. En el texto, el Santo Padre acusaba a los líderes y miembros del partido nazi de anticristianos por... «divinizar con culto idolátrico a la raza, al pueblo, el Estado y a los representantes del poder estatal». También condenaba implícitamente a los dirigentes del III Reich por sus reiteradas violaciones del Concordato. Otras de las condenas lanzadas por el papa Pío XI era la de la falta de libertad religiosa, las desviaciones morales del nacionalsocialismo y la «brutalidad con que eran pisoteados los derechos en la educación de los niños y jóvenes». La encíclica fue leída en todas las iglesias católicas de Alemania el 21 de marzo de 1937.

¿Cuál fue la reacción inmediata del Gobierno nazi?

Más de mil católicos fueron encarcelados y recluidos en campos de concentración, por ejemplo, 304 sacerdotes de diferentes seminarios de Alemania fueron recluidos en al campo de Dachau.

¿Cómo comienza el texto oficial para el rito de exorcismo utilizado por el Vaticano y autorizado por el papa Juan Pablo II en 1999?

«Yo te conjuro, vieja serpiente, en nombre del juez de los vivos y de los muertos, en nombre de tu Creador que es el Creador del mundo y tiene el poder de enviarte a los infiernos, que salgas inmediatamente de este siervo de Dios, el cual regresa al seno de la Iglesia en el temor y la aflicción que tu terror inspira. Yo te conjuro de nuevo, no desde mi propia debilidad, sino por el poder del Espíritu Santo, que salgas de este siervo de Dios a quien Dios Todopoderoso creó a su propia imagen y semejanza. Retrocede, por tanto, retrocede no ante mí, sino ante el Ministro del mismo Cristo Nuestro Señor que te sometió a su poder en la cruz. Tiembla ante el brazo de quien conduce a las almas hacia la luz, contra quien no prevalecen las puertas del infierno. Que la corporeidad humana sea espanto para ti, imagen de Dios terrible para ti. No te resistas ni te demores en salir de este hombre, ya que place a Cristo habitar en él. Y aunque me conozcas pecador, no me tengas por desdeñable, porque quien lo ordena es Dios. Te lo ordena la majestad de Cristo. Te lo ordena Dios Padre. Te lo ordena Dios Hijo. Te lo ordena el Espíritu Santo. Te lo or-

dena la Santa Cruz. Te lo ordena la fe de los santos apóstoles Pedro y Pablo y de todos los santos.»

¿A qué se llama una «bula papal»?

Una bula es un documento papal y que suele resolver
una cuestión específica, bien a favor, bien en contra. El documento lleva el nombre de bula o *bulla*, debido a que
era introducido en una bola de plomo, del tamaño de las
de billar, con el escudo pontificio grabado en un lado.

¿Cuándo fue la primera vez que un Papa se dirigió a los niños en una encíclica?

El 13 de diciembre de 1994. Se la denominó «la primera
miniencíclica» y se dirigía a los niños en lenguaje sencillo para
que pudiesen entenderla. En el texto Juan Pablo II hablaba de
tradiciones como la Navidad, los belenes, los casos de niños
que fueron mártires y destacaba por encima de todo el peligro y la grave situación por la que atraviesan millones de niños en el mundo. Asimismo, el Papa mencionó la situación
que vivían, en especial aquellos que habitaban en zonas de
guerra como los Balcanes o en los grandes lagos de África.

¿Con qué documento daba el papa Juan Pablo II una de cal y otra de arena a las mujeres?

La cal llegó con la carta apostólica *Ordinatio Sacerdotalis,* escrita el 22 de mayo de 1994. Este texto, de seis pá-

ginas, denegaba de forma categórica y definitiva el acceso de la mujer al sacerdocio.

El texto declara: «La masculinidad del ministerio es un depósito de la fe ante lo cual la Iglesia carece de facultad de conferir la ordenación sacerdotal a las mujeres». Como una especie de posdata, el papa Juan Pablo II terminaba que la Virgen María no recibió la tarea de los apóstoles y no por ello supuso degradación o discriminación para ella. Por otro lado, la arena llegó con la *Carta Apostólica a las Mujeres*, escrita el 29 de junio de 1995. En ella se pedía perdón al sexo femenino y expresaba su lamento más sincero por la discriminación de la que siempre habían sido objeto. Una parte del texto papal expresaba claramente: «Somos herederos de una historia de grandes condicionamientos que en todos los tiempos y latitudes ha dificultado el camino de la mujer y menospreciado su dignidad». Hoy este punto sigue siendo motivo de conflicto dentro de la Iglesia católica.

¿Con qué documento condenaba el papa Juan Pablo II a los que condenaban tímidamente el aborto o la eutanasia, o simplemente a los que lo apoyaban?

Con la carta apostólica *Ad Tuendam Fidem* (En Defensa de la Fe), difundida el 1 de julio de 1998. Este documento tenía la categoría de *motu proprio,* es decir, escrito por propia voluntad del Papa y para ser aceptado como decreto pontificio.

En el texto el Sumo Pontífice incluso llega a insultar a los teólogos que apoyan la eutanasia o el aborto llamándolos «teólogos del pecado». En el mismo texto se amenaza con la excomunión a todos los que apoyen el aborto o la eutanasia. Advierte a los laicos sobre que deben enseñar la necesidad de protección de la vida como el bien más sagrado dado por Dios a los hombres, y amenaza con la excomunión a todos aquellos que defiendan en algún órgano público el sacerdocio femenino.

¿Con qué carta apostólica hacía un llamamiento Juan Pablo II a los católicos para acudir a misa los domingos?

Con la carta apostólica *Dies Domini*, de cien páginas y difundida el 7 de julio de 1998. En ella el Sumo Pontífice llamaba a todos los católicos a defender el domingo como día de asistencia a misa, dejando de lado durante ese día la diversión. Juan Pablo II alegaba que Dios había marcado como un precepto bíblico el séptimo día como jornada de descanso en donde se debe santificar a Dios en compañía del resto de fieles de nuestra comunidad.

¿Qué documento pontificio provocó una fuerte polémica con los sectores feministas de la sociedad?

La llamada carta apostólica compuesta por ciento veintiuna páginas y titulada *Mulieris Dignitatem* (De la Dignidad de las Mujeres). En el documento, firmado por el papa Juan Pablo II el 30 de septiembre de 1988, se reivindicaba la feminidad frente a la tentación de la masculinización en su competencia social con los hombres, y a lo largo de los nueve capítulos contiene reflexiones teológicas.

A diferencia de la *Carta Apostólica a las Mujeres*, escrita el 29 de junio de 1995, siete años después de la anterior, Juan Pablo II no pedía perdón por la discriminación histórica de las mujeres, pero rectificaba el concepto de «sumisión femenina» al hombre dictada por el apóstol San Pablo, y precisaba que la sumisión femenina tiene sentido cuando esta es recíproca con el hombre.

Las organizaciones feministas de primera línea de todo el mundo protestaron por el contenido de esta carta apostólica.

¿Con qué carta apostólica acusaba Juan Pablo II a Alemania y Rusia de ser los responsables de la Segunda Guerra Mundial?

En el documento firmado por el Papa el 27 de agosto de 1989. El Pontífice, después de unos largos párrafos en donde analiza la transformación de Europa, de cuna de la cristiandad a cuna del nazismo y el comunismo, Wojtyla los define como los dos grandes males del siglo xx y los acusa como responsables directos del belicismo que desembocó en 1939 en la Segunda Guerra Mundial. Una sociedad como la europea, que se jactaba de ser floreciente en relación con su desarrollo económico y cultural, permitió una tragedia de tal magnitud.

Asimismo, en esta carta apostólica el Papa criticaba duramente a Alemania y Rusia, al nazismo y al comunismo, a Ribentropp y Molotov como generadores del conflicto que asoló el mundo, y porque se repartieron Polonia sin que las naciones aliadas reaccionasen ante ello cumpliendo los pactos con esta nación. En la carta apostólica Juan Pablo II pedía a Occidente que indemnizase a Polonia por abandonarla impunemente a los comunistas y a los nazis, a la maquinaria bélica del III Reich y a las hordas de Stalin.

¿Qué carta pastoral escribió el papa Juan Pablo II en la clínica Gemelli durante su convalecencia por el atentado sufrido en la plaza de San Pedro?

La *Salvifici Doloris* (Sobre el sufrimiento que nos trae la salvación). En el documento, de setenta y siete páginas, difundido el 11 de febrero de 1984 y hecho público casi tres años después del atentado, el papa Juan Pablo II se manifiesta sobre la teoría de que en el sufrimiento se plasma la grandeza moral de una persona y la madurez espiritual del hombre. En una parte del documento se hace referencia a la medicina moderna y a las enfermedades psicosomáticas como enfermedades estás últimas no del cuerpo sino del alma.

¿Qué es el Código de Derecho Canónico?

El Código de Derecho Canónico es la ley fundamental que rige a la Iglesia y que sufrió una fuerte modernización a principios de 1983, cuando el papa Wojtyla declaró la Constitución Apostólica *Sacrae Disciplinae Leges*. Esta nueva constitución lleva también el nombre de «Nuevo Código». La reforma avalada por Juan Pablo II acababa con el texto que había establecido el papa Benedicto XV (3 de septiembre de 1914-22 de enero de 1922) en 1917. Los 2.488 cánones se redujeron a 1.752, pero, a pesar de la reducción de cánones, los cinco libros originales pasaron a siete. Estos libros eran: *Normas Generales, Pueblo de Dios, Misión de Enseñanza de la Iglesia, Misión de Santificación de la Iglesia, Bienes Temporales de la Iglesia, Sanciones y Procesos.* Juan Pablo II proclamó la nueva reforma con la aprobación de la Constitución Apostólica *Sacrae Disciplinae Leges* (Leyes de la Enseñanza Sagrada) el 25 de enero de 1983. El documento fue firmado por el Papa en presencia del secretario de Estado Vaticano, el camarlengo de la Iglesia y el responsable de la ya desaparecida Comisión Pontificia para la Revisión del Código, el cardenal Rosalio Castro Lara. Se necesitaron veinticuatro años de estudios y revisiones para la reforma del Código de Derecho Canónico.

¿Por qué delitos puede ser excomulgada una persona según el Código de Derecho Canónico?

Son nueve: herejía, promover el cisma, apostasía, sacrilegio contra la Sagrada Forma, aborto voluntario (apoyarlo, promoverlo, provocarlo o protegerlo), ilícita absolución de pecados, consagración de obispos sin permiso, violación del secreto sacramental y agresión al Sumo Pontífice (de palabra u obra).

¿Qué departamento vaticano se ocupa de la salvaguarda de la fiel interpretación del Derecho Canónico?

El Consejo para la Interpretación de los Textos Legislativos. Este Consejo fue fundado en 1917 por orden del papa Benedicto XV (3 de septiembre de 1914-22 de enero de 1922) cuando promulgó el actual Derecho Canónico. El

Consejo está formado por importantes juristas de todo el mundo que promueven y defienden la auténtica interpretación de las regulaciones y leyes marcadas en el Derecho Canónico. En 1983 con ayuda del Consejo, el papa Juan Pablo II apoyó una serie de reformas del texto aprobado por Benedicto XV, para que ninguno de los artículos y leyes del Derecho Canónico vulnerasen ningún precepto aprobado en el Concilio Vaticano II.

¿Por qué rectificó Juan Pablo II el Catecismo en 1992?

Juan Pablo II rectificó el Catecismo Universal de la Iglesia Católica para adaptarlo a los preceptos del Concilio Vaticano II, sustituyéndolo por el vigente llamado Catecismo Romano o de Pío V (7 de enero de 1566-1 de mayo de 1572). Fue el propio papa Juan Pablo II quien lo presentó personalmente el 7 de diciembre de 1992 en la Sala Regia Vaticana. Para el retoque del texto que dio comienzo en 1986 participaron todos los episcopados, en donde se recibían todas las recomendaciones y sugerencias con respecto a los cambios que debía llevar el nuevo Catecismo.

¿A qué se llamó el Código de Cánones de las Iglesias Orientales?

Una ley aprobada y ratificada por el papa Juan Pablo II por el que dotaba de una legislación clara y conjunta a las 21 iglesias orientales fieles al Pontífice y al Vaticano. Hasta la aprobación del llamado Código de Cánones de las Iglesias Orientales, estas se regían por sus propias normas, chocando en muchos preceptos entre ellas, o por cuatro documentos de la época del papa Pío XII (2 de marzo de 1939-9 de octubre de 1958). El Código aprobado por Juan Pablo II puso orden entre todas ellas. El Código está compuesto por más de un millar de páginas.

¿Qué dos puntos quedaban claros tras la aprobación del nuevo Código de Cánones de las Iglesias Orientales?

A pesar de que los obispos, máxima jerarquía de las iglesias orientales, estaban de acuerdo en la sumisión al Sumo Pontífice, el código oriental reconocía la autoridad suprema de estos sin que el Papa tuviese poder suficiente para anular una decisión. El segundo punto polémico era la libre decisión de los religiosos de la Iglesia oriental en mantener o no el celibato. Tras la aprobación del Código de Cánones de las Iglesias Orientales, los religiosos deben mantener la incompatibilidad del matrimonio con el sacerdocio. Incluso en el caso de que estos hayan contraído matrimonio antes de tomar los hábitos, no les será posible llevarlo a cabo. En contra de lo creído por Juan Pablo II, la aprobación del Código de Cánones de las Iglesias Orientales supuso el orden en las veintiuna iglesias orientales, pero lo que no consiguió fue una aproximación al Vaticano de las jerarquías de la Iglesia ortodoxa.

¿Qué fue el Concilio de Trento?

El Concilio de Trento fue convocado en 1544 por el papa Pablo III (13 de octubre de 1534-10 de noviembre de

1549). El Pontífice intentaba frenar una doctrina renovadora impulsada por Martín Lutero. El Concilio se convocó en la ciudad de Trento debido a que Pablo III creyó que Roma estaba demasiado alejada del centro de Europa. A pesar de todo, las autoridades católicas no consiguieron evitar el cisma del que surgiría la nueva Iglesia luterana. Esto provocó diversas guerras religiosas. Las reuniones del Concilio de Trento dieron comienzo el 13 de diciembre de 1545 y finalizaron el 14 de diciembre de 1563 bajo el pontificado de Pío IV (25 de diciembre de 1559-9 de diciembre de 1565). El papa Juan Pablo II elogió en varias ocasiones a Lutero y declaró que el Concilio de Trento debía haber moralizado la estructura de la Iglesia, así como sus jerarquías, tal y como pedía Martín Lutero.

¿Qué fue el Concilio Vaticano II?

El llamado Concilio Vaticano II constituyó una de las mayores revoluciones que ha vivido la Iglesia católica. Fue convocado por el papa Juan XXIII (28 de octubre de 1958-3 de junio de 1963) para atraer a los creyentes a la nueva Iglesia católica. El Concilio se celebró en cuatro sesiones de tres meses cada una. El «Vaticano II», como se conocía al Concilio, dio comienzo el 11 de octubre de 1962 y finalizó el 8 de diciembre de 1965. El Concilio vivió dos papas: Juan XXIII, que lo inició y lo continuó hasta su muerte en junio de 1963, y Pablo VI, que lo siguió y clausuró en 1965. Este fue considerado como el Concilio de los Obispos, y se consagró el concepto de colegialidad episcopal, pero si en algo fue claro fue en establecer un sacerdocio sin matrimonio o el concepto de «libertad religiosa» ante «tolerancia religiosa». Este último punto fue defendido en el Concilio por un joven obispo polaco llamado Karol Wojtyla y que años más tarde sería elegido Papa. El protagonismo del futuro Juan Pablo II se desarrolló durante las sesiones del Concilio que se celebraron en 1964 y 1965, participando en los trabajos previos del esquema trece del documento llamado *Gaudium et Spes,* sobre el papel de la Iglesia en el mundo contemporáneo. Asimismo, Wojtyla fue uno de los redactores de la Declaración sobre Libertad Religiosa. Este documento clasificó a Karol Wojtyla, ascendido por Pablo VI al cardenalato el 28 de junio de 1967, con solo 47 años, como «progresista». Wojtyla se convirtió en el máximo defensor de la libertad religiosa para los católicos, así como también para los que no lo eran. Los dos principales enemigos de esta teoría eran dos cardenales, el conservador italiano Siri y el integrista francés Lefevre.

¿Existió un Concilio Vaticano I?

Sí. Se desarrolló entre 1869 y 1870. El Concilio Vaticano I, convocado por el papa Pío IX (16 de junio de 846-7 de febrero de 1878), fue también llamado el «Concilio del Papa», ya que se confirmaba el dogma de infalibilidad del Pontífice ante cualquier acontecimiento o hecho.

¿A qué se denomina Constitución Apostólica?

Constitución Apostólica es la ley que promueve y decreta el Papa como gobernante supremo del Estado Vaticano y de la Iglesia católica. Estas leyes son discutidas por las diferentes Congregaciones o Consejos pontificios hasta que la decisión final es ratificada y sancionada por el Pontífice como «voluntad de Dios».

¿Qué Constitución Apostólica daba verdaderos poderes al Opus Dei?

La *Ut Sit* (Así sea). Ley promulgada por Juan Pablo II el 28 de noviembre de 1982 para beneficiar a la organización católica Opus Dei como prelatura con sede en Roma y dependiente de la Congregación de los Obispos. La Constitución Apostólica *Ut Sit* establecía que los miembros del Opus Dei, en la mayor parte laicos, entrasen a formar parte de la estructura eclesiástica, no a través de los votos sacerdotales, sino de una relación especial entre la persona y el Opus Dei. Los estatutos y las reglamentaciones del Opus Dei fueron promovidos también a través de la *Ut Sit*, y desde entonces se convirtieron en «ley pontificia».

¿A qué se llama documento de *motu proprio*?

De propia voluntad. Nombre que se dan a los decretos o textos doctrinales papales y que son promulgados por decisión del Pontífice. Para este tipo de documentos el Papa no necesita realizar consultas con el colegio cardenalicio.

¿Cómo se llaman las cartas enviadas de puño y letra por el Papa?

Se denominan *quirógrafos*. Los destinatarios suelen ser amigos personales del Papa o altas jerarquías de la Iglesia, y los suele utilizar para felicitar a los nuevos jefes de Estado de países extranjeros y para transmitir advertencias o reprimendas serias a otros religiosos.

Capítulo VII

Juan Pablo II

**¿Qué Papa de un país del Este fue elegido
tras cuatrocientos años de papas italianos?**

EL cardenal polaco Karol Wojtyla, que adoptó el nombre de Juan Pablo II el 16 de octubre de 1978. Su antecesor no italiano en el cargo fue el papa Adriano VI (9 de enero de 1522-14 de septiembre de 1523), cuyo nombre real era Adriano Florensz y había nacido en la ciudad holandesa de Utrech el 2 de marzo de 1459.

**¿En que otro cónclave recibió seis votos
el cardenal Karol Wojtyla?**

En el cónclave que se celebró en agosto de 1978, donde sería elegido como Papa el cardenal Albino Luciani y que adoptaría el nombre de Juan Pablo I (26 de agosto de 1978-29 de septiembre de 1978).

¿Cómo fue elegido papa el cardenal Karol Wojtyla?

El cónclave se reunió tras la repentina muerte del papa Juan Pablo I, y reunió a 111 cardenales con derecho a voto. Karol Wojtyla fue elegido Papa tras tres días de cónclave. Wojtyla, el cardenal polaco de 58 años, no era uno de los candidatos mejor situados. La disputa estaba entre dos cardenales italianos: el conservador arzobispo de Génova, Giusseppe Siri, y el moderado arzobispo de Florencia, Giovanni Benelli. Tras tres votaciones con fumata negra, el cardenal de Viena Franz Köening, uno de los más progresistas y apoyado por el bloque alemán, presentó el nombre de Karol Wojtyla. Con la división entre los italianos, el cónclave votó y eligió a las 18.17 horas del 16 de octubre de 1978 a Karol Wojtyla como nuevo Pontífice, que adoptó el nombre de Juan Pablo II por 99 votos a favor de los 111 cardenales reunidos. El cardenal camarlengo, Pericle Felice, pronunció ante los congregados en la plaza de San Pedro la frase *Habemus Papam* y a continuación pronunció el nombre del nuevo Papa.

¿Qué pensó Juan Pablo II cuando supo que había sido elegido Papa?

Juan Pablo II no dejaba de pensar en la novela de Henryk Sienkiewick, *¿Quo vadis?*, como él mismo reconoció. «Mientras me ayudaban a ponerme el hábito blanco pensaba en la época de Nerón persiguiendo y masacrando a los cristianos en esta misma ciudad.»

¿A qué congregación pertenecía el cardenal Karol Wojtyla justo antes de ser elegido Papa?

Karol Wojtyla formaba parte de la llamada Congregación para la Educación Católica. Esta se ocupa de todo lo relacionado con la educación católica y la docencia católica. Esta Congregación no solo coordina las universidades pontificias, sino también los colegios «de curas» y «de monjas» que, aparte de enseñar la religión católica como materia obligatoria en estos centros, imparten también la enseñanza aprobada por las autoridades del país en el que se encuentre el centro.

¿Cómo se informaba de las noticias el papa Juan Pablo II?

Una comisión especial formada por sacerdotes, y bajo la jurisdicción de la Secretaría de Estado del Vaticano, redacta un boletín diario de los principales acontecimientos mundiales. Se leen todas las mañanas cerca de cincuenta periódicos, se hace un resumen y se entrega al Papa a las diez de la mañana.

¿Qué periódico era uno de los preferidos del Papa?

El *International Herald Tribune*.

¿Tenía algún mote el Santo Padre?

Sus amigos de la infancia y sus familiares lo llamaban Lolek.

¿Por qué en sus viajes los médicos del Pontífice llevaban siempre bolsas de sangre?

Porque Juan Pablo II tenía un tipo de sangre poco común. Esto fue descubierto tras el atentado que sufrió en la plaza de San Pedro.

¿Qué decía la letra de Juan Pablo II sobre él?

Los rasgos de la escritura del Papa muestran las siguientes características: en general, mucha sinceridad y poca ostentosidad. La letra inclinada a la derecha manifiesta un gran cariño hacia las personas; los puntos sobre las íes indican que era prudente y muy atento. Asimismo, se desprende que tenía un gran sentido del humor.

Como anécdota, conviene comentar que el grafólogo de la policía italiana que realizó el examen de la letra sin saber a quién pertenecía, dijo que su autor era un hombre *fuera de lo común*.

¿Quién legó a Juan Pablo II una herencia de dos millones de dólares?

Rosa Buzzini, una mujer muy famosa que vivía en Piacenza y que leía la buenaventura a los clientes, asegurando que era la Virgen quien le ayudaba a ello. El caso fue estudiado en su día por el Vaticano, que rechazó la teoría de la Virgen. Incluso se prohibió a los católicos ir a consultar a «Mama Rosa». Al morir, la mujer dejó una herencia a Juan Pablo II de dos millones de dólares. El Papa rechazó el dinero, así como ser beneficiario de la herencia.

¿Qué accidente estuvo a punto de costarle la vida al papa Juan Pablo II?

Cuando era sacerdote, Karol Wojtyla fue arrollado por un camión cisterna del Ejército alemán durante la ocupación de Polonia, en la Segunda Guerra Mundial. El futuro papa tenía 24 años cuando fue atropellado el 29 de febrero de 1944. Wojtyla permaneció tirado en la cuneta de la carretera durante seis horas hasta que una mujer lo recogió y lo llevó al hospital en un carro tirado por caballos. Cuando recobró el conocimiento días después, la mujer había desaparecido. Desde aquel día el papa Juan Pablo II rezaba por aquella desconocida que le salvó la vida.

¿Luchó Juan Pablo II contra las tropas del Tercer Reich?

No, aunque lo intentó. En septiembre de 1939 las autoridades polacas llamaron a todos sus ciudadanos en edad de combatir para que se dirigiesen al este para frenar el avance alemán. Karol Wojtyla se presentó a la movilización en Cracovia. Los voluntarios debían ir a pie hasta el frente, que se encontraba a cientos de kilómetros de allí. El problema era que la aviación alemana castigaba los convoyes de camiones y trenes en territorio polaco. La lentitud de la marcha, el cansancio de los voluntarios y el hambre hizo que la columna fuese detenida por una unidad de carros blindados *panzer*. Karol Wojtyla, como muchos, dio media vuelta y regresó a Cracovia.

¿Cuántos atentados sufrió Karol Wojtyla durante su pontificado como Juan Pablo II?

Dos con peligro real y uno sin peligro. Los dos peligrosos sucedieron el 13 de mayo de 1981 y el 13 de mayo de 1983, y el tercero el 4 de mayo de 1984. El primer atentado, que estuvo a punto de costarle la vida al Papa, sucedió cuando atravesaba la plaza de San Pedro en un coche descubierto saludando a los fieles allí reunidos. En un momento el Pontífice alzó a una pequeña niña de pelo rubio, Sara Bartoli, para besarla; cuando se disponía a entregarla a sus padres sonaron dos detonaciones. Desde la tercera fila del público, un terrorista turco, Mehmet Alí Agca, había disparado su arma Browning semiautomática de calibre 9 mm. La monja italiana sor Leticia, que se encontraba justo al lado del turco, se abalanzó sobre él sujetándole el brazo y pidiendo ayuda. Junto con otros dos turistas consiguieron reducirlo y tirarlo al suelo. Un miembro de la policía italiana, Giorgio Navaro, le colocó una rodilla en la espalda para inmovilizarlo y lo esposó. Resultaron heridas dos personas que se encontraban entre el público, la polaca Anne Odre y la jamaicana Rose May, pero fue Juan Pablo II quien se llevó la peor parte. El Pontífice sintió un fuerte impulso hacia atrás seguido de un fuerte mareo. El Papa pensó que alguien le había arrojado algo, hasta que sintió que algo húmedo corría por su mano, era su sangre. Inmediatamente después se derrumbó en el suelo del vehículo y sobre su secretario polaco, Estanislao Dziwisz. Dos miembros de la guardia suiza saltaron sobre los estribos del coche papal para proteger la huida, Alois Estermann y el sargento Hassler.

Fue trasladado al Policlínico Gemelli, con una fuerte hemorragia y casi sin pulso, donde fue operado durante seis horas por el cirujano Francesco Crucitti y asistido por el médico personal del Pontífice, Renato Buzzoneti. Al cortar el hábito blanco teñido de rojo apareció el orificio de la bala en la mitad del abdomen. A pesar de que la bala milagrosamente pasó muy cerca de la arteria aorta, los *destrozos* fueron muy importantes. Durante la intervención le fueron aspirados tres litros de sangre; le cortaron casi medio metro de intestino que estaba destrozado y, por último y en el mismo quirófano, se le curaron las heridas del codo y uno de sus dedos índices afectados por el disparo.

El papa Juan Pablo II abandonó la UCI cinco días después de la operación, justo cuando cumplía los sesenta y un años. Tres días después se reunía con las dos mujeres heridas en el atentado. Mehmet Alí Agca fue condenado a cadena perpetua sin revisión de condena. Agca acusó a los servicios secretos búlgaros, turcos y soviéticos de estar detrás del atentado.

El segundo atentado contra Juàn Pablo II sucedió exactamente cuando se cumplían dos años del primero. En esta ocasión Juan Pablo II se disponía a visitar el santuario de Fátima, cuando entre la multitud apareció el sacerdote español Juan Fernández Khron, blandiendo un cuchillo y gritando: «Muera el Concilio Vaticano II». Dos miembros de la guardia suiza que iban vestidos de paisano y dos agentes de la policía portuguesa consiguieron reducirlo sin que llegase si quiera a acercarse al Papa. Fernández Khron fue interrogado y confesó ser un seguidor del obispo integrista francés monseñor Marcel Lefevre.

El tercer atentado, aunque muchas fuentes no lo definen como tal, sucedió durante un viaje del papa Juan Pablo II a

Corea del Sur. Cuando el Pontífice circulaba por una calle de Seúl a escasa velocidad en el interior del llamado «papamóvil», y cuyos cristales son blindados, un joven estudiante llamado I Chung-Kyo consiguió saltarse los cordones policiales coreanos y de la escolta papal. El joven portaba una pistola en su mano mientras gritaba: «Larga Vida». Dos soldados de la guardia suiza, con ayuda de agentes coreanos, consiguieron reducirlo y detenerlo. Durante el interrogatorio, I Chung-Kyo mostró claros síntomas de inestabilidad mental. El arma que portaba era de plástico.

¿Quién fue el primero en dar asistencia al papa Juan Pablo II tras el atentado que sufrió en la plaza de San Pedro en 1981?

El sacerdote polaco Estanislao Dziwisz. Este religioso ha desarrollado toda su carrera eclesiástica como secretario personal de Karol Wojtyla. Desde que el cardenal polaco fue nombrado Papa en 1978, Estanislao Dziwisz ejerció el cargo de oficial capellán del Santo Padre. A Dziwisz se le conocía en el Vaticano como la «sombra del Papa», ya que nunca se separaba de él, ni en sus apariciones públicas ni en sus viajes.

El padre Dziwisz es la persona que aparece en la famosa fotografía, justo segundos después del atentado, sujetando al Santo Padre herido por las balas de Alí Agca en el coche pontificio. Fue incluso el propio padre Estanislao quien le impartió en el coche la extramaución a Juan Pablo II ante la gravedad de las heridas y por petición expresa del Papa. En 1985 el padre Estanislao Dziwisz fue ascendido a «prelado de honor» del Santo Padre.

¿Cuál fue la primera encíclica hecha pública por Juan Pablo II?

Redemptor Hominis (El Redentor del Hombre). Promulgada el 4 de marzo de 1979, Juan Pablo II marcaba la que iba a ser la línea a seguir en su pontificado. En uno de sus párrafos, el nuevo Papa se comprometía a seguir los dictámenes del Concilio Vaticano II, así como las ideas llevadas a cabo por el papa Juan XXIII y Pablo VI con respecto a una clara reforma, no solo de la Iglesia católica sino también en el propio seno vaticano.

¿Qué Papa dio una nueva oportunidad al científico y astrónomo Galileo Galilei?

Juan Pablo II decidió en 1979 exculpar 349 años después a Galileo, tras una ceremonia celebrada en la sala 6 del Museo de Historia de la Ciencia de Florencia, donde se encuentran diversos objetos que pertenecieron al astrónomo, incluido uno de sus dedos. El papa Urbano VIII (6 agosto de 1623-29 julio 1644) había decidido condenar al científico por asegurar este que la Tierra giraba alrededor del Sol, tesis contraria a la doctrina de la Iglesia católica. Esta afirmación supuso que el papa Urbano lo condenase a vivir sus últimos nueve años de vida sin salir de su propia casa. En el Archivo Secreto Vaticano, y desclasificado hoy en día por orden del papa Juan Pablo II, se encuentra el documento de su juicio ante la Santa Inquisición, en donde Galileo se desdice en sus teorías, pero al final del documento el científico agrega: «... *Eppure si mueve*» (sin embargo, se mueve). En mayo de 1983 doscientos científicos, entre ellos treinta y tres premios Nobel, asistieron junto a veintidós cardenales a una audiencia en la llamada Sala Regia del Palacio Apostólico. Allí, Juan Pablo II reconocía públicamente y ante el mundo el error de la Iglesia al condenar a un hombre como Galileo.

¿De qué teatro clandestino formó parte Karol Wojtyla?

Del llamado Estudio 38. El grupo teatral se había fundado en una Polonia a punto de entrar en la Segunda Guerra Mundial. Tras la ocupación de Polonia por las tropas del Tercer Reich en septiembre de 1939, las nuevas autoridades prohibieron cualquier manifestación cultural. El Estudio 38 se convirtió en el nuevo Teatro Clandestino de Cracovia. Durante toda la guerra la compañía teatral realizaba funciones clandestinas en cualquier lugar de Cracovia; podía servir un sótano en pleno bombardeo o la sacristía de la catedral de Cracovia.

¿Qué órgano del Vaticano mandó crear Juan Pablo II debido a su afición por el cine y por películas como Las sandalias del pescador o El cardenal?

En 1983, y por orden del papa Juan Pablo II, se creó en el Vaticano un departamento de producciones cinematográficas. El nuevo departamento, bajo control de un obispo, tendría la labor de estudiar posibles ayudas económicas a aquellas producciones que mostrasen una buena imagen de la Iglesia católica o simplemente tramitar las autorizaciones que pudiesen pedir compañías cinematográficas con deseos de filmar dentro de los muros vaticanos. Desde este mismo año se desconoce si este departamento ha coproducido alguna producción cinematográfica o si ha concedido algún permiso de rodaje en la Ciudad-Estado del Vaticano.

¿Qué película vió en dos ocasiones el papa Juan Pablo II?

El exorcista, dirigida por William Friedkin y protagonizada por Max Von Sydow y Linda Blair y basada en el libro escrito por William Peter Blatty. La adaptación cinematográfica la vio en dos ocasiones seguidas.

¿Qué hacía Juan Pablo II con los regalos que le ofrecían?

Desde 1978 en que asumió el pontificado, Juan Pablo II distribuía los regalos que le hacían entre familias de escasos recursos económicos. Desde cámaras de vídeo o fotografía a juegos de vasos o posavasos. Los objetos de arte eran analizados para destacar su valor. Si la pieza de arte era importante, pasaba al departamento responsable de obras de arte del Vaticano. Si no era importante, la pieza podía cabar en la «Florería» o en la casa de algún religioso en cualquier lugar del mundo.

¿Quién responde realmente al nombre de autor teatral Andrzej Jawien?

Juan Pablo II, y utilizaba este nombre como seudónimo para escribir obras teatrales. En 1960 publicó la obra *El ta-*

ller del orfebre que se estrenó en un teatro de Londres y fue adaptada para la televisión por la BBC y protagonizada por el actor Burt Lancaster.

¿Quién escribió la obra teatral *Hermano de Nuestro Dios*?

Karol Wojtyla. La escribió en los años cuarenta y relata la vida de Adam Chmielowski. Este sacerdote polaco, que había luchado contra los rusos en 1863, se dedicó al arte con mucho éxito. En poco tiempo se hizo con una buena fortuna de la que renegó para convertirse en fray Alberto. Con el dinero fundó albergues para pobres. Al final del texto, Adam Chmielowski mantiene una dura confrontación dialéctica con Lenin. En 1989, ya como Juan Pablo II, el Papa beatificó a fray Alberto (Adam Chmielowski).

¿Qué obra de teatro escribió Wojtyla cuando era obispo?

El taller del orfebre. Según el propio Juan Pablo II, la obra teatral en tres actos era un estudio sobre el matrimonio y que en algún momento este se convierte en un drama. En el primer acto aparece el noviazgo y el matrimonio de Teresa y Andrés, y este muere en la guerra germano-polaca, cuando su hijo Cristóbal esta a punto de nacer; en el segundo acto se muestra el amor fracasado entre Ana y Esteban y la relación con su hija Mónica; en el tercer acto se muestra a Cristóbal y Mónica, hijos de los matrimonios aparecidos en el primer y segundo acto, que se conocen y se casan. Su amor estará siempre supeditado a la historia vivida por sus respectivos padres. Durante toda la obra la figura de un anciano orfebre aparecerá como nexo de unión entre los personajes de la obra. Según los críticos, el orfebre era nada más y nada menos que Dios, a quien le consultan diversos temas los personajes de la obra.

¿Dónde está una de las balas que extrajeron a Juan Pablo II tras el atentado que sufrió en la plaza de San Pedro en 1981?

En Portugal. Una de las balas de calibre 9 mm que el terrorista turco Alí Agca disparó contra el papa Juan Pablo II se encuentra en el relicario de Nuestra Señora de Fátima. Durante su recuperación en el hospital, el Pontífice ordenó a dos miembros de la Santa Alianza, el espionaje vaticano, que llevasen el proyectil a Fátima para que quedase incluido en el relicario. Juan Pablo II mostraba así su agradecimiento a la Virgen de Fátima, a la que había estado rezando durante toda su recuperación. Hoy puede verse en una urna de cristal el proyectil aplastado.

¿Qué Papa ha sido el que más idiomas ha hablado?

Juan Pablo II. Hablaba polaco (su lengua materna), italiano, inglés, francés, alemán y español. Dominaba el latín y se defendía en japonés y tagalo.

¿Qué deporte le gustaba seguir al Papa por la televisión?

El fútbol. En más de una ocasión atrasó o adelantó un acto para que no coincidiese con un encuentro de fútbol importante emitido por la televisión. No se perdía un solo encuentro de la selección nacional de Polonia; incluso si no podía verlo, pedía que se lo grabaran y se lo enviaran al Vaticano. Estaba prohibido decirle el resultado antes de que el Santo Padre viera el partido.

¿Qué coche sacó a subasta el papa Juan Pablo II siendo ya Pontífice?

Un Ford Escort del año 1975 con 32.000 kilómetros. El coche fue subastado en 1978 por la empresa Kruse International. Un comprador anónimo pagó por el vehículo 102.000 dólares norteamericanos que fueron destinados a un orfanato de Polonia. El mismo papa Juan Pablo II hizo entrega de las llaves al nuevo propietario en el Vaticano. El lote, aparte del vehículo, incluía un *tour* por el Vaticano para el comprador y su familia y una cruz bendecida por el mismo Papa.

¿Cuáles son las salas vaticanas que más le gustaban al papa Juan Pablo II?

Las llamadas Estancias de Rafael o *Stanze di Raffaello*. Tras la Capilla Sixtina, son las Estancias de Rafael las de mayor valor artístico. Compuestas por cuatro habitaciones situadas en la segunda planta del Palacio Apostólico, al

Papa le gustaba pasar largas horas admirando los frescos. Rafael, o Raffaello Sanzio, fue uno de los más grandes artistas de su tiempo, cuya gloria comenzó en 1508 cuando el papa Julio II le encargó la decoración de sus habitaciones privadas. Para dejar sitio a Rafael tuvieron antes que cubrirse obras de otros artistas como Piero della Francesca, Luca Signorelli o Baldasare Peruzzi. Rafael se autorretrató en *La Escuela de Atenas*, justo detrás del pintor Sodoma, vestido de blanco. Rafael aparece asomando la cabeza a la derecha.

¿Qué fue lo primero que pidió Juan Pablo II cuando llegó por primera vez a sus aposentos nada más ser elegido Papa?

Que retocasen su baño privado, donde colocaron unas enormes asas de hierro a las que sujetarse, poner receptores de televisión en todos sus aposentos y que le instalasen una pequeña sala de cine para proyectar películas.

¿Qué medidas de seguridad se adoptaron tras el atentado que sufrió el papa Juan Pablo II en la plaza de San Pedro en la tarde del 13 de mayo de 1981?

Las fuerzas de seguridad del Vaticano instalaron cristales antibala rodeando toda la terraza privada del Papa. También se colocó un cristal blindado en la ventana del tercer piso, adonde solía asomarse para dar la bendición a los fieles que se reunían en la plaza de San Pedro. Esto último era para evitar un atentado de un posible francotirador.

¿Qué texto pidió Juan Pablo II que se revisase en 1999?

El texto de la Iglesia para el rito de exorcismo y que no había vuelto a tocarse desde que fue establecido por el papa Pablo V (16 de mayo de 1605-28 de enero de 1621) en 1614. El texto completo del ritual hasta entonces abarcaba 84 páginas a un solo espacio hasta que en 1999 Juan Pablo II decidió que fuese resumido.

¿Qué personaje fue defendido personalmente por el papa Juan Pablo II en su proceso de beatificación ante la Congregación para la Causa de los Santos?

A Eugenio Bossilkov. El obispo dirigía la diócesis de Niccopoli, en Bulgaria. En 1952 el Gobierno comunista detuvo a Bossilkov y le exigió que apoyase públicamente ante los fieles católicos búlgaros una especie de Iglesia patriótica, cuya prioridad de lealtad debía ser al Gobierno comunista de Sofia y no a Dios. Monseñor Bossilkov fue trasladado a una prisión clandestina y ejecutado de un tiro en la nuca por negarse a apoyarla. Fue en 1985 cuando el Gobierno búlgaro reconoció la ejecución, ya que hasta entonces el nombre de monseñor Bossilkov aparecía en la lista de desaparecidos. El 15 de marzo de 1998 el obispo búlgaro fue canonizado por Juan Pablo II. Como respuesta a la beatificación, el diario oficial de los ex comunistas, el llamado Partido Socialista Búlgaro, publicó un reportaje en un periódico en el que se acusaba al obispo Eugenio Bossilkov de ser agente del espionaje francés y de la Santa Alianza, cosa que fue negada categóricamente por el Vaticano.

¿Qué problema resolvió el papa Juan Pablo II en la Orden fundada por Santa Teresa de Jesús?

En la Orden del Carmelo Descalzo fundada por Santa Teresa de Jesús se produjo una escisión importante tras el Concilio Vaticano II, cuando este decidió derogar sus códigos de conducta fundacional. La Orden del Carmelo Descalzo basaba su código de conducta en las Constituciones de Alcalá de 1581. Las Constituciones establecían un régimen muy estricto de vida contemplativa. En 1977 Pablo VI pidió una revisión, que estuvo a punto de provocar la división de la Orden en dos posiciones distintas: por un lado, las que defendían la vida contemplativa, es decir, las tradicionalistas, y por otro, las que querían una mayor apertura, es decir, las reformistas. En el mes de noviembre de 1991, por fin, Juan Pablo II decretó la posibilidad de llevar dos tipos de vida religiosa, pero dentro de una sola Orden del Carmelo Descalzo. A pesar de mantener una posición neutral aparente, el Papa canonizó a la priora que lideró la revuelta tradicionalista, conocida como la madre Maravillas. Las Constituciones de Alcalá de 1581 permanecen vigentes hoy en día en las trece comunidades carmelitas que la madre Maravillas fundó.

¿Qué estamento fundó en Roma Juan Pablo II y es actualmente dirigido por las Misioneras de la Caridad de la madre Teresa de Calcuta?

El *Dono di Maria* (Don de María). Este albergue fue fundado el 21 de mayo de 1988 por el propio papa Juan Pablo II para atender a los más necesitados. Para ello decretó que el albergue del *Dono di Maria* fuese regido por las monjas de la madre Teresa de Calcuta. Realmente la fundación del *Dono di Maria* era la respuesta a la encíclica *Sollicitudo Rei Socialis,* en donde el Papa destacaba la obligación moral de la Iglesia de vender su rico patrimonio para, con ese dinero, mitigar el dolor de los más necesitados. De aquella encíclica tan solo salió el albergue del *Dono di Maria* y que únicamente da asistencia a doscientos necesitados de Roma.

¿Qué paso dio Juan Pablo II para acabar con el cisma provocado por el polémico arzobispo francés, monseñor Marcel Lefevre?

Ordenó en 1988 la creación de la llamada Comisión *Ecclesia Dei.* Esta Comisión tenía como labor el acercamiento entre el Vaticano y la Fraternidad Sacerdotal San Pío X, congregación cismática de Lefevre. Este obispo francés, nacido en el año 1905, sacerdote desde 1929 y arzobispo desde 1947, llegó a desempeñar la presidencia de la Conferencia Episcopal del África francófona. Curiosamente, a pesar de que Lefevre había participado como experto en la comisión preparatoria del Concilio Vaticano II, sus resoluciones finales hicieron que el arzobispo francés se convirtiera en un acérrimo enemigo de estas. Esto lo llevó primero a la desobediencia a los preceptos del Vaticano y después a la desobediencia al Pontífice. Durante el pontificado de Pablo VI (21 de junio de 1963-6 de agosto de 1978), Marcel Lefevre fundó en 1968 una llamada Fraternidad Sacerdotal de San Pío X que defendían a ultranza las normas más conservadoras de la Iglesia. Poco después fundó un seminario, para formar a sus sacerdotes sin permiso del Vaticano, en la ciudad suiza de Ecône.

En el año 1980, con Juan Pablo II en el Trono de Pedro, monseñor Lefevre fundó en la capital francesa una Universidad Católica de claro signo integrista. El papa Wojtyla, que llevaba tan solo dos años como Papa, permitió a Lefevre celebrar la misa en latín y de espaldas a los fieles, dos puntos que fueron retocados por el Concilio Vaticano II. Lefevre no solo no quiso hacer caso a los acercamientos que intentaba el Vaticano, sino que en junio de 1988 el arzobispo rebelde ordenó obispos a cuatro sacerdotes. A Lefevre se le aplicó la norma de excomunión marcada por el Código de Derecho Canónico, así como a los cuatro nuevos obispos, Alfonso de Galarreta, Richard A. Williamson, Bernard Fellay y Bernard Tissier. El 2 de julio de 1988 Juan Pablo II constituyó la Comisión *Ecclesia Dei* formada por representantes papales y de la Fraternidad de San Pío X con el fin de abrir los brazos a los seguidores de Lefevre y acabar de una vez por todas con el cisma, algo que hasta el momento no ha sido posible. Marcel Lefevre murió en 1991 en Suiza sin ceder un ápice en su postura integrista. Aún hoy, el arzobispo francés es conocido como el mayor enemigo del Concilio Vaticano II.

¿Qué órgano del Estado Vaticano se ocupa de las buenas relaciones con otras religiones?

El Consejo para el Diálogo Interreligioso, fundado por el papa Juan Pablo II en 1988. Hasta ese momento, y desde 1964, las relaciones con otras religiones eran dirigidas por una pequeña subsecretaría para los «No Cristianos». Juan Pablo II ordenó, dentro del Consejo para el Diálogo Interreligioso, la creación de dos comisiones para las Relaciones con los Musulmanes y para las Relaciones con los Judíos.

¿El Consejo para el Diálogo Interreligioso se ocupa de las religiones anglicana, luterana y ortodoxa?

No. Para estas religiones el papa Juan XXIII ordenó la creación del llamado Consejo para la Unidad de los Cristianos en 1960. El Pontífice otorgó plenos poderes al secretario del nuevo Consejo, con el fin de unir decisiones entre las Iglesias escindidas. En 1974, bajo el pontificado del papa Pablo VI (21 de junio de 1963-6 de agosto de 1978), se extendieron los poderes del Consejo para la Unidad de los Cristianos a la religión judía, hasta que el papa Juan Pablo II dirigió esta tarea hacia el Consejo para el Diálogo Interreligioso, órgano encargado de esta competencia con respecto a la religión hebrea.

¿Qué libro publicó Juan Pablo II en 1996?

Su autobiografía, titulada *Don y Misterio*. Redactada en primera persona, Karol Wojtyla relataba detalles de su niñez y juventud, y explicaba cómo a través de las desgracias vividas por él lo llevaron al sacerdocio. En el libro hacía un listado de las personas que más influyeron en él, como el catequista Jan Tyranowski o el arzobispo de Cracovia Adam Sapieha.

¿Cómo defendía Juan Pablo II el sistema capitalista frente al fracasado sistema comunista?

En la encíclica *Centesimus Annus,* promulgada el 1 de mayo de 1991. El derrumbe del sistema comunista dos años antes, obligaba al Vaticano a presentar una nueva cuestión, como era el sistema socioeconómico en Europa. La cuestión planteada era si ante el derrumbe del sistema económico comunista debería ser el sistema capitalista el más apto para sustituir al anterior. La encíclica *Centesimus Annus* mostraba tres puntos claros con respecto al capitalismo: el puramente económico, el político y el cultural. Con respecto al capitalismo, Juan Pablo II estaba de acuerdo en reconocer su supremacía mundial de forma exclusiva, lo que podría provocar muchos defectos sin ser subsanados. El problema surgía, según explicaba Wojtyla, cuando el capitalismo se desarrolla en plena libertad y democracia, provocando la falta de controles o reparos éticos. Juan Pablo II ofrecía la necesidad de un desarrollo capitalista con un control ético a través de la moral católica como forma de favorecer a los más necesitados.

¿Qué fundación creada por Juan Pablo II tiene su sede en Burkina Faso?

La Fundación Juan Pablo II para el Sahel. La sede central de la Fundación está en la ciudad de Uagadugu, capital de Burkina Faso. Creada por el papa Juan Pablo II el 29 de febrero de 1984, la labor de la Fundación es financiar programas para la preparación de técnicos que luchen contra la desertización que afecta a varios países africanos como la propia Burkina Faso, Chad, Gambia, Malí, Níger o Senegal, entre otros. La idea de esta fundación le surgió al Sumo Pontífice cuando en 1980 hizo escala en Burkina Faso durante un viaje pastoral por diferentes países africanos. El consejo consultivo de la Fundación está formado por especialistas del sector, un miembro del Vaticano, que hace de delegado papal, y los representantes de los episcopados de cada país involucrado.

¿Qué posición polémica tomó Juan Pablo II ante la desmembración de la antigua República Federal de Yugoslavia?

Los conflictos interétnicos vividos en 1991 dentro de Yugoslavia entre serbios, croatas y musulmanes provocó la ruptura del país. Pronto el factor religioso se hizo patente entre los bandos contendientes. La católica Eslovenia se declaró independiente de la serbia Yugoslavia ortodoxa. Poco después, e intentando seguir el camino trazado por Eslovenia, la también católica Croacia se declaró independiente. Esta vez Serbia no estaba dispuesta a dejar escapar a una zona tan rica como Croacia. El 13 de enero de 1992 Juan Pablo II lanzó a la diplomacia vaticana a reconocer a los Estados católicos de Eslovenia y Croacia. El Estado Vaticano se convertía en uno de los primeros países extranjeros en reconocer a las nuevas naciones europeas. Políticos y diplomáticos de Europa y Estados Unidos criticaron este hecho, reconociendo que el Vaticano debía haber esperado a una decisión consensuada de la comunidad internacional. La guerra desatada entre Serbia y Croacia se convirtió más en una cuestión de religión que territorial o política. Las autoridades eclesiásticas serbias criticaron desde entonces el apoyo tácito del Vaticano y su diplomacia y la de Juan Pablo II de forma explícita a la causa católica croata y eslovena. En 1993 se convirtió en boicot al Papa cuando este convocó en Asís una oración por «la paz mundial». Los patriarcas ortodoxos de Belgrado y Constantinopla se negaron a asistir.

¿Cómo era una jornada del papa Juan Pablo II cuando no tenía que ser cambiada por motivos de un viaje pastoral o de salud?

5.30 de la mañana. El Sumo Pontífice se despertaba.

5.40. Primera oración matinal en la capilla situada al lado de su dormitorio.

7.00. Impartía misa en su capilla privada en polaco a la que tan solo asistían las dos religiosas de nacionalidad polaca que le asistían y su ayudante, el sacerdote y prelado de honor pontificio, Estanislao Dziwisz. Esta misa era también impartida en italiano si había invitados no polacos.

7.30. Conversación con los asistentes a la misa en su biblioteca privada.

8.00. Desayuno.

8.45. Trabajo en su despacho, en donde mantenía encuentros con el secretario de Estado del Vaticano y con el responsable del Gobernatorio de la Ciudad-Estado del Vaticano.

11.00. Audiencias privadas. El Papa entregaba un rosario o una colección de sus encíclicas bellamente encuadernadas a los visitantes.

12.00. Oración del *Angelus*. Si era domingo, se asomaba balcón de la plaza de San Pedro para bendecir a los congregados.

13.45. Regresaba a sus habitaciones privadas y realizaba una oración en su capilla privada.

14.00. Comía, bien con sus invitados, colaboradores o en soledad.

15.30. Desde el atentado en la plaza de San Pedro, Juan Pablo II descansaba media hora en su propio dormitorio.

16.00. Daba un corto paseo por el jardín situado en la azotea del Palacio Apostólico. Durante este paseo se dedicaba a leer.

18.30. Reuniones y encuentros con altos miembros de la curia romana en su despacho. También mantenía reuniones con los cardenales responsables de las Congregaciones, Comisiones y Consejos Pontificios.

20.00. Cenaba, bien con invitados, bien con sus más estrechos colaboradores o en soledad. Si cena con sus colaboradores o en solitario, le gustaba hacerlo con la televisión encendida en donde seguía las noticias.

21.00. Regresaba a su despacho, en donde revisaba y firmaba documentos. Le gustaba hacerlo con música de fondo, por regla general sacra o clásica. A esta hora prefería que no lo molestaran.

22.45. Realizaba una última oración en su capilla privada.

23.00. Se retiraba para dormir. Dormía unas seis horas y media por día.

¿A quién le declaró la guerra el papa Juan Pablo II en 1993?

A la mafia. Algunos estudiosos datan el origen de la primera organización mafiosa en el siglo XVI. En esa época aparecieron en Italia pequeños grupos organizados conocidos como los *Protectores,* que imponían su favor a ricos comerciantes y terratenientes a cambio de fuertes sumas de dinero. Es en el siglo XVIII y principios del XIX cuando surge la palabra *Mafia.* Una de esas leyendas cuenta que una joven siciliana a punto de contraer matrimonio fue violada por soldados franceses. Para lavar tal afrenta, un numeroso grupo de sicilianos se levantó en armas contra los soldados de Napoleón Bonaparte, al grito de *Morte A la Francia, Italia Anela,* y cuyas siglas formaban la palabra *Mafia.* La segunda versión relata el mismo acto contra la joven siciliana, solo que esta cuenta que la madre, al enterarse de la violación sufrida por su hija, salió a las calles de Sicilia gritando *Ma fia, ma fia* (Mi hija, mi hija) en el dialecto del lugar, lo que provocó el levantamiento en armas de los sicilianos contra los franceses en una especie de *vendetta* sangrienta. Desde hacía años el alcalde de Palermo, Leoluca Orlando, y el arzobispo de Palermo, Salvatore Pappalardo, habían declarado la guerra a la *Cosa Nostra.* Uno de los principales apoyos a esta guerra fue la del papa Juan Pablo II. En el mes de mayo de 1993 el Papa visitó Sicilia, en donde ante miles de fieles dijo: «No matéis. Ningún hombre, ninguna asociación humana, ninguna mafia puede cambiar o vulnerar este derecho santísimo de Dios». La mafia contraatacó al año siguiente colocando dos coches-bomba en las iglesias romanas de San Juan de Letrán y San Jorge. El Papa visitó a los heridos con cámaras de televisión. Tras la visita volvió a atacar a una organización, la Mafia, cuyos miembros, después de asesinar, van a confesarse. Juan Pablo II dijo: «Ellos (los mafiosos) son falsos cristianos».

¿Qué golpe sufrió el papa Juan Pablo II y la llamada «Teología de la Liberación» en 1989?

La matanza de jesuitas en la Universidad Centroamericana (UCA) de El Salvador el 16 de noviembre de 1989. Una unidad paramilitar entró por la noche en la sede de la Universidad y torturaron y ejecutaron al rector, el jesuita Ignacio Ellacuría, a los también jesuitas Armando López, Juan Ramón Moreno, Ignacio Martín-Baró, Joaquín López y Segundo Montes. También serían asesinadas Elba Julia Ramos, la cocinera de la UCA, y su hija de quince años, Celina. Los responsables de la matanza, el coronel Guillermo Benavides y el teniente Mendoza, que dirigió el grupo, fueron condenados a treinta años. Sin embargo, en 1992 ambos fueron amnistiados y puestos en libertad tras acogerse a la ley de «reconciliación por decreto» que puso fin a la guerra civil.

¿Qué oración por la paz mundial organizó el papa Juan Pablo II?

La Oración de Asís, celebrada el 27 de octubre de 1986. Organizada por el papa Juan Pablo II en la ciudad italiana de Asís, se convocó a ciento setenta representantes de las doce principales religiones del mundo, setenta y uno de los cuales no pertenecían a ninguna religión cristiana. Aquel día en Asís oraron juntos por la paz mundial hindúes y sijs, musulmanes y judíos, católicos y protestantes.

El mayor éxito de esta convocatoria fue haber conseguido un «alto al fuego» de veinticuatro horas en las más de cuarenta naciones en las que se vivía algún conflicto bélico. El triunfo de esta *Oración de Asís* hizo que nuevamente el papa Juan Pablo II volviese a convocar una nueva oración esta vez por la paz en los Balcanes. A la Oración de Asís celebrada el 9 de enero de 1993 no asistieron los representantes de la Iglesia ortodoxa debido al papel jugado por la diplomacia vaticana al reconocer como Estados independientes a las católicas Eslovenia y Croacia.

¿Qué conflicto se generó entre el mismísimo papa Juan Pablo II y la Congregación de los Paulinos por el control de un gigante de la comunicación?

El hecho tuvo lugar entre 1997 y 1998. La Congregación, fundada en Italia por el sacerdote Alberione, había construido de la nada uno de los mayores grupos multimedia de Italia y uno de los de mayor volumen de negocio de toda Europa. El grupo lleva el nombre de «San Pablo». La principal cabecera del grupo es el semanario *Famiglia Cristiana,* dedicada a información religiosa, con una tirada cercana al millón de ejemplares y una difusión próxima a los tres millones y medio de lectores. El *holding* tiene casi setecientos empleados que trabajan en revistas infantiles, juveniles, culturales, productora de vídeos de enseñanza de idiomas, la cadena de radio Novaradio y la cadena de televisión Telenova. La facturación total del grupo en el año 2002 rondaba los 220 millones de euros. El conflicto comenzó cuando el padre Zega, ex director de *Famiglia Cristiana*, se hizo con las riendas del grupo y comenzó a profesionalizarlo con periodistas llegados desde todos los sectores. Leonardo Zega recibió diversas protestas oficiales desde la Secretaría de Estado Vaticano, debido a que en algunos artículos criticaban decisiones adoptadas por el

Papa. A finales de 1997 Leonardo Zega quiso dar un golpe de timón e intentó conseguir la independencia del *holding* San Pablo del control de los paulinos. Fue entonces cuando entraría en escena el papa Juan Pablo II, que decidió cesar a todos los dirigentes de la Congregación y nombró al obispo Antonio Buoncristiani como su representante especial para restaurar el orden. El Papa convocó a los nuevos dirigentes en el Vaticano y les recordó que uno de los puntos fundamentales de los Paulinos era la «obediencia y fidelidad al Sumo Pontífice». De esta forma, Juan Pablo II restauró el orden en la Congregación.

¿Qué provocó una severa protesta del papa Juan Pablo II al Gobierno comunista de Varsovia?

El 19 de octubre de 1984 una unidad de la policía secreta del Gobierno comunista de Polonia secuestró al sacerdote Jerzy Popieluszko. El sacerdote había decidido congregar a los fieles mediante las llamadas misas por la Patria lanzando consignas contra el régimen comunista. El sindicato Solidaridad, liderado por Lech Walesa, había sido ilegalizado tras la declaración de «estado de guerra». Popieluszko, a pesar de las advertencias de las autoridades de Polonia, denunciaba cada día la violación de los derechos humanos, políticos y, en especial, los sindicales. En 1983 el Gobierno de Varsovia envió al cardenal primado Jozef Glemp una advertencia sobre Popieluszko. Semanas después y en mitad de una calle el sacerdote fue detenido pero puesto en libertad gracias a la mediación de Glemp. El 19 de septiembre de 1984 el portavoz del Gobierno comunista, Jerzy Urban, denunció al sacerdote y prohibió las llamadas «misas por la Patria». Jerzy Popieluszko fue detenido por un escuadrón de la muerte el 19 de octubre del mismo año. El sacerdote fue torturado y ejecutado, y su cuerpo apareció en un contenedor de basura. La Iglesia de Polonia y el papa Juan Pablo II presentaron una enérgica protesta contra el asesinato del padre Popieluszko.

¿Dónde celebró misa por vez primera el joven sacerdote Karol Wojtyla?

Fue el 6 de noviembre de 1946, un día después de ser ordenado sacerdote. El lugar elegido fue la Cripta de San Leonardo, en la catedral de Cracovia. En aquella pequeña capilla eran coronados los reyes de Polonia y allí mismo eran sepultados. La misa se centró en los difuntos honorables de Polonia y en memoria de los difuntos de los allí reunidos, incluidos los miembros de la familia de Wojtyla fallecidos hasta aquel momento.

¿De que se trataba la llamada «Profecía sobre Wojtyla»?

En 1832 el pueblo polaco presintió, como una prueba de fe, el apoyo del papa Gregorio XVI (2 de febrero de 1831-1 de junio de 1846) al zar de Rusia en sus ansias expansionistas sobre Polonia. En ese mismo año el escritor y poeta polaco Juliusz Slowacki escribió ante tal hecho unos simples versos y que se convertiría en profecía ciento cuarenta y seis años después.

¿Cómo era el texto de la profecía de Juliusz Slowacki?

El texto manifestaba lo siguiente: «Entre las contiendas, el Señor tañirá sus campanas y preparará un trono para un Papa eslavo. Un Pontífice que no retrocederá ante las espadas como han hecho los papas italianos. Con la audacia que Dios da, se enfrentará al enemigo. Para él el mundo es polvo. Su faz, por la palabra, brilla cual faro para sus servidores y tras él irán hacia la luz de Dios multitud de creyentes. Por sus plegarias y sus mandatos no solo el pueblo, sino también el Sol obedecerá. Ya se acerca el que infundirá nuevas fuerzas al mundo: quedará detenida la sangre de nuestras venas a los corazones, en su movimiento imperceptible, llega la luz divina. Hará realidad su propio pensamiento. Su fuerza de espíritu es precisa para levantar el mundo del Señor. Y vendrá un Papa eslavo, para el pueblo un hermano. Vuelca bálsamos de luz de nuestros corazones al tiempo que un coro de ángeles desciende para colocar una limpia flor en el trono. Repartirá amor igual que hoy los emperadores distribuyen las armas. Mostrará la fuerza natural tomando el mundo en sus manos. Como un himno al igual que las palomas, sus palabras surcarán el espacio, el cielo se abrirá por ambos lados, porque se puso de pie para formar un mundo mejor y crear un trono. Habiéndose propagado su mensaje, conseguirá hacer hermandad de las naciones y que las almas vayan a su último fin a través de las hogueras de los sacrificios. Le ayudará la fuerza espiritual de las cien naciones, una fuerza sobrenatural visible en la Tierra. Aquí un espíritu así pronto veréis. Primero su sombra, luego su rostro. La podredumbre arrastrará las lacras del mundo, los gusanos, los reptiles. Por el contrario, la salud encenderá el amor y traerá la salvación del mundo. Barrerá el zaguán y limpiará el interior de las Iglesias. Él mostrará a Dios a través de sus criaturas, tan claramente como la luz del día».

¿Cuál fue uno de los mayores caballos de batalla en el interior de la Iglesia católica para el papa Juan Pablo II?

El sacerdocio femenino. Muchos sectores progresistas defendían la posibilidad de que las mujeres pudiesen ejercer el sacerdocio e impartir misa. Las primeras voces en protesta se alzaron en Estados Unidos, pero el Papa las desoyó. En 1994 Juan Pablo II cerró la discusión por completo cuando envió a todos los obispos la carta apostólica *Ordinatio Sacerdotalis*. La mayor protesta contra este documento le llegó al Papa durante una visita de este a Washington. Ante miles de personas que se encontraban en la ceremonia junto Sumo Pontífice, una monja llamada Theresa Kane reclamó para las mujeres el libre acceso al sacerdocio. El sacerdocio femenino ha constituido también uno de los grandes puntos de desencuentro con la Iglesia anglicana.

¿Qué Papa hizo suyo el lema *Totus Tus*?

Juan Pablo II. El lema *Totus Tus* (Todo Tuyo) fue el lema pontificio de Juan Pablo II como compromiso de su entrega a la Virgen María durante todo su gobierno de la Iglesia. Siendo muy joven, Karol Wojtyla descubrió estas palabras en un texto sagrado escrito por San Luis María de Grignon y que decía: *Totus Tus ego sum et omnia Tua sunt. Accipio Te in mea omnia. Praebe mihi cor Tuum, Maria»* (Soy todo tuyo y todos tuyos son. Te siento en toda mi existencia. Muéstrame Tu corazón, María). Cuando Wojtyla fue elegido cardenal, incorporó a su anillo cardenalicio el lema de *Totus Tus*.

¿Cuál era el escudo pontificio de Juan Pablo II y qué portaba en su anillo?

Una cruz amarilla sobre fondo azul. En el ángulo inferior derecho aparece una letra «M» (María). Bajo el escudo aparecía el lema *Totus Tus*.

¿Qué órgano creó Juan Pablo II para evitar una nueva huelga del personal de la Ciudad-Estado del Vaticano?

La ULSA, siglas que significan Ufficio del Lavoro della Santa Sede (Oficina de Asuntos Laborales de la Santa Sede). Fue creada por Juan Pablo II el 25 de enero de 1989, después de que el personal laico de la Santa Sede provocase la primera huelga de toda la historia del Estado Vaticano. La ULSA es una especie de departamento de enlace laboral entre los trabajadores de la Santa Sede y los responsables de contratación del Vaticano. La ULSA funciona asimismo como un órgano de mediación laboral a la que pueden acudir todos los trabajadores del Vaticano a titulo personal o en grupo.

¿Por qué le tenía tanta devoción el papa Juan Pablo II a la Virgen de Fátima?

La portuguesa Virgen de Fátima era venerada por el Sumo Pontífice por muy diversos motivos. En primer lugar, porque Alí Agca, el terrorista turco, atentó contra él cuando se celebraba el día de su festividad (13 de mayo de 1981). En segundo lugar, porque una gruesa medalla de la Virgen de Fátima que llevaba el Papa, y la que siguió llevando deformada, bajo el hábito blanco en el momento del atentado desvió una de las balas que podía haber seccionado la arteria aorta.

¿A qué Virgen rezó Karol Wojtyla como cardenal antes de recluirse en el cónclave en el que saldría elegido Papa?

A la Virgen de Mentorella o Madonna delle Grazie (Virgen de las Gracias). Ubicada en la ciudad de Mentorella, a cuarenta kilómetros al norte de Roma y regida por sacerdotes polacos desde 1857, año en el que el papa Pío IX (16 de junio de 1846-7 de febrero de 1878) les concedió la potestad sobre el santuario. El santuario está ubicado en la zona más alta de un terreno escarpado donde solo se puede ascender a pie. Al cardenal Karol Wojtyla le gustaba visitarlo de vez en cuando para rezar a la Virgen y hablar en polaco con los sacerdotes del santuario. La visita más significativa de Wojtyla se produjo el 14 de octubre de 1978, dos días antes de ser elegido Papa.

¿Tenía hermanos el papa Juan Pablo II?

Sí. Edmund Wojtyla, nacido el 27 de agosto de 1906 en Cracovia. Nada más licenciarse como médico ingresó en el hospital de Bielsko. El 5 de diciembre de 1932, a la edad de veintiséis años, el doctor Wojtyla murió víctima de una epidemia de fiebres escarlatinas. Al parecer, Edmund Wojtyla se había hecho cargo de un grupo de pacientes con escarlatina que no eran atendidos por ningún médico del hospital por miedo a contagiarse.

¿Qué enfermedades sufría Juan Pablo II?

Desde que en 1981 sufriera el atentado en la plaza de San Pedro, la salud del Sumo Pontífice se fue degradando de forma paulatina. Las transfusiones de sangre a las que lo sometieron tras el atentado le provocaron un citomegalovirus. Desde hacía tiempo sufría de mononucleosis, que combatía haciendo mucho deporte. El 15 de julio de 1992 le extirparon a Juan Pablo II la vesícula y un tumor benigno del tamaño de una naranja que tenía adherido al colon. En 1993 sufrió una importante luxación de hombro tras caerse durante una audiencia papal. En abril de 1994 se resbaló en la bañera y se rompió el fémur derecho, por lo que se le implantó una prótesis de titanio en la cadera, y desde entonces se apoyaba en un bastón para caminar. El 25 de noviembre de 1995 sufrió un proceso gripal grave que lo llevó casi a una pulmonía. El 7 de octubre de 1996 volvió a ser sometido a intervención quirúrgica en el intestino, de donde se le extirparon «pequeñas adherencias». Pero la enfermedad más grave que padecía desde enero de 1999, cuando contaba setenta y un años de edad, era el llamado Parkinson puro. Esta enfermedad neurodegenerativa lo dejó cada vez más postrado. Entre 1994 y 1995 Juan Pablo II sufrió tres caídas que los neurólogos achacaban a la pérdida de reflejos posturales característica de la enfermedad de Parkinson. En los últimos años el Papa dio signos de otros síntomas típicos del Parkinson puro como la *bradicinesia* (movimientos cada vez más lentos), la *hipertonía* (tensión excesiva en los músculos), que le producían una rigidez extrema, la mirada furtiva debido a la parálisis de los párpados, la lentitud de los globos oculares (conocida como Mirada de Reptil), desaparición de la expresión facial, *sialorrea* (caída de la saliva por falta de reflejos labiolinguales), *cifosis* (encorvamiento del tronco), cabeza desplomada sobre el pecho, incapacidad para andar y progresiva dificultad para hablar. Según los expertos, aunque el Papa no falleciera víctima del Parkinson puro, ya que esta no ataca a órganos vitales, sí era posible que falleciera de un infarto o una hemorragia cerebral producida por la arteriosclerosis que padecía el Santo Padre.

¿De qué lo acusaban los críticos al papa Juan Pablo II y a su pontificado?

De ser un Papa autoritario; de no haber escuchado las llamadas insistentes de una buena parte del clero de democratizar la Iglesia católica; por su inmovilismo absoluto en cambios que exigían gran parte de las sociedades católicas, como el sacerdocio femenino o la aceptación de sacerdotes casados.

¿En cuántas ocasiones viajó el papa Juan Pablo II a España?

En 1982, 1984, 1989, 1993 y 2003. En su primer viaje Juan Pablo II visitó diecinueve ciudades, dio cincuenta y siete discursos, y su viaje fue seguido por cerca de diez millones de personas.

¿Por qué tuvo el papa Juan Pablo II que suspender su primer viaje programado a España?

El papa Juan Pablo II tenía previsto visitar España por vez primera en 1981, pero los acontecimientos políticos derivados del golpe de Estado del 23 de febrero hicieron que fuese suspendido hasta el año siguiente, cuando ya gobernaba el Partido Socialista Obrero Español con mayoría en el Congreso de los Diputados.

¿Cómo se definiría el pontificado de Juan Pablo II en cifras?

Se podría definir por los siguientes hechos: 102 viajes; 129 naciones visitadas; 697 ciudades visitadas; 1.200.000 kilómetros recorridos; 578 días de viaje; 143 viajes realizados dentro del territorio de la República Italiana; 703 jefes de Estado y de Gobierno con los que se ha entrevistado; 226 primeros ministros recibidos en audiencia; 1.060 audiencias públicas celebradas en el Vaticano; 14 encíclicas publicadas; 14 exhortaciones apostólicas; 42 cartas apostólicas; 11 constituciones apostólicas; 1.318 beatos proclamados; 49 ceremonias de canonización; 476 santos; 8 consistorios convocados para el nombramiento de 201 nuevos cardenales; 321 obispos ordenados; 2.125 sacerdotes ordenados; 6 reuniones plenarias del Colegio Cardenalicio; 6 Sínodos de Obispos ordinarios; 1 Sínodo de Obispos extraordinario; 7 Asambleas Especiales de Obispos; 1 Sínodo de Obispos particular.

¿Cuándo falleció Juan Pablo II y quién anunció su muerte al mundo?

El sábado 2 de abril de 2005, a las 21:37 horas. Anunció su muerte el cardenal Leonardo Sandri, al filo de las 21:55 del sábado 2 de abril de 2005, justo 18 minutos después de certificar su fallecimiento.

¿Qué normativa entró en vigor una vez certificada su muerte por el cardenal camarlengo?

La *Universi Dominici Gregis*, promulgada por Juan Pablo II el 22 de febrero de 1996. En esta Constitución Apostólica se especificaban las normas y los ritos a seguir una vez fallecido el Sumo Pontífice.

¿Cómo fue definido el Sumo Pontífice por el presidente de los Estados Unidos, George W. Bush, y por el presidente de Cuba, Fidel Castro?

George W. Bush lo definió como «el campeón de la libertad». Asimismo, Fidel Castro afirmó: «Ha muerto un amigo de Cuba, un amigo inolvidable. Descansa en paz, infatigable batallador por la amistad entre los pueblos, enemigo de la guerra y amigo de los pobres».

¿Dónde se levantará la estatua de Juan Pablo II en Polonia?

En la plaza central de Varsovia que lleva el nombre de Jozef Pilsudski, padre de la moderna Polonia.

¿Qué le confió una vez Juan Pablo II a un amigo íntimo suyo?

«Ni Moscú, ni Nueva York.» (Ni comunismo, ni capitalismo.)

¿Cuál fue su primer viaje?

En enero de 1979, cuatro meses después de ser nombrado Papa, viajó a la República Dominicana, México y Bahamas.

¿En que año fue nombrado «Hombre del Año» por la prestigiosa revista *Time*?

En 1994.

¿Cuándo comienza a empeorar de forma irreversible su salud?

El 24 de febrero de 2005. En esa fecha los médicos tuvieron que practicarle una traqueotomía de urgencia.

¿Qué le provocó la muerte?

Tras estar 100 minutos inconsciente, un choque séptico con colapso cardiocirculatorio provocó su muerte.

¿Quién certificó su muerte y qué decía el certificado médico?

Certificó su muerte el doctor Renato Buzzonetti. El certificado decía: «Certifico que Su Santidad Juan Pablo II, nacido en Wadowice el 18 de mayo de 1920, residente en la Ciudad del Vaticano, ciudadano vaticano, ha muerto a las 21:37 horas del día 2 de abril de 2005 en su apartamento del Palacio Apostólico Vaticano, a causa de un choque séptico y de un colapso cardiocirculatorio irreversible».

¿En qué sala del Vaticano los dirigentes pudieron ver por vez primera el cadáver de Juan Pablo II?

En la llamada Sala Clementina.

¿En manos de quién dejó Juan Pablo II la responsabilidad de su testamento?

A su fiel secretario, el arzobispo Stanislaw Dziwisz.

¿Dónde fue enterrado el papa Juan Pablo II? ¿Cuántos papas hay enterrados junto a él?

En la llamada Cripta de los Papas, en la Basílica de San Pedro. Muy cerca de las tumbas de Juan Pablo I y Pablo VI.

En el mismo lugar donde había estado antes enterrado el papa Juan XXIII.

En el mismo lugar hay enterrados junto a él 147 pontífices.

¿Cuándo atravesó por última vez el papa Juan Pablo II la Plaza de San Pedro?

A las cinco y media de la tarde del lunes 4 de abril de 2005. Los restos mortales de Juan Pablo II asomaron por el Portone di Bronzo para recorrer por última vez la Plaza de San Pedro. Era el tramo final de la procesión para trasladar el cuerpo del Papa a la basílica vaticana y ser expuesto a todos los creyentes.

El trayecto se llevó a cabo en siete minutos exactos.

¿Quién pidió permiso a las autoridades de una cárcel turca para asistir al funeral de Juan Pablo II?

Mehmet Ali Agca, el mismo que disparó al Sumo Pontífice en la Plaza de San Pedro el 13 de mayo de 1981. Este, al conocer la muerte del Papa, pronunció las siguientes palabras: «He perdido al Papa, mi hermano espiritual. Me sumo al duelo de mi pueblo cristiano católico».

¿Quiénes organizaron una misa especial por la muerte del Papa?

Los presos de la prisión romana de Regina Coeli.

¿Cuántos mandatarios mundiales asistieron al funeral de Juan Pablo II?

Más de 200.

¿Qué SMS envió Protección Civil de Italia a los más de dos millones de fieles que llegaron al Vaticano para presentar sus respetos al Papa fallecido?

El mensaje decía así: «Si vas a Roma para el homenaje al Papa, utiliza el transporte público, prepárate para colas organizadas pero muy largas. Calor de día. Fresco de noche».

¿Asistieron representantes de otras religiones?

Sí. El patriarca ortodoxo de Constantinopla, Bartolomeo I; el jefe de las Relaciones Externas del Patriarcado de Moscú, metropolitano Kirill; el jefe de la Iglesia Ortodoxa de Grecia, el arzobispo Christodoulos; el jefe espiritual de la Iglesia anglicana, arzobispo de Canterbury, Rowan Williams; el Rabino Supremo Oded Viner; el Patriarca de los Ortodoxos armenios en Turquía, Mesrob II; el Patriarca maronita Nasrallah Sfeir; el Patriarca ortodoxo de Rumanía, Teoctist; los obispos ortodoxos búlgaros Neofit y Domitian; el obispo de la Iglesia protestante de Noruega, Finn Wagle; el arzobispo luterano de la Iglesia de Suecia, K. G. Hammar; el jefe de la Iglesia Católica de Uganda, el cardenal Emmanuel Wamala. Los líderes religiosos de Albania: Selim Muca, de la comunidad sunnita; Rrok Mirdita, arzobispo católico; Haxhi Dede Reshat Bardhi, de la comunidad chiita Bektashi y el arzobispo ortodoxo Anastasios.

¿Qué única mujer estaba al lado del Sumo Pontífice a su muerte?

La monja polaca sor Toviana. Ella fue su ayudante y camarera durante sus casi 27 años de pontificado.

A sor Toviana le dieron el plazo de 48 horas para abandonar las instalaciones papales.

¿Quiénes estaban alrededor del lecho de muerte papal?

Su secretario, monseñor Stanislaw Dziwisz; el cardenal polaco Marian Jaworski, amigo personal de Juan Pablo II; el sustituto de la Secretaría de Estado, Leonardo Sandri; el camarlengo, Eduardo Martínez Somalo, y el responsable del ceremonial, el arzobispo Pietro Marini.

¿Qué tres presidentes de los Estados Unidos se arrodillaron ante Juan Pablo II?

George Bush (1989-1993), Bill Clinton (1993-2001) y George W. Bush (2001).

¿Qué día se celebró la misa de funeral por el Papa fallecido?

El viernes 8 de abril de 2005.

¿Qué cardenal dirigió la homilía en el funeral de Juan Pablo II?

El decano del Colegio Cardenalicio, el cardenal Joseph Ratzinger.

¿En que país fueron censuradas las imágenes del funeral de Juan Pablo II?

En la República Popular China.

¿Cuándo fue depositado el cadáver de Juan Pablo II en la Cripta de los Papas y cuál fue el recorrido del féretro pontificio hasta la cripta?

El viernes 8 de abril, seis días después de su fallecimiento.

Camino de la tumba, el féretro atravesó toda la basílica y salió por la puerta lateral de Santa Marta, para entrar por otra que conduce a las Grutas. El féretro, de madera de ciprés, fue precintado con cintas rojas, en las que se pusieron los sellos de la Cámara Apostólica, de la Prefectura de la Casa Pontificia, de la Oficina de las Celebraciones Litúrgicas del Papa y del Capítulo Vaticano. La caja de ciprés fue encajada en otra de plomo de cuatro milímetros de espesor, a su vez encajada en otra de madera de olmo barnizada. Sobre esta última se colocó un crucifijo y el escudo del Pontífice difunto. Una sencilla lápida, en la que está escrito en latín el nombre de Juan Pablo II y cuando nació y murió, cubre el enterramiento.

¿Quién levantó el acta del entierro?

Un notario del Capítulo de la Basílica Vaticana redactó el acta de la sepultura y lo leyó ante los presentes, un reducido grupo presidido por el camarlengo y del que formó parte la «familia pontificia» del Papa, sus secretarios, las monjas que lo cuidaron, su médico personal y Stanislaw Dziwisz, su fiel secretario.

¿Qué texto aparece escrito en la lápida de mármol y que sella la tumba?

Las palabras «Johannes Paulus P.P.II».

¿Cuántos creyentes deja Juan Pablo II?

1.086.000.000 de creyentes. (Fuente: *Anuario Pontificio 2005*).

¿Qué cardenal fue el único que se atrevió a hacer un retrato del nuevo Papa antes del cónclave?

El cardenal de Lyon, Philippe Barbarin. Según el cardenal, «debe ser un hombre abierto a un mundo que se mueve. Un hombre que comprenda y conozca el mundo contemporáneo y su cultura para que, cuando hable, la gente pueda entenderlo».

Capítulo VIII

Benedicto XVI

¿Qué día dio comienzo el cónclave?

El lunes 18 de abril de 2005. Dieciséis días después de la muerte de Juan Pablo II.

¿Dónde se celebra el cónclave?

El cónclave se celebra en la Capilla Sixtina, que fue construida entre 1477 y 1480 a petición del papa Sixto IV y se encuentra en el extremo derecho de la Basílica de San Pedro. Tiene las mismas medidas —40,5 metros de largo, 13,2 de ancho y 20,7 de alto— que el legendario templo del rey Salomón.

¿Qué poema escribió Juan Pablo II con relación a la Capilla Sixtina para inspirar a los cardenales que debían elegir a su sucesor?

En un libro de poemas de 2003, *Tríptico romano*, Juan Pablo II recomendó a los cardenales que se inspirasen en esta obra cuando tuvieran que elegir a su sucesor, ya que «ayuda a ver lo que difícilmente se ve para alcanzar la verdad». «En la Capilla Sixtina el artista colocó el Juicio. En este interior el Juicio domina todo. He aquí que el final invisible se volvió conmovedoramente visible. El final y a la vez la cumbre de la transparencia», escribió el Papa. La poesía concluye: «Es preciso que, durante el cónclave, Miguel Ángel conciencie a los hombres. No olvidéis: "Omnia nuda et aperta sunt ante oculos Eius" (Todo está descubierto y revelado ante sus ojos). Tú que penetras todo. Indica. Él indicará».

¿A quiénes se les llama los fustigadores?

A los encargados de exhortar a los cardenales electores a cumplir con su sagrada tarea sin violar las normas del cónclave.

¿Quiénes fueron nombrados para esta tarea?

El padre capuchino Raniero Cantalamessa, de 71 años, experto en ejercicios espirituales y predicador oficial de la Casa Pontificia, y el cardenal checo Tomas Spidlik, de 86 años, uno de los máximos expertos en espiritualidad oriental.

¿Cuántos cardenales entraron en el cónclave que eligió a Benedicto XVI?

115 cardenales: 58 europeos, 14 norteamericanos, 21 latinoamericanos, 11 africanos, 11 asiáticos y dos de Oceanía. El

nombre del cardenal In pectore nombrado por Juan Pablo II en el consistorio del 21 de octubre de 2003 no fue revelado en el testamento del pontífice fallecido. Esto supuso que no pudo participar en el cónclave que eligió a Benedicto XVI. Su nombre solo puede ser revelado por el nuevo Papa.

¿Cuántos votos son necesarios para ser elegido Sumo Pontífice?

76 más 1 (dos tercios más uno) de los 115 cardenales electores que votaron en el cónclave.

¿Qué cardenales con derecho a voto no pudieron asistir al cónclave?

El filipino Jaime Lachica Sin, de 76 años, anunció su imposibilidad de participar en el cónclave debido a una enfermedad. Una disfunción renal y una diabetes le impidieron viajar a Roma. Tampoco el cardenal mexicano Adolfo Antonio Suárez Rivera, de 78 años, pudo asistir por problemas de salud.

¿Quién puede ser el cardenal In pectore?

Muchas fuentes apuntan a monseñor Joseph Zen Zekiun, obispo de Hong Kong.

¿Cuántos de ellos fueron nombrados cardenales por su antecesor, Juan Pablo II?

114. El resto, solo tres, fueron nombrados cardenales por el papa Pablo VI (21 junio 1963-6 agosto 1978).

¿Qué dos únicos cardenales participantes en el último cónclave no fueron nombrados por Juan Pablo II?

El alemán Joseph Ratzinger (Benedicto XVI) y el estadounidense William Wafeldfield. Estos fueron nombrados cardenales por el papa Pablo VI.

¿Cómo es el juramento realizado por los cardenales antes de comenzar a votar en el cónclave?

Cada uno de los cardenales jura: «Yo prometo y juro observar el servicio absoluto con quien no haga parte del Colegio de Cardenales Electores, y esto para siempre, a menos que reciba especial facultad dada expresamente por el nuevo Pontífice o sus sucesores, acerca de todo lo que tiene que ver directa o indirectamente con las votaciones y escrutinios en las que participo para la elección del Sumo Pontífice».

¿Qué separó al cónclave de abril de 2005?

Los cardenales partidarios de elegir a un Papa italiano y los cardenales partidarios de elegir a un Papa de habla hispana.

¿Cuántos cardenales del Opus Dei entraron en el cónclave?

Dos. El cardenal español Julián Herranz y el cardenal peruano Juan Luis Cipriani Thorne.

¿Dónde se alojaron los cardenales con derecho a voto durante el cónclave?

En el llamado Domus Sancta Martha, un enorme edificio acondicionado hace poco para este fin. Tiene 120 habitaciones y 20 salones.

¿Qué distancia recorrían los cardenales electores entre la Capilla Sixtina y el Domus Sancta Martha?

Un kilómetro.

¿Cómo debían salir los cardenales desde la Capilla Sixtina al Domus Sancta Martha?

De uno en uno, para que no pudiesen hablar entre ellos y acompañados de un miembro de la Guardia Suiza y de un miembro del contraespionaje Vaticano, el Sodalitium Pianum.

¿Qué función tuvieron los agentes de la Santa Alianza durante el cónclave?

Cada mañana, los agentes del servicio de espionaje vaticano se ocupaban de «barrer» la capilla Sixtina y las instalaciones del Domus Sancta Martha de posibles micrófonos y escuchas que se hubiesen podido plantar con el fin de conocer las deliberaciones del cónclave que eligió a Benedicto XVI.

¿Qué da comienzo al cónclave?

La invocación al Espíritu Santo que, según la doctrina de la Iglesia, es el verdadero elector.

¿Quién convocó el cónclave?

Fue función del cardenal camarlengo, el español Eduardo Martínez Somalo.

¿A cuántos papas sirvió el cardenal Martínez Somalo?

A cinco: Pío XII, Juan XXIII, Pablo VI, Juan Pablo I y Juan Pablo II.

¿Cuántos cardenales españoles votaron en el cónclave de abril de 2005?

Seis. Francisco Álvarez Martínez, Carlos Amigo Vallejo, Ricardo María Carles Gordó, Julián Herranz, Eduardo Martínez Somalo y Antonio María Rouco Varela.

¿Qué primera y segunda preguntas le hicieron al nuevo papa Benedicto XVI?

La primera fue: «¿Aceptas tu elección canónica para Sumo Pontífice?». La segunda fue: «¿Con qué nombre deseas ser llamado?».

¿Quién le hizo las dos preguntas al cardenal Ratzinger, ahora Benedicto XVI?

El cardenal Angelo Sodano.

¿Qué famosa casa de apuestas abrió una «porra» sobre la elección del nuevo Papa?

La casa de apuestas estadounidense World Sports Exchange, WSEX, fundada en 1996. Según sus encuestas (6 de abril), se pagaba 10 a 1 al cardenal Dionigi Tettamanzi; 8 a 1 al cardenal hondureño Rodríguez Maradiaga; 6 a 1 al cardenal nigeriano Francis Arinze; 4 a 1 al cardenal alemán Joseph Ratzinger y el brasileño Claudio Hummes; y 2 a 1 al francés Jean-Marie Lustiger y al italiano Carlo María Martini.

¿Qué recomendación dejó Juan Pablo II a los electores del cónclave?

«Que no se dejasen llevar por simpatías o aversiones, ni influenciar por el favor o relaciones personales con alguien, ni moverse por la intervención de personas importantes o grupos de presión o por la instigación de los medios de comunicación social, la violencia, el temor o la búsqueda de popularidad. Antes bien, teniendo presente únicamente la gloria de Dios y el bien de la Iglesia, después de haber implorado el auxilio divino, den su voto a quien, incluso fuera del Colegio Cardenalicio, juzguen más idóneo para regir con fruto y beneficio a la Iglesia universal».

¿Qué pena puede ser impuesta a un cardenal que viole las leyes del cónclave?

Pueden llegar hasta la excomunión para los que veten a algún cardenal por encargo de alguna autoridad civil (hace años los reyes tenían derecho de veto), o para los que incurran en simonía, es decir, el trato de los bienes espirituales como si fuesen propiedad de los hombres.

¿A qué hora dio comienzo el cónclave?

El día 18 de abril de 2005 a las 17:30 de la tarde.

¿Cómo se desarrolla una votación en el cónclave?

A cada cardenal se le entrega una papeleta con la inscripción Eligo in summum pontificem (Elijo como Sumo Pontífice) y un espacio para escribir su propuesta. Cada cardenal elector llevará su voto, de forma bien visible, hasta una urna y, delante de los escrutadores, pronunciará el juramento: «Pongo por testigo a Cristo Señor, el cual me juzgará, de que doy mi voto a quien, en presencia de Dios, creo que debe ser elegido».

¿Cómo se cuentan los votos?

Terminada la votación, tres escrutadores comenzarán el recuento, sumarán los votos y los anotarán en una hoja. El último perforará las papeletas con una aguja, justo a través de la palabra Eligo, y las insertará en un hilo. Sigue después la tercera y última fase, llamada posescrutinio, en la que se recuentan, cotejan y queman las papeletas.

¿Qué color tenía la primera y única fumata aparecida el 18 de abril y a qué hora apareció?

Era negra y apareció a las 20:06 hora local (18:06 GMT).

¿Cuántas votaciones hubo en el cónclave hasta la fumata blanca?

Cuatro.

¿Qué otros papas del siglo XX fueron elegidos Sumos Pontífices tras solo dos días de cónclave?

León XIII, Pío XII y Juan Pablo I fueron elegidos tras únicamente dos días de cónclave.

¿Cuándo fue elegido Sumo Pontífice el cardenal Ratzinger?

El martes 19 de abril de 2005, a las 17:50 hora vaticana (15:50 GMT).

¿Quién diseñó los primeros hábitos blancos pontificios vestidos por el nuevo papa Benedicto XVI?

Los Gammarelli, la familia de sastres que viste al Vaticano desde hace doscientos años, tenía preparado desde el pasado día 7 de abril la nueva ropa del nuevo Sumo Pontífice, con tres tipos de tallas —pequeña, mediana y grande—, como ya hemos comentado en otros apartados de este libro, y que incluía una sotana blanca de lana, una sotana blanca de seda, una capa roja de seda, una faja de seda, un solideo y un par de zapatos rojos de cuero.

¿Quién es el nuevo papa Benedicto XVI?

El cardenal alemán Joseph Ratzinger, 264 sucesor de Pedro y 265 Sumo Pontífice.

¿Cuáles fueron los primeros pasos de Benedicto XVI?

El nuevo Papa rezó ante el altar de la Capilla Sixtina. Luego se trasladó a una pequeña estancia, denominada la «habitación de las lágrimas», en donde el elegido estuvo un rato a solas, con sus sentimientos. Allí es también donde Benedicto XVI recibe las ropas de Sumo Pontífice, que se han confeccionado en tres tallas (pequeña, mediana y grande). Entonces se dirige al balcón central de la Basílica de San Pedro, desde donde saluda a los fieles.

¿Quién anunció en el balcón de San Pedro el nombre del nuevo Papa?

Minutos antes, como marca la tradición, el cardenal protodiácono, el chileno Jorge Arturo Medina Estévez, cumplió su tarea de hacer el anuncio oficial: Annuntio vobis gaudium magnum; habemus Papam: Eminentissimum ac Reverendissimum Dominum, Dominum Josephum Sanctae Romanae Ecclesiae Cardinalem Ratzinger qui sibi nomen imposuit Benedictum XVI.

¿Cómo era conocido el nuevo Papa por sus colegas cardenales?

El Guardián de la Ortodoxia.

¿Qué otros apodos tenía el papa Benedicto XVI?

El Panzerkardinal o el brazo ejecutor del Papa.

¿Por qué pasará a la Historia el cardenal Ratzinger y en la actualidad papa Benedicto XVI?

Pasará a la Historia como el teólogo que ayudó a Juan Pablo II a poner orden en la Iglesia y a decapitar primero y domesticar después a la Teología de la Liberación.

**¿Con qué documento el entonces cardenal Ratzinger
atribuía en exclusiva a la Iglesia católica
la posesión de la verdad y de la salvación?**

Con la Dominus Iesus, un documento redactado por el propio cardenal Ratzinger.

**¿Qué pidió el todavía cardenal Joseph Ratzinger
a los sacerdotes católicos de los Estados Unidos
antes de las elecciones que dieron el triunfo a George Bush?**

Durante la campaña para las últimas elecciones presidenciales en Estados Unidos instó a los religiosos de este país a que no se les diese el sacramento de la comunión a los políticos proaborto.

**¿Qué provocó la transformación del cardenal
Joseph Ratzinger de un fiel seguidor
del Concilio Vaticano II a la ortodoxia?**

Tras ser ordenado sacerdote, Ratzinger apoyó el Concilio Vaticano II en la década de los años sesenta y su espíritu de convertir a la iglesia en una institución más abierta. Más tarde, siendo profesor en la ciudad alemana de Tubinga, Ratzinger vivió de cerca las protestas estudiantiles y hay quienes dicen que allí se definieron muchas de sus posturas ulteriores. Por ejemplo, durante una de sus disertaciones ocurrió un incidente que lo marcó, según un testigo: los alumnos se levantaron y tomaron el micrófono en violación de las normas universitarias, algo que irritó a Ratzinger.

**¿Cuántos años tenía Joseph Ratzinger
cuando se abrió el Concilio Vaticano II en 1962?**

35 años.

**¿En qué participó activamente Ratzinger
en el Concilio Vaticano II?**

En los comentarios del famoso Vorgrimler, una serie de documentos del Vaticano II en el que se recogen en cinco volúmenes (1967-1969) los puntos de vista, comentarios y actividades de los observadores e historiadores en el Concilio.

**¿A qué famoso Concilio pedía la vuelta Ratzinger,
ahora Benedicto XVI?**

La vuelta al axioma tridentino de que «fuera de la Iglesia no hay salvación». Un documento tan desafortunado que hasta protestaron contra él varios cardenales.

**¿Qué silenció el cardenal Joseph Ratzinger
como prefecto de la Congregación
para la Doctrina de la Fe?**

Silenció con medidas autoritarias todas las cuestiones teológicas abiertas en debate: el celibato de los curas, el estatuto del teólogo, el papel de los laicos, la praxis penitencial, la comunión para los divorciados, el preservativo contra el sida o la fecundación artificial.

¿Cuántos años ejerció como prefecto de la Congregación para la Doctrina de la Fe?

24 años.

¿Qué partido dirigió Ratzinger en el cónclave de abril de 2005?

En el cónclave dirigió al llamado partido de la Restauración, el del tradicionalismo legalista, junto a la ristra de movimientos neoconservadores (Opus Dei, Comunión y Liberación, Legionarios de Cristo...). También el wojtylismo sin Wojtyla.

¿En qué año intentó el cardenal Joseph Ratzinger presentar su dimisión al papa Juan Pablo II?

En el año 2002.

¿Cómo lo han definido sus enemigos dentro de la poderosa curia romana?

Como un nuevo Ottaviani (refiriéndose al ultraconservador cardenal Alfredo Ottaviani) y como un inquisidor reaccionario empeñado en la contrarreforma y en la destrucción del espíritu del Concilio Vaticano II.

¿Qué escribió el todavía cardenal Ratzinger al cumplirse el centenario del nacimiento del cardenal Alfredo Ottaviani?

Le dedicó un elogio por «haber mantenido en alto, sin miedo, el escudo de la fe y la espada del espíritu. Pero lo que más admiro en él es el silencio de los últimos años de su vida».

¿Cómo lo definen sus amigos?

Como un hombre tímido, cordial, trabajador, concienzudo, paciente, de gran memoria y encantador.

¿Cómo lo define el escritor John Allen, su biógrafo?

Como «el símbolo de todo lo que funciona mal en la Iglesia», y lo acusa de haber utilizado su puesto en la jerarquía para expresar sus propios puntos de vista teológicos.

¿Cuál es la visión positiva de John Allen sobre el nuevo papa Benedicto XVI?

John Allen afirma: «Si lo tuviera como confesor, no dudaría en abrirle mi alma; estoy convencido de su sabiduría, de su integridad y de su compromiso con el sacerdocio».

¿Qué opinión tiene el papa Benedicto XVI sobre la adaptación de la Iglesia al mundo?

Cree que la Iglesia no tiene que adaptarse al mundo, sino el mundo a la Iglesia.

¿Qué le molesta al cardenal Joseph Ratzinger?

Viajar en primera clase en los aviones; visitar las salas vips o de autoridades de los aeropuertos; desplazarse con escolta. Le disgusta la soberbia y la pompa vaticana.

¿Cuáles han sido los grandes teólogos perseguidos por Ratzinger?

Leonardo Boff, Hans Küng y Jacques Dupuis.

¿Quiénes son los enemigos de la Iglesia católica para el papa Benedicto XVI?

El cardenal Joseph Ratzinger, desde el 19 de abril de 2005 Benedicto XVI, afirmaba: Las «modas del pensamiento» que imponen la «dictadura del relativismo» y amenazan al catolicismo: «el marxismo, el liberalismo, el libertinaje, el colectivismo, el individualismo radical, el ateísmo» y el «vago misticismo religioso». También son para Benedicto XVI enemigos de la Iglesia católica los «feministas, homosexuales, relativistas que creen en la validez de otras religiones, un gran número de colegas y bastantes obispos». «Cuántas corrientes ideológicas, cuántas modas del pensamiento. La pequeña barca del pensamiento de muchos cristianos ha sido agitada por estas olas, que van de un extremo a otro, desde el marxismo, al liberalismo, pasando por el libertinaje, al colectivismo, al individualismo radical, desde el ateísmo al un vago misticismo religioso».

¿Por quién eligió el nombre de Benedicto XVI?

Por Benedicto XV (3 septiembre 1914-22 enero 1922), el cardenal Giacomo della Chiesa (Pegli, Italia, 1854). La Iglesia lo recuerda como una especie de Papa de la paz en tiempos de guerra, ya que su papado transcurrió durante la Primera Guerra Mundial y su labor se centró en mantener firme la neutralidad de la Iglesia y en socorrer a los castigados por la guerra.

¿Cómo se definió Benedicto XVI en su bendición Urbi et Orbi?

El papa Benedicto XVI, antiguo cardenal Joseph Ratzinger, bendijo recién nombrado Sumo Pontífice a la multitud Urbi et Orbi, y en su discurso inicial desde el balcón de la Basílica de San Pedro afirmó que es «solo un humilde trabajador en la viña del Señor». Dijo: «Queridos hermanos y hermanas, después del gran papa Juan Pablo II, los señores cardenales me han elegido a mí, un simple y humilde trabajador de la viña del Señor. Me consuela que el Señor sepa trabajar con instrumentos insuficientes y me entrego a vuestras oraciones. En la alegría del Señor y con su ayuda permanente, trabajaremos, y con María, su madre, que está de nuestra parte».

¿Cuántos antipapas adoptaron el nombre de Benedicto?

Dos antipapas eligieron el nombre de Benedicto. Benedicto X (Giovanni Mincio) fue antipapa entre los años 1058 y 1059. Pertenecía a una poderosa familia de Roma, los Tusculani, que cambió la ley para la elección del Sumo Pontífice y se convirtió en antipapa. El segundo es Benedicto XIII (Pedro de Luna), antipapa entre 1394 y 1423, cuando el Papa era Bonifacio IX. Fue unos de los protagonistas del llamado «Cisma de Occidente» causado por algunos cardenales que se rebelaron contra el poder de la curia romana.

¿Debe ser llamado el nuevo papa «Benedicto dieciséis» o «Benedicto decimosexto»?

La forma correcta del nombre que ha elegido para su mandato el nuevo papa es «Benedicto dieciséis» y no «Benedicto decimosexto». La numeración romana que sigue al nombre de los papas solo se lee como ordinal desde el número I (primero) hasta el X (décimo). A partir de ahí se leen como cardinales, como en Juan XXIII- Juan veintitrés, y ese es el caso del nuevo Papa, Benedicto XVI, que debe leerse «Benedicto dieciséis».

¿Qué dicen las primeras encuestas?

A un 59 por 100 no les gusta el nuevo Papa; a un 27 por 100 les gusta; y un 14 por 100 prefiere no opinar (BBC News).

¿Qué opina el papa Benedicto XVI del rock?

«El rock es la expresión de pasiones elementales, que en las grandes concentraciones musicales adoptaron caracteres culturales, es decir, de contraculto, de lo que se opone al culto cristiano.»

¿Dónde nació el papa Benedicto XVI?

Joseph Aloysius Ratzinger, 78 años, nació en Marktl am Inn, en la diócesis de Passau, Baviera (Alemania), el 16 de abril de 1927. Justo un mes más tarde de que Charles Lindbergh cruzase el océano Atlántico a bordo del Spirit of Saint Louis. El papa Pío XI llevaba cinco años de pontificado.

¿Qué estatus social tenía su familia?

Clase media baja. Su padre era policía, maestro y muy religioso. Su madre era una excelente cocinera y trabajaba en pequeños hoteles de la región.

¿Cuántos hermanos tiene Benedicto XVI?

Dos: María, nacida en 1921, y Georg, nacido en 1924.

¿Qué familiar del nuevo Papa era uno de los ciudadanos bávaros más famosos?

Su tío abuelo Georg Ratzinger, nacido en Rickering, Bavaria, en 1844. El tío abuelo de Benedicto XVI era periodista, escritor y político.

¿Es cierto que Benedicto XVI perteneció al ejército del Tercer Reich?

Joseph Ratzinger debió interrumpir sus estudios al estallar la Segunda Guerra Mundial, durante la cual fue asignado a una unidad antiaérea en Múnich siendo miembro de las juventudes hitlerianas, algo a lo que, según él, fue forzado. Ratzinger perteneció a esta organización nazi desde 1933 hasta 1944. Sus simpatizantes dicen que su experiencia bajo el régimen nazi lo convenció de que el Vaticano debía tener una fuerte posición respecto de la verdad y la libertad.

¿Dónde estaba destinado el joven Joseph Ratzinger y que protegía con su batería antiaérea?

Estaba destinado en Ludwigsfield, al norte de Múnich y su batería se ocupaba de proteger una factoría de la BMW.

¿Estuvo detenido por los aliados en un campo de prisioneros de guerra?

Sí, en Ulm. Fue liberado el 19 de junio de 1945.

¿Qué cargos ostentaba el cardenal Joseph Ratzinger antes de ser elegido Papa?

Prefecto Emérito de la Congregación para la Doctrina de la Fe, Presidente Emérito de la Pontificia Comisión Bíblica y de la Comisión Teológica Internacional y ex Decano del Colegio de Cardenales.

¿Dónde cursó sus estudios el papa Benedicto XVI?

Benedicto XVI estudió en la Escuela Superior de Filosofía, en Freising, y en la Universidad de Múnich, en donde se doctoró en Teología. Asimismo, fue miembro de la Facultad de la Escuela Superior de Filosofía y Teología, en Freising, de 1952 a 1959; en la Universidad de Bonn, de 1959 a 1963; en la Universidad de Múnich, de 1963 a 1969; en la Universidad de Tubinga, de 1966 a 1969, y en la Universidad de Ratisbona, de 1969 a 1977. Entre otros cargos, cabe señalar los de vicepresidente de la Universidad de Ratisbona, de 1969 a 1977; perito, en el Concilio Vaticano II, de 1962 a 1965, y miembro de la Comisión Teológica Internacional, de 1969 a 1977.

¿Cuándo fue ordenado sacerdote?

El 29 de junio de 1951 en la catedral de Freising por el cardenal Michael Faulhaber y junto a su hermano Georg.

¿Cuándo celebró el joven Joseph Ratzinger su primera misa?

El 8 de julio de 1951 en la ciudad de Hufschlag, a las afueras de Traunstein.

¿Con qué cita de las escrituras dio comienzo su primera misa?

Con la Segunda Carta de Pablo a los Corintios (1:21).

¿Dónde ejerció el episcopado Benedicto XVI?

Fue elegido arzobispo de Múnich y Freising, el 24 de marzo de 1977. Consagrado, el 28 de mayo de 1977, en Múnich, por Josef Stange, obispo de Würzburg.

¿Cuándo fue nombrado cardenal?

Fue nombrado cardenal presbítero el 27 de junio de 1977 por el papa Pablo VI. Recibió la birreta roja y el título de Santa Maria Consolatrice al Tiburtino el 27 de junio de 1977.

¿Qué misiones especiales asumió por orden de los papas Pablo VI, Juan Pablo I y Juan Pablo II?

Asistió a la IV Asamblea Ordinaria del Sínodo de los Obispos (Ciudad del Vaticano) el 30 de septiembre al 29 de octubre de 1977. Participó en el cónclave del 25 al 26 de agosto de 1978, en donde salió elegido Papa Juan Pablo I. Enviado especial del Papa al III Congreso Mariológico Internacional (Guayaquil, Ecuador), del 16 al 24 de septiembre de 1978. Participó en el cónclave del 14 al 16 de octubre de 1978, en el que salió elegido papa Juan Pablo II. Asistió a la V Asamblea Ordinaria del Sínodo de los Obispos (Ciudad del Vaticano), del 26 de septiembre al 25 de octubre de 1980; fue el relator general; miembro del secretariado general, de 1980 a 1983. Nombrado prefecto de la Congregación para la Doctrina de la Fe, presidente de la Pontificia Comisión Bíblica y presidente de Comisión Teológica Internacional, el 25 de noviembre de 1981. Renunció al gobierno pastoral de la archidiócesis el 15 de febrero de 1982. Asistió a la VI Asamblea Ordinaria del Sínodo de los Obispos (Ciudad del Vaticano), del 29 de septiembre al 28 de octubre de 1983; fue uno de los tres presidentes delegados; miembro del secretariado general, de 1983 a 1986. Asistió a la II Asamblea Extraordinaria del Sínodo de los Obispos, Ciudad del Vaticano, del 24 de noviembre al 8 de diciembre 1985; presidente de la Comisión para la preparación del Catecismo de la Iglesia católica, que después de seis años de trabajo (1986-1992) presentó el Nuevo Catecismo al Santo Padre; miembro del Secretariado General hasta 1987. Asistió a la VII Asamblea Ordinaria del Sínodo de los Obispos, en ciudad del Vaticano, del 1 al 30 de octubre de 1987; miembro del Secretariado General, de 1987 a 1990. Asistió a la VIII Asamblea Ordinaria del Sínodo de los Obispos (Ciudad del Vaticano), del 30 de septiembre al 28 de octubre de 1990; miembro del Secretariado General de 1990 a 1994. Asistió a la I Asamblea Especial para Europa del Sínodo de los Obispos (Ciudad del Vaticano), del 28 de noviembre al 14 de diciembre de 1991. Nombrado obispo del título de la sede suburbicaria de Velletri-Segni, el 5 de abril de 1993. Asistió a la Asamblea Especial para África del Sínodo de los Obispos (ciudad del Vaticano), del 10 de abril al 8 de mayo de 1994; a la IX Asamblea Ordinaria del Sínodo de los Obispos (Ciudad del Vaticano), del 2 al 29 de octubre de 1994. Asistió a la Asamblea Especial para América del Sínodo de los Obispos (Ciudad del Vaticano), del 16 de noviembre al 12 de diciembre de 1997; asistió a la Asamblea Especial para Asia del Sínodo de los Obispos, en Ciudad del Vaticano, del 19 de abril al 18 de mayo de 1998. Elegido vicedecano del Colegio de Cardenales, el 9 de noviembre de 1998. Asistió a la Asamblea Especial para Oceanía de Sínodo de los Obispos, en Ciudad del Vaticano, del 22 de noviembre al 12 de diciembre de 1998. Fue enviado especial del Papa a las celebraciones por el XII centenario de la creación de la diócesis de Paderborn, Alemania, el 3 de enero de 1999. Asistió a la II Asamblea Especial para Europa del Sínodo de los Obispos (Ciudad del Vaticano), del

1 al 23 de octubre de 1999. Laureado Honoris causa en jurisprudencia por la Libera Università Maria Santissima Assunta, 10 de noviembre 1999; miembro honorario de la Pontificia Academia de Ciencias, 13 de noviembre 2000.

¿Cómo se imagina a Dios el papa Benedicto XVI?

Cuando era cardenal, Benedicto XVI explicó: «Dios presenta las cualidades esenciales que caracterizan a una persona, a saber: conciencia, comprensión y amor. Por tanto, es alguien que puede hablar y escuchar. Considero que es aquí donde radica la esencia de Dios».

¿Qué es para el papa Benedicto XVI un cristiano?

En 1979 dijo: «Es una persona simple; los obispos deberían defender a la gente sencilla de los intelectuales».

¿Qué opina Benedicto XVI de los divorciados?

Rechaza tajantemente que un divorciado pueda recibir la eucaristía, aunque recomienda a estos que busquen el consejo de un asesor espiritual.

¿Con qué chocaba Benedicto XVI con Juan Pablo II?

Con los gestos a favor del ecumenismo y del diálogo interreligioso. También creía que Juan Pablo II se había excedido en las beatificaciones y canonizaciones.

¿Qué sexo cree Benedicto XVI que tiene Dios?

Benedicto XVI piensa sobre Dios: «Dios es Dios. No es ni hombre ni mujer, está por encima de esa distinción».

¿Cómo define Benedicto XVI al Ángel de la Guarda?

«No tenemos la misma certeza sobre esta afirmación que, por ejemplo, sobre la existencia de Cristo o de la Virgen María. Sin embargo, una de las convicciones más profundas que nos transmite la enseñanza cristiana es creer que Dios ha brindado un compañero de camino, que se asigna de manera especial».

¿Qué opina Benedicto XVI sobre la relación de Adolf Hitler y el Diablo?

Su opinión era la siguiente: «No es posible asegurar que Hitler fuera el diablo; era un ser humano. No obstante, sí hay testigos que han aportado testimonios fehacientes para suponer que Hitler tuvo de hecho una especie de encuentros demoníacos y que comentaba tembloroso: "Ha vuelto a estar aquí". No podemos investigar a fondo este tema. Sin embargo, considero que la manera en que Hitler detentaba el poder, la magnitud del terror y la desgracia que ocasionó ese poder sí pueden demostrar que Hitler se hallaba inmerso en un entorno diabólico».

¿Qué opina Benedicto XVI sobre la destrucción del hombre?

«Como raras veces en la Historia, hoy en día vemos con claridad cómo el ser humano se destruye a sí mismo, vive para satisfacer sus deseos materiales y se pierde por ese camino. Nos damos cuenta del poder que ejerce en el hombre el afán de posesión. Cuanto más tienen, más y más se esclavizan, porque tanto más tendrán que esforzarse en mantener y aumentar cada día esa preciada posesión».

¿Qué opina Benedicto XVI sobre el matrimonio?

«Es una forma que tiene el ser humano de abrir su corazón a otro. Lo que en un principio es una mera legitimidad biológica, un ardid de la naturaleza, adquiere una forma humana que engendra la fidelidad y el compromiso amoroso entre un hombre y una mujer, posibilitando, a su vez, la existencia de la familia. Aquí radica la esencia gozosa del sexto mandamiento. Cuanto más profundamente se viva y se medite sobre ella, más patente resultará que otras formas de la sexualidad no alcanzan el auténtico nivel de la vocación humana. No se corresponden con lo que la sexualidad humanizada debería ser.»

¿Qué opina Benedicto XVI sobre el hombre y la mujer?

«Considero que tenemos que rechazar tanto las teorías falsas de igualdad como las teorías engañosas de distinción. Es erróneo medir al hombre y a la mujer por el mismo rasero y pretender que las pequeñas diferencias biológicas no significan absolutamente nada. Estamos aquí ante una tendencia dominante en la actualidad. Sin embargo, personalmente me sigue pareciendo espantoso que se quiera convertir a las mujeres en soldados como los hombres, cuando en verdad ellas eran las salvaguardas de la paz y representaban la fuerza antagónica al afán pendenciero de los hombres. Ahora podemos ver a las mujeres cargando incluso con ametralladoras y mostrando que pueden ser tan belicosas como los hombres. De igual forma me espanta que las mujeres esgriman el "derecho" de recoger las basuras o de ir a las minas; justo aquellas cargas que no se les quería imponer por respeto a su singular valor, y que se le imponen ahora en nombre de la igualdad. En mi opinión, se trata de una ideología insana y maniquea.»

¿Qué función tiene que tener la Iglesia según el papa Benedicto XVI?

Según Benedicto XVI: «A la Iglesia se le ha encomendado la esencial función de ofrecer oposición frente a las modas, el poder de lo fáctico, la dictadura de las ideologías. En el siglo que culmina, la Iglesia tuvo precisamente que oponer resistencia a las grandes dictaduras. Y hoy lamentamos que no se haya opuesto con la fuerza y en la medida suficiente. Pero gracias a Dios, cuando el ministerio se debilita por consideraciones de tipo diplomático, hay mártires que oponen esa resistencia, pagándolo con su propio cuerpo y con su vida».

¿Qué opina Benedicto XVI sobre la falta de fe en el mundo?

Benedicto XVI se manifiesta así: «No cabe duda de que nos hallamos en un momento histórico en el que la tentación de lograr nuestros objetivos sin Dios es mucho más imperiosa. Nuestra cultura de la técnica y del bienestar está fundamentada en el firme convencimiento de que, en el fondo, todo es factible. Ante tales circunstancias, se tiende a abandonar la cuestión de Dios».

¿Qué opina Benedicto XVI sobre la Iglesia del futuro?

«En una ciudad como Magdeburgo apenas el ocho por ciento son cristianos, porcentaje que incluye a los diferentes tipos de cristianos. Estos datos estadísticos muestran tendencias que no podemos negar. En este sentido, la coincidencia entre el pueblo y la Iglesia se reducirá en ciertos ámbitos culturales. Son tendencias a las que no debemos oponernos.»

¿Cuál debe ser el papel del catolicismo según Benedicto XVI?

«Divulgar toda la grandeza de la palabra y la voluntad de Dios, aunque en ocasiones tenga que hacerlo enfrentándose a sí misma y a sus propios profetas. Juan Bautista Metz señaló en cierta ocasión que hoy rige la fórmula: Dios no, religión sí. Los seres humanos quieren tener alguna religión, esotérica o de cualquier otro tipo, pero no un Dios personal que me hable, que me conozca, que me exija y pretenda juzgarme. Un Dios así no les gusta. Los hombres no quieren renunciar por completo a la vivencia de lo inescrutable que late en el hecho religioso, sino experimentarla en muchas formas distintas. Pero este afán pierde su carácter de compromiso si no existe una voluntad divina. En este sentido, no cabe hablar tanto de una crisis de la religión, porque las religiones proliferan por todas partes, como de una crisis de Dios».

¿Qué opina Benedicto XVI del pueblo judío?

«Esta es una cuestión muy controvertida últimamente. Es evidente que el pueblo judío mantiene con Dios una relación muy particular, y que Dios le ayuda de un modo u otro. Seguimos esperando el momento en que también Israel diga sí a Jesucristo. También sabemos que, a lo largo de la Historia, ese quedarse a las puertas encierra un mensaje de trascendencia capital para el mundo».

¿Qué opina Benedicto XVI sobre la ingeniería genética?

«Los genes y todos los avances relacionados con ellos plantean, sin duda, un problema importante. De un lado, se trata de una oportunidad. En la medida en que ello se haga con fines terapéuticos, respetando el misterio de la Creación, estará bien. Pero si el hombre se deja arrastrar por la frivolidad en el manejo del código genético y empieza a verse como señor de la vida y la muerte, capaz de manipularlas a su antojo, ocurrirá aquello contra lo que el hombre debe ser precisamente prevenido: traspasar el último límite. Con esta manipulación, el hombre, en lugar de nacer del misterio del amor y de pasar por el proceso no menos misterioso de la concepción y el nacimiento, será una criatura elaborada industrialmente. No sabemos lo que ocurrirá en el futuro en este ámbito, pero sí estamos convencidos de que Dios no permitirá un último desafuero en este tema, ni la frívola autodestrucción del hombre. Hay límites que el ser humano no puede traspasar sin convertirse en destructor de la Creación, yendo incluso más allá del pecado original y sus consecuencias».

¿Qué opina Benedicto XVI de la muerte?

«Soy consciente de mis defectos y por eso tengo siempre muy presente la idea del juicio. Pero lo cierto es que confío también en que la magnanimidad de Dios será mayor que mis fracasos.»

¿Qué opina Benedicto XVI del comunismo?

«Los regímenes comunistas que llegaron al poder en nombre de la liberación del pueblo son una vergüenza de nuestro tiempo.»

¿Qué opina Benedicto XVI del capitalismo?

«El hundimiento del comunismo no certifica automáticamente la bondad del capitalismo».

¿Qué opina Benedicto XVI sobre la verdad?

«La verdad no se determina mediante el voto de la mayoría.»

¿Qué opina Benedicto XVI sobre la corrupción en la Iglesia?

«Cuánta suciedad hay en la Iglesia y también entre aquellos que se deben entregar a la causa del sacerdocio y pertenecer completamente a ella. Cuánta soberbia, cuánta autosuficiencia.»

¿Es el papa Benedicto XVI donante de órganos?

El Papa es donante de órganos.

¿Qué problemas de salud tiene el Papa Benedicto XVI?

Uno de los «achaques» de Benedicto XVI que ha trascendido a la luz pública es que en septiembre de 1991 estuvo diez días hospitalizado en la Clínica Pío XI de Roma por una hemorragia cerebral, que le afectó parcialmente a la vista, aunque se recuperó de forma satisfactoria. A sus 78 años, recién cumplidos cuando fue elegido Papa, también se sabe que el nuevo Pontífice ha tenido algunos sustos debido a sus problemas coronarios. Algunos insisten en que sufre diabetes.

¿Qué declaró el canciller alemán, Gerhard Schroeder, al conocer la elección del cardenal Ratzinger como nuevo Sumo Pontífice?

Dijo que la elección de Ratzinger como nuevo Pontífice «es un gran honor para Alemania» y lo felicitó en su nombre, en el de su Gobierno y en el de todos los ciudadanos de Alemania. El canciller concluyó con una breve declaración televisada desde la Cancillería diciendo que se alegra de antemano de poder recibir al nuevo papa Benedicto XVI en la Jornada Mundial de la Juventud que se celebrará en Colonia en agosto de 2005.

¿Qué declaró el teólogo suizo Hans Küng, máximo defensor de la Teología de la Liberación, al conocer el nombramiento de Ratzinger como Papa?

Para el teólogo suizo Hans Küng la elección de Ratzinger es una «decepción gigantesca». En cualquier caso, el profesor de Tubinga (Alemania), al que el Vaticano inhabilitó para la docencia hace 25 años por cuestionar el dogma de la infalibilidad papal, dijo «deberíamos darle al nuevo Papa cien días de prueba de confianza».

¿Qué Sumo Pontífice alemán fue el anterior a Benedicto XVI?

Adriano VI (9 enero 1522–14 septiembre 1523).

¿Cuál es la gran afición del papa Benedicto XVI?

La música y Mozart. Su hermano Georg, también religioso, asegura que su hermano es un diestro pianista, apasionado de Mozart, y en sus estancias vacacionales suele deleitar a los presentes en el gran piano de cola de la sala principal del seminario.

¿A qué se dedica el hermano mayor de Benedicto XVI, también religioso?

Georg Ratzinger, de 81 años, el hermano del nuevo Papa, es director musical de la catedral de Regensburg (Baviera).

¿Qué pensaba Georg Ratzinger sobre la elección de un Sumo Pontífice alemán?

Nunca creyó que pudieran «elegir a un Papa alemán».

¿Cómo ve Georg Ratzinger a Joseph Rantzinger, ahora Benedicto XVI?

Ve a su hermano como «un buen Papa, aunque humanamente es un tipo de persona muy diferente de Juan Pablo II».

¿Visita periódicamente su Alemania natal el papa Benedicto XVI?

El hasta 19 de abril de 2005 decano del Colegio Cardenalicio, que ha venido manteniendo una relación desigual con distintos dirigentes de la Iglesia en Alemania, ha regresado periódicamente al seminario de Trauenstein, en Franconia, donde estudió, y en compañía de su hermano Georg pasa anualmente un periodo de vacaciones en el señorial monasterio de San Miguel, en el austero apartamento del obispo junto a la iglesia, y acude a saludar a los viejos vecinos.

¿Dónde cenó el Papa Benedicto XVI en su primer día de pontificado?

El portavoz del Vaticano en funciones, Joaquín Navarro Valls, explicó a la RAI, televisión italiana, que Benedicto XVI cenaría esa noche con los 114 cardenales con los que entró en el cónclave en el que salió elegido Sumo Pontífice.

¿Dónde pasó su primera noche el papa Benedicto XVI?

El papa Benedicto XVI se trasladó al Palacio Apostólico en el Vaticano. En un principio se le asignó un apartamento provisional, pero posteriormente se trasladó a la tradicional vivienda del Papa, que da a la plaza de San Pedro, y que será decorada según sus deseos.

¿Qué día fue coronado como Sumo Pontífice, Benedicto XVI?

La misa de coronación con la que inició su Pontificado fue el domingo 24 de abril de 2005, a las 10 de la mañana hora Vaticano (8 GMT).

¿Cuándo tuvo lugar la última coronación clásica?

La última coronación clásica tuvo lugar en 1963 para Pablo VI, quien fue trasladado en la sedia gestatoria a la Plaza de San Pedro. En 1978 Juan Pablo I rompió con varias tradiciones: renunció por primera vez desde 1099 a la tiara, la corona papal y al sillón en el que iba a ser trasladado. También constituyó una novedad cuando Juan Pablo II, en octubre de 1978, tras la misa en la Plaza de San Pedro, se dirigió a las personas congregadas y les estrechó la mano.

¿Cuáles son las mejores biografías escritas sobre el Papa Benedicto XVI (cardenal Joseph Ratzinger)?

Su autobiografía: Joseph Ratzinger, Milestones. Memoirs: 1927-1977, Ignatius Press, San Francisco, 1998.

Su biografía: John L. Allen, Cardinal Ratzinger. The Vatican's Enforcer of the Faith, Continuun Publishing, Nueva York, 2000.

¿Qué puesto ocupó el cardinal Joseph Ratzinger en la encuesta de la revista Bunte de 1998 sobre «los 200 alemanes más importantes»?

El 30, delante de personajes como Steffi Graf (47) o Theo Weigel (49), presidente del poderoso Banco Central Alemán.

¿Cuántos libros ha escrito Benedicto XVI?

Más de cuarenta.

¿Qué decía la prensa especializada sobre el cardenal Joseph Ratzinger hace justo un año?

El diario The New York Times exponía: «Ratzinger no tiene ninguna posibilidad de llegar a la cátedra de Pedro, que tampoco desea: no es un político, ni ambicioso en ese sentido, no recorre el circuito de los cócteles purpurados, ni busca apoyos. Su elección, además, supondría un continuismo sin precedentes en la historia reciente».

¿Qué decía su biógrafo John Allen, en 2004, sobre los posibles apoyos de Joseph Ratzinger en un hipotético cónclave?

John Allen afirmaba: «Podría movilizar a favor de un determinado candidato hasta un 25 por 100 de los votos, una cantidad potencialmente decisiva a la hora de ser elegido Papa».

Anexo I

Relación de papas

PAPA	PAPADO
San Pedro, apóstol	
Lino, San	67-79
Anacleto, San	79-91
Clemente, San	91-101
Evaristo, San	102-109
Alejandro I, San	109 -116
Sixto I, San	116-125
Telesforo, San	125-136
Higinio, San	136-142
Pío I, San	142-155
Aniceto, San	155-166
Sotero, San	166-174
Eleuterio, San	174 -189
Víctor I	189-198
Ceferino, San	198-217
Calixto I, San	217-222
Urbano I, San	222-230
Ponciano, San	21 de julio de 230-28 de septiembre de 235
Antero, San	21 de noviembre de 235-3 de enero de 236
Fabián, San	10 de enero de 236-20 de enero de 250
Cornelio, San	Marzo de 251-Junio de 253
Lucio I, San	25 de junio de 253-5 de marzo de 254
Esteban, San	12 de mayo de 254-2 de agosto de 257
Sixto II, San	31 de agosto de 257-6 de agosto de 258
Dionisio, San	22 de julio de 260-26 de diciembre de 268
Félix I, San	3 de enero de 269-Diciembre de 274
Eutiquio, San	4 de junio de 275-7 de diciembre de 283
Cayo, San	17 de diciembre de 283-22 de abril de 296
Marcelino, San	39 de junio de 296-25 de octubre de 304
Marcelo I, San	Diciembre de 308-16 de enero de 309
Eusebio, San	18 de agosto de 309-21 de octubre de 310
Melquíades, San	2 de julio de 311-10 de enero de 314
Silvestre I, San	31 de enero de 314-31 de diciembre de 335
Marcos, San	18 de enero de 336-7 de octubre de 336
Julio I, San	6 de febrero de 337-12 de abril de 352
Liberio	17 de mayo de 352-24 de septiembre de 366
Dámaso I, San	1 de octubre de 366-11 de diciembre de 384
Siricio, San	Diciembre de 384-26 de noviembre de 399

PAPA	PAPADO
Anastasio I, San	27 de noviembre de 399-19 de diciembre de 401
Inocencio I, San	27 de diciembre de 402-12 de marzo de 417
Zósimo, San	18 de marzo de 418-26 de diciembre de 418
Bonifacio I, San	28 de diciembre de 418-4 de septiembre de 422
Celestino I, San	10 de septiembre de 422-27 de julio de 432
Sixto III, San	31 de julio de 432-19 de agosto de 440
León I Magno, San	Septiembre de 440-10 de noviembre de 461
Hilario, San	19 de noviembre de 461-29 de febrero de 468
Simplicio, San	13 de marzo de 468-10 de marzo de 483
Félix II, San	13 de marzo de 483-1 de marzo de 492
Gelasio I, San	1 de marzo de 492-21 de noviembre de 496
Anastasio II	24 de noviembre de 496-19 de noviembre de 498
Símaco, San	22 de noviembre de 498-19 de julio de 514
Hormisdas, San	20 de julio de 514-6 de agosto de 523
Juan I, San	13 de agosto de 523-18 de mayo de 526
Félix III, San	12 de julio de 526-22 de septiembre de 530
Bonifacio II	22 de septiembre de 530-17 de octubre de 532
Juan II	2 de enero de 533-8 de mayo de 535
Agapito I, San	13 de mayo de 535-22 de abril de 536
Silverio, San	8 de junio de 536-11 de noviembre de 537
Vigilio	29 de marzo de 537-7 de junio de 555
Pelagio I	16 de abril de 556-3 de marzo de 561
Juan III	17 de julio de 561-13 de julio de 574
Benedicto I	2 de junio de 575-30 de julio de 579
Pelagio II	26 de noviembre de 579-7 de febrero de 590
Gregorio I Magno, San	3 de septiembre de 590-12 de marzo de 604
Sabiniano	13 de septiembre de 604-22 de febrero de 606
Bonifacio III	19 de febrero de 607-12 de noviembre de 607
Bonifacio IV, San	15 de septiembre de 608-8 de mayo de 615
Deodato I, San	19 de octubre de 615-8 de noviembre de 618
Bonifacio V	23 de diciembre de 619-23 de octubre de 625
Honorio I	27 de octubre de 625-12 de octubre de 638
Severino	28 de mayo de 639-2 de agosto de 640
Juan IV	24 de diciembre de 640-12 de octubre de 642
Teodoro I	24 de noviembre de 642-14 de mayo de 649
Martín, San	5 de julio de 649-17 de junio de 653
Eugenio I, San	10 de agosto de 654-2 de junio de 657
Vitaliano, San	30 de junio de 657-27 de enero de 672

PAPA	PAPADO
Deodato II	11 de abril de 672-17 de junio de 676
Domno	2 de noviembre de 676-11 de abril de 678
Agatón, San	27 de junio de 678-10 de enero de 681
León II	17 de agosto de 682-3 de julio de 683
Benedicto II, San	26 de junio de 684-8 de mayo de 685
Juan V	23 de julio de 685-2 de agosto de 686
Conon	21 de octubre de 686-21 de septiembre de 687
Sergio I	15 de diciembre de 687-9 de septiembre de 701
Juan VI	30 de octubre de 701-11 de enero de 705
Juan VII	1 de marzo de 705-18 de octubre de 707
Sisinio	15 de enero de 708-4 de febrero de 708
Constantino	25 de marzo de 708-9 de abril de 715
Gregorio II, San	19 de mayo de 715-11 de febrero de 731
Gregorio III, San	18 de marzo de 731-28 de noviembre de 741
Zacarías, San	3 de diciembre de 741-15 de marzo de 742
Esteban II	22 de marzo de 252-26 de marzo de 752 (no llegó a ser consagrado)
Esteban II (III)	26 de marzo de 752-26 de abril de 757
Pablo I, San	29 de mayo de 757-28 de junio de 767
Esteban III	7 de agosto de 768-24 de enero de 772
Adriano I	1 de febrero de 772-25 de diciembre de 775
León III, San	26 de diciembre de 795-12 de junio de 816
Esteban IV	23 de junio de 816-24 de enero de 817
Pascual I, San	24 de enero de 817-11 de febrero de 824
Eugenio II	Junio de 824-agosto de 827
Valentín	Agosto de 827-septiembre de 827
Gregorio IV	29 de marzo de 828-25 de enero de 844
Sergio II	26 de enero de 844-27 de enero de 847
León IV, San	10 de abril de 847-17 de julio de 855
Benedicto III	29 de septiembre de 855-17 de abril de 858
Nicolás, San	24 de abril de 858-13 de noviembre de 867
Adriano II	14 de diciembre de 867-872
Juan VIII	14 de diciembre de 872-16 de diciembre de 882
Marino I	16 de diciembre de 882-15 de mayo de 884
Adriano III, San	17 de mayo de 884-septiembre de 885
Esteban V, San	Septiembre de 885-14 de septiembre de 891
Formoso	6 de octubre de 891-4 de abril de 896
Bonifacio VI	Abril de 896

PAPA	PAPADO
Esteban VI	Mayo de 896-Agosto de 897
Romano	Agosto de 897-Noviembre de 897
Teodoro II	897
Juan IX	Enero de 898-Enero de 900
Benedicto IV	Mayo de 900-Agosto de 903
León V	Agosto de 903-Septiembre de 903
Sergio III	29 de enero de 904-14 de abril de 911
Anastasio III	Junio de 911-Agosto de 913
Lando	Agosto de 913-Marzo de 914
Juan X	Marzo de 914-Mayo de 928
León VI	Mayo de 928-Diciembre de 928
Esteban VII	Diciembre de 928-Febrero de 931
Juan XI	Marzo de 931-Diciembre de 935
León VII	3 de enero de 936-13 de julio de 939
Esteban VIII	14 de julio de 939-octubre de 942
Marino II	30 de octubre de 942-mayo de 946
Agapito II	10 de mayo de 946-diciembre de 955
Juan XII	16 de diciembre de 955-14 de mayo de 964
León VIII	4 de diciembre de 963-1 de marzo de 965
Benedicto V	22 de mayo de 964-23 de junio de 964
Juan XIII	1 de octubre de 965-6 de septiembre de 972
Benedicto VI	19 de enero de 973-julio de 974
Benedicto VII	Octubre de 974-10 de julio de 983
Juan XIV	Diciembre de 983-20 de agosto de 984
Juan XV	Agosto de 985-Marzo de 996
Gregorio V	3 de mayo de 996-18 de febrero de 999
Silvestre II	2 de abril de 999-12 de mayo de 1003
Juan XVII	16 de mayo de 1003-6 de noviembre de 1003
Juan XVIII	25 de diciembre de 1003-junio de 1009
Sergio IV	31 de julio de 1009-12 de mayo de 1012
Benedicto VIII	17 de mayo de 1012-9 de abril de 1024
Juan XIX	19 de abril de 1024-20 de octubre de 1032
Benedicto IX	21 de octubre de 1032-Septiembre de 1044
	10 de marzo-1 de mayo de 1045
	8 de noviembre de 1047-16 de julio de 1048
Clemente II	24 de diciembre de 1046-9 de octubre de 1047
Dámaso II	17 de julio de 1048-9 de agosto de 1048
León IX	12 de febrero de 1049-19 de abril de 1054

PAPA	PAPADO
Víctor II	13 de abril de 1055-28 de julio de 1057
Esteban IX	2 de agosto de 1057-29 de marzo de 1058
Nicolás II	6 de diciembre de 1058-19 de julio de 1061
Alejandro II	30 de septiembre de 1061-21 de abril de 1073
Gregorio VII, San	22 de abril de 1073-25 de mayo de 1085
Víctor III, San	24 de mayo de 1086-16 de septiembre de 1087
Urbano II	12 de marzo de 1088-29 de julio de 1099
Pascual II	13 de agosto de 1099-21 de enero de 1118
Gelasio II	24 de enero de 1118-29 de enero de 1119
Calixto II	2 de febrero de 1119-14 de diciembre de 1124
Honorio II	21 de diciembre de 1124-13 de febrero de 1130
Inocencio II	14 de febrero de 1130-24 de septiembre de 1143
Celestino II	26 de septiembre de 1143-8 de marzo de 1144
Lucio II	14 de marzo de 1144-15 de febrero de 1145
Eugenio III, San	15 de febrero de 1145-8 de julio de 1153
Anastasio IV	8 de julio de 1153-3 de diciembre de 1154
Adriano IV	4 de diciembre de 1154-1 de septiembre de 1159
Alejandro III	7 de septiembre de 1159-30 de agosto de 1181
Lucio III	Septiembre 1181-25 noviembre 1185
Urbano III	25 de noviembre de 1185-20 de octubre de 1187
Gregorio VIII	21 de octubre de 1187-17 de diciembre de 1187
Clemente III	19 de diciembre de 1187-30 de marzo de 1191
Celestino III	Marzo de 1191-8 de enero de 1198
Inocencio III	8 de enero de 1198-16 de julio de 1216
Honorio III	18 de julio de 1216-18 de marzo de 1227
Gregorio IX	19 de marzo de 1227-22 de agosto de 1241
Celestino IV	25 de octubre de 1241-10 de noviembre de 1241
Inocencio IV	25 de junio de 1243-7 de diciembre de 1254
Alejandro IV	12 de diciembre de 1254-25 de mayo de 1261
Urbano IV	29 de agosto de 1262-2 de octubre de 1264
Clemente IV	29 de febrero de 1265-29 de noviembre 1268
Gregorio X, San	1 de septiembre de 1271-10 de enero de 1276
Inocencio V, beato	21 de enero de 1276-22 de junio de 1276
Adriano V	11 de julio de 1276-18 de agosto de 1276 (sacado de la lista de papas en 1975)
Juan XXI	8 de septiembre de 1276-20 de mayo de 1277
Nicolás III	25 de noviembre de 1277-22 de agosto de 1280
Martín IV	22 de febrero de 1281-28 de marzo de 1285

PAPA	PAPADO
Honorio IV	2 de abril de 1285-3 de abril de 1287
Nicolás IV	22 de febrero de 1288-4 de abril de 1292
Celestino V, San	5 de julio de 1294-13 de diciembre de 1294
Bonifacio VIII	24 de diciembre de 1294-12 de octubre de 1303
Benedicto XI, beato	22 de octubre de 1303-7 de julio de 1304
Clemente V	5 de junio de 1305-20 de abril de 1314
Juan XXII	7 de agosto de 1316-4 de diciembre de 1334
Benedicto XII	20 de diciembre de 1334-25 de abril de 1342
Clemente VI	7 de mayo de 1342-6 de diciembre de 1352
Inocencio VI	18 de diciembre de 1352-12 de septiembre de 1362
Urbano V, beato	28 de septiembre de 1362-19 de diciembre de 1370
Gregorio XI	30 de diciembre de 1370-27 de marzo de 1378
Urbano VI	8 de abril de 1378-15 de octubre de 1389
Bonifacio IX	2 de noviembre de 1389-1 de octubre de 1404
Inocencio VII	17 de octubre de 1404-6 de noviembre de 1406
Gregorio XII	30 de noviembre de 1406-4 de julio de 1415
Interregno	4 de julio de 1415-11 de noviembre de 1417
Martín V	11 de noviembre de 1417-20 de febrero de 1431
Eugenio IV	3 de marzo de 1431-23 de febrero de 1447
Nicolás V	6 de marzo de 1447-24 de marzo de 1455
Calixto III	8 de abril de 1455-6 de agosto de 1558
Pío II	19 de agosto de 1458-15 de agosto de 1464
Paulo II	30 de septiembre de 1464-26 de julio de 1471
Sixto IV	9 de agosto de 1471-13 de agosto de 1484
Inocencio III	29 de agosto de 1484-25 de julio de 1492
Alejandro VI	10 de agosto de 1492-18 de agosto de 1503
Pío III	22 de septiembre de 1503-18 de octubre de 1503
Julio II	31 de octubre de 1503-21 de febrero de 1513
León X	11 de marzo de 1513-1 de diciembre de 1521
Adriano VI	9 de enero de 1522-14 de septiembre de 1523
Clemente VII	19 de noviembre de 1523-25 de septiembre de 1534
Paulo III	13 de octubre de 1534-10 de noviembre de 1549
Julio III	8 de febrero de 1550-23 de marzo de 1555
Marcelo II	9 de abril de 1555-1 de mayo de 1555
Paulo IV	23 de mayo de 1555-18 de agosto de 1559
Pío IV	25 de diciembre de 1559-9 de diciembre de 1565
Pío V, San	7 de enero de 1566-1 de mayo de 1572
Gregorio XIII	13 de mayo de 1572-10 de abril de 1585

PAPA	PAPADO
Sixto V	24 de abril de 1585-27 de agosto de 1590
Urbano VII	15 de septiembre de 1590-27 de septiembre de 1590
Gregorio XIV	5 de diciembre de 1590-15 de octubre de 1591
Inocencio IX	29 de octubre de 1591-30 de diciembre de 1591
Clemente VIII	30 de enero de 1592-5 de marzo de 1605
León XI	11 de abril de 1605-27 de abril de 1605
Paulo V	16 de mayo de 1605-28 de enero de 1621
Gregorio XV	6 de febrero de 1621-8 de julio de 1623
Urbano VIII	6 de agosto de 1623-29 de julio de 1644
Inocencio X	15 de septiembre de 1644-7 de enero de 1655
Alejandro VII	7 de abril de 1655-22 de mayo de 1667
Clemente IX	20 de junio de 1667-9 de diciembre de 1669
Clemente X	29 de abril de 1670-22 de julio de 1676
Inocencio XI	21 de septiembre de 1676-12 de agosto de 1689
Alejandro VIII	6 de octubre de 1689-1 de febrero de 1691
Inocencio XII	12 de julio de 1691-27 de septiembre de 1700
Clemente XI	23 de septiembre de 1700-19 de marzo de 1721
Inocencio XIII	8 de mayo de 1721-7 de marzo de 1724
Benedicto XIII	29 de mayo de 1724-21 de febrero de 1730
Clemente XII	12 de julio de 1730-8 de febrero de 1740
Benedicto XIV	17 de julio de 1740-3 de mayo de 1758
Clemente XIII	6 de julio de 1758-2 de febrero de 1769
Clemente XIV	19 de mayo de 1769-21 de septiembre de 1744
Pío VI	15 de febrero de 1775-29 de agosto de 1799
Pío VII	14 de marzo de 1800-20 de agosto de 1823
León XII	28 de septiembre de 1823-10 de febrero de 1829
Pío VIII	31 de marzo de1829-30 de noviembre de 1830
Gregorio XVI	2 de febrero de 1831-1 de junio de 1846
Pío IX	16 de junio de 1846-7 de febrero de 1878
León XIII	20 de febrero de 1878-20 de julio de 1903
Pío X, San	4 de agosto de 1903-20 de agosto de 1914
Benedicto XV	3 de septiembre de 1914-22 de enero de 1922
Pío XI	6 de febrero de 1922-10 de febrero de 1939
Pío XII	2 de marzo de 1939-9 de octubre de 1958
Juan XXIII	28 de octubre de 1958-3 de junio de 1963
Pablo VI	21 de junio de 1963-6 de agosto de 1978
Juan Pablo I	26 de agosto de 1978-29 de septiembre de 1978
Juan Pablo II	16 de octubre de 1978-2 de abril de 2005
Benedicto XVI	19 de abril de 2005

Anexo II

Organigrama Vaticano

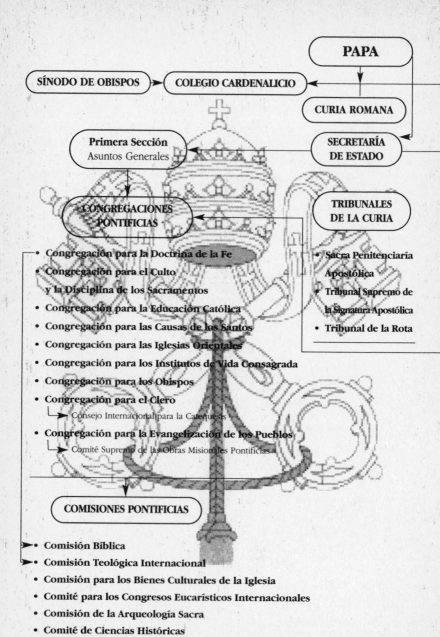

PAPA

SÍNODO DE OBISPOS → **COLEGIO CARDENALICIO** ←

CURIA ROMANA

Primera Sección
Asuntos Generales

**SECRETARÍA
DE ESTADO**

**CONGREGACIONES
PONTIFICIAS**

**TRIBUNALES
DE LA CURIA**

- Congregación para la Doctrina de la Fe
- Congregación para el Culto
  y la Disciplina de los Sacramentos
- Congregación para la Educación Católica
- Congregación para las Causas de los Santos
- Congregación para las Iglesias Orientales
- Congregación para los Institutos de Vida Consagrada
- Congregación para los Obispos
- Congregación para el Clero
  → Consejo Internacional para la Catequesis
- Congregación para la Evangelización de los Pueblos
  → Comité Supremo de las Obras Misionales Pontificias

- Sacra Penitenciaría
  Apostólica
- Tribunal Supremo de
  la Signatura Apostólica
- Tribunal de la Rota

COMISIONES PONTIFICIAS

- Comisión Bíblica
- Comisión Teológica Internacional
- Comisión para los Bienes Culturales de la Iglesia
- Comité para los Congresos Eucarísticos Internacionales
- Comisión de la Arqueología Sacra
- Comité de Ciencias Históricas
- Comisión «Ecclesia Dei»
- Comité Disciplinar de la Curia Romana

VICARIADO
de la Ciudad del Vaticano

GOBERNATORIADO
de la Ciudad del Vaticano

Segunda Sección
Relaciones con los Estados

*Nunciaturas
en el extranjero*

OFICINAS

OTROS ORGANISMOS

- Cámara Apostólica
- Consejo «de los 15»
  *(Órgano extravaticano
  de control cardenalicio)*
- APSA
- Prefectura de
  Asuntos Económicos

- Prefectura de
  la Casa Pontificia
- Oficina para las
  Celebraciones Litúrgicas
  del Sumo Pontífice
- Sala de Prensa de la Santa Sede

- Monumentos, Museos y
  Galerías Pontificias
- Specola Vaticana
- Tribunales (*del Vaticano*)
- Comisión Permanente para
  la Tutela de Monumentos
- Fondo de Asistencia
  Sanitaria
- IOR
- Guardia Suiza
- Santa Alianza
  (Servicio Espionaje)

Sodalitium Pianum
(Contraespionaje)

CONSEJOS PONTIFICIOS

INSTITUCIONES VINCULADAS A LA SANTA SEDE

- Consejo para los Laicos
- Consejo para la Familia
- Consejo «Justicia y Paz»
- Consejo «Cor Unum»
- Consejo para Migrantes e Itinerantes
- Consejo para los Operadores Sanitarios
- Consejo para la Interpretación
  de los Textos Legislativos
- Consejo para la Cultura
- Consejo para las Comunicaciones
  Sociales
- Consejo para el Diálogo Inter-Religioso
  - ➤ Comisión para la Relación con los Musulmanes
- Consejo para la Unidad de los Cristianos
  - ➤ Comisión para las Relaciones con el Judaísmo

Beneficiencia
- Limosnería Apostólica
- Dono di Maria

Documentación
- Archivo Secreto Vaticano
- Biblioteca Apostólica
  Vaticana

Academias Pontificias
- Academia de las Ciencias
- Academia para la Vida

Actividad Editorial
- Tipografía Vaticana
- LEV (Librería Editrice Vaticana)

Medios de Comunicación
- Radio Vaticano
- CTV (Centro Televisivo Vaticano)
- *L'Osservatore Romano*

Varios
- Fábrica de San Pedro
- ULSA

Anexo III

Lista de los 115 cardenales
que eligieron a Benedicto XVI

1. AGNELO, Geraldo Majella: 19/10/1933, Brasil.
2. AGRÉ, Bernard: 02/03/1926, Costa de Marfil.
3. ÁLVAREZ MARTÍNEZ, Francisco: 14/07/1925, España.
4. AMBROZIC, Aloysius Matthew: 27/01/1930, Canada.
5. AMIGO VALLEJO, Carlos: 23/08/1934, España.
6. ANTONELLI, Ennio: 18/11/1936, Italia.
7. ARINZE, Francis: 01/11/1932, Nigeria.
8. BACKIS, Audrys Jouzas: 01/03/1937, Lituania.
9. BARBARIN, Philippe: 17/10/1950, Francia.
.0. BAUM, William Wakefield: 21/11/1926, EE. UU.
11. BERGOGLIO, Jorge Mario: 17/12/1936, Argentina.
12. BERTONE, Tarcisio: 01/12/1934, Italia.
13. BIFFI, Giacomo: 13/06/1928, Italia.
14. BOZANIC, Josip: 20/03/1949, Croacia.
15. CACCIAVILAN, Agostino: 14/08/1926, Italia.
16. CARLES GORDÓ, Ricardo María: 24/09/1926, España.
17. CASTRILLÓN HOYOS, Darío: 04/07/1929, Colombia.
18. CE, Marco: 08/07/1925, Italia.
19. CIPRIANI THORNE, Juan Luis: 28/12/1943, Perú.
20. CONNEL, Desmond: 24/03/1926, Irlanda.
21. CRUZ POLICARPO, José da: 26/02/1936, Portugal.
22. DANNEELS, Godfried: 04/06/1933, Bélgica.
23. DAOUD, Ignace Moussa I: 18/09/1930, Siria.
24. DARMAATMADJA: Julius Riyadi, SJ 20/12/1934, Indonesia.
25. DE GIORGI: Salvatore: 06/09/1930, Italia.
26. DIAS, Ivan: 14/04/1936, India.
27. EGAN, Edward Michel: 02/04/1932, EE. UU.
28. ERDÖ, Péter: 25/06/1952, Hungría.
29. ERRÁZURIZ OSSA, Francisco Javier: 05/09/1933, Chile.
30. ETSOU-NZABI-BAMUNGWABI, Frédéric: 03/12/1930, Congo.
31. FALCAO FREIRE, José: 23/10/1925, Brasil.
32. GEORGE, Francis Eugene: 16/01/1937, EE. UU.
33. GIORDANO, Michele: 26/09/1930, Italia.
34. GLEMP, Józef: 18/12/1929, Polonia.
35. GROCHOLESWKI, Zenon: 11/10/1939, Polonia.
36. HAMAO, Stephen Fumio: 09/03/1930, Japón.
37. HERRANZ CASADO, Julián: 31/03/1930, España.
38. HUMMES, Cláudio: 08/08/1934, Brasil.
39. HUSAR, Lubomyr: 26/02/1933, Ucrania.
40. JAWORSKI, Marian: 21/08/1926, Ucrania.

41. KASPER, Walter: 05/03/1933, Alemania.
42. KEELER, William Henry: 04/03/1931, EE.UU.
43. KITBUNCHU, Michael Michai: 25/01/1929, Tailandia.
44. LAW, Bernard Francis: 04/11/1931, EE. UU.
45. LEHMANN, Karl: 16/05/1936, Alemania.
46. LÓPEZ RODRÍGUEZ, Nicolás: 31/10/1936, República Dominicana.
47. LÓPEZ TRUJILLO, Alfonso: 08/11/1935, Colombia.
48. LOZANO BARRAGÁN, Javier: 26/01/1933, México.
49. LUSTIGER, Jean-Marie: 17/09/1926, Francia.
50. MACHARSKI, Franciszek: 20/05/1927, Polonia.
51. MAHONY, Roger Michael: 27/02/1936, EE. UU.
52. MAIDA, Adam Joseph: 18/03/1930, EE. UU.
53. MARCHISANO, Francesco: 25/06/1929, Italia.
54. MARTÍNEZ SOMALO, Eduardo: 31/03/1927, España.
55. MARTINI, Carlo Mª: 15/02/1927, Italia.
56. MARTINO, Renato Raffaele: 23/11/1932, Italia.
57. McCARRIK, Theodore Edgar: 07/07/1930, EE. UU.
58. MEDINA ESTÉVEZ, Jorge Arturo: 23/12/1926, Chile.
59. MEISNER, Joachim: 25/12/1933, Alemania.
60. MURPHY-O´CONNOR, Cormac: 24/08/1932, Inglaterra.
61. NAPIER, Wilfried Fox: 08/03/1941, Suráfrica.
62. NICORA, Attilio: 16/03/1937, Italia.
63. O'BRIEN, Keith Michael Patrick: 17/03/1938, Escocia.
64. OBANDO BRAVO, Miguel: 02/02/1926, Nicaragua.
65. OKOGIE, Anthony Olubunmi: 16/06/1936, Nigeria.
66. ORTEGA Y ALAMINO, Jaime Lucas: 18/10/1936, Cuba.
67. OUELLET, Marc: 08/06/1944, Canadá.
68. PANAFIEU, Bernard: 26/01/1931, Francia.
69. PASKAI, László: 08/05/1927, Hungría.
70. PELL, George: 08/06/1941, Australia.
71. PENGO, Polycarp: 05/08/1944, Tanzania.
72. PHAM MINH MÂN, Jean-Baptiste: 01/01/1934, Vietnam.
73. POLLETO, Severino: 18/03/1933, Italia.
74. POMPEDDA, Mario Francesco: 18/04/1929, Italia.
75. POUPARD, Paul: 30/08/1930, Francia.
76. PUJATS, Janis: 14/11/1930, Letonia.
77. PULJIC, Vínko: 08/09/1945, Bosnia/Herzegovina.
78. QUEZADA TORUÑO, Rodolfo: 08/03/1932, Guatemala.
79. RATZINGER, Joseph: 16/04/1927, Alemania.
80. RAZAFINDRATANDRA, Armand Gaétan: 07/08/1925, Madagascar.

81. RE, Giovanni Battista: 30/01/1934, Italia.
82. RIGALI, Justin Francis: 19/04/1935, EE. UU.
83. RIVERA CARRERA, Norberto: 06/06/1942, México.
84. RODRÍGUEZ MARADIAGA, Oscar Andrés: 29/12/1942, Honduras.
85. ROUCO VARELA, Antonio Mª: 24/08/1936, España.
86. RUBIANO SÁENZ, Pedro: 13/09/1932, Colombia.
87. RUINI, Camillo: 19/02/1931, Italia.
88. SANDOVAL ÍÑIGUEZ, Juan: 28/03/1933, México.
89. SARAIVA MARTINS, José: 06/01/1932, Portugal.
90. SCHEID, Eusebio Oscar: 08/12/1932, Brasil.
91. SCHÖNBORN, Christoph: 22/01/1945, Austria.
92. SCHWERY, Henri: 14/06/1932, Suiza.
93. SCOLA, Angelo: 07/11/1941, Italia.
94. SEBASTIANI, Sergio: 11/04/1931, Italia.
95. SEPE, Crescenzio: 02/06/1943, Italia.
96. SHIRAYANAGI, Peter Seiichi: 17/06/1928, Japón.
97. SIMONIS, Adrianus Johannes: 26/11/1931, Países Bajos.
98. SODANO, Angelo: 23/11/1927, Italia.
99. STAFFORD, James Francis: 26/07/1932, EE. UU.
100. STERZINSKY, Georg Maximilian: 09/02/1936, Alemania.
101. SZOKA, Edmund Casimir: 14/09/1927, EE. UU.
102. TAURAN, Jean-Louis: 05/04/1943, Francia.
103. TERRAZAS SANDOVAL, Julio: 07/03/1936, Bolivia.
104. TETTAMANZI, Dionigi: 14/03/1934, Italia.
105. TOPPO, Telesphore Placidus: 15/10/1939, India.
106. TUMI, Christian Wiyghan: 15/10/1930, Camerún.
107. TURCOTTE, Jean-Claude: 26/06/1936, Canadá.
108. TURKSON, Peter Kodwo Appiah: 11/10/1948, Ghana.
109. VIDAL, Ricardo J.: 06/02/1931, Filipinas.
110. VITHAYATHIL, Varkey: 29/05/1927, India.
111. VLK, Miloslav: 17/05/1932, República Checa.
112. WAMALA, Emmanuel: 15/12/1926, Uganda.
113. WETTER, Friedrich: 20/02/1928, Alemania.
114. WILLIAMS, Thomas Stafford: 20/03/1930 ,Nueva Zelanda.
115. ZUBEIR WAKO, Gabriel: 27/02/1941, Sudán.
116. SUÁREZ RIVERA, Adolfo Antonio: 09/01/1927, México.
(No asistió al cónclave por problemas de salud.)
117. SIN, Jaime L.: 31/08/1928, Filipinas.
(No asistió al cónclave por enfermedad renal y crisis diabética.)

Anexo IV

Testamento de Juan Pablo II

6-3-1979

Totus tuus ego sum

En el nombre de la Santísima Trinidad. Amén. «Velad, porque no sabéis el día en que vendrá nuestro Señor» (cf. Mt 24, 42); estas palabras me recuerdan la última llamada, que tendrá lugar en el momento en que el Señor así lo quiera. Deseo seguirlo y deseo que todo aquello que hace parte de mi vida terrena me prepare para este momento. No sé cuando sucederá, pero como todo, también en este momento me pongo en las manos de la Madre de mi Maestro: *Totus Tuus*. En las mismas manos maternas dejo todo y Todos aquellos con los que me ha relacionado mi vida y mi vocación. En estas Manos dejo sobre todo a la Iglesia, y también a mi Nación y a toda la humanidad. Agradezco a todos. A todos pido perdón. Pido también la oración, para que la Misericordia de Dios se muestre más grande que mi debilidad e indignidad.

Durante los ejercicios espirituales he releído el testamento del Santo Padre Pablo VI. Esta lectura me ha impulsado a escribir el presente testamento.

No dejo tras de mí alguna propiedad de la que sea necesario disponer. En cuanto a las cosas de uso cotidiano que me servían, pido que sean distribuidas como sea oportuno. Los apuntes personales sean quemados. Pido que por esto vigile don Stanislao, a quien agradezco por su colaboración y la ayuda tan prolongada por los años y tan compresiva. Todos los otros agradecimientos, en cambio, los dejo en el corazón delante de Dios mismo, porque es difícil expresarlos.

Por lo que se refiere al funeral, repito las mismas disposiciones, que dio el Santo Padre Pablo VI (el sepulcro en la tierra, no en un sarcófago).

«Apud Dominum misericordia et copiosa apud Eum redemptio»

Roma, 6-III-1979

Después de la muerte pido la Santa Misa y oraciones 5-III-1990

Hoja sin fecha:

Expreso la más profunda confianza en que, no obstante mi debilidad, el Señor me concederá cada gracia necesaria para afrontar según Su voluntad cualquier tarea, prueba y sufrimiento que quiera requerir de Su siervo, en el curso de la vida. Tengo también confianza que no permitirá jamás que, mediante alguna aproximación mía: palabras, obras u omisiones, pueda traicionar mis obligaciones en esta santa Sede Petrina.

24-II-I-III-1980

También durante estos ejercicios espirituales he reflexionado sobre la verdad del Sacerdocio de Cristo en la perspectiva de aquel Tránsito que para cada uno de nosotros es el momento de nuestra muerte. De la despedida de este mundo, para nacer a otro, al mundo futuro, signo elocuente (decisivo) es para nosotros la Resurrección de Cristo.

He leído entonces el registro de mi testamento del último año, hecha también durante los ejercicios espirituales; la he comparado con el testamento de mi grande Predecesor y Padre Paolo VI, con aquel sublime testimonio sobre la muerte de un cristiano y de un papa, y he renovado en mí la conciencia de las cuestiones, a las cuales se refiere el registro del 6-III-1979 preparada por mí (en modo sobre todo provisorio).

Hoy deseo agregar a esta solo esto, que cada uno debe tener presente la perspectiva de la muerte. Y debe estar listo para presentarse delante del Señor y del Juez, y contemporáneamente Redentor y Padre. Entonces yo también tomo en consideración esto continuamente, confiando aquel momento decisivo a la Madre de Cristo y de la Iglesia, la Madre de mi esperanza.

Los tiempos, en los que vivimos, son indeciblemente difíciles e inquietos. Difícil y duro se ha tornado también el camino de la Iglesia, prueba característica de estos tiempos tanto para los Fieles como para los Pastores. En algunos Países (como por ejemplo en aquel sobre el que he leído durante los ejercicios espirituales) la Iglesia se encuentra en un periodo de persecución tal que no es inferior a aquellos de los primeros siglos, es más, los supera por el grado despiadado y odio. *Sanguis martyrum, semen christianorum.* Y además de esto, tantas personas desaparecen inocentemente, también es este País en el que vivimos...

Deseo aún una vez más confiarme totalmente a la gracia del Señor. Él mismo decidirá cuándo y cómo debo terminar mi vida terrena y el ministerio pastoral. En la vida y en la muerte *Totus tuus* mediante la Inmaculada. Aceptando desde ahora esta muerte, espero que el Cristo me dé la gracia para el último pasaje, es decir, (mi) Pascua. Espero también que la haga útil para esta causa más importante que busco servir: la salvación de los hombres, la salvaguardia de la familia humana, y en ella de todas las naciones y los pueblos (entre ellos me dirijo también en modo particular a mi Patria terrena), útil para las personas que en modo particular me ha confiado, por la cuestión dé la Iglesia, para la gloria del mismo Dios.

No deseo agregar nada a aquello escrito un año atrás, solo expresar este estar listo y contemporáneamente confianza, a la cual los presentes ejercicios espirituales de nuevo me han dispuesto.

Juan Pablo II
Totus Tuus ego sum
5-III-1982
En el curso de los ejercicios espirituales de este año he leído (más veces) el texto del testamento del 6-III-1979. No obstante que aún lo considero provisorio (no definitivo), lo dejo en la forma en que existe. No cambio (por ahora) nada, y tampoco agrego, en lo que se refiere a las disposiciones contenidas en él.

El atentado contra mi vida el 13-V-1981 en algún motivo ha confirmado la exactitud de las palabras escritas en el periodo de los ejercicios espirituales de 1980 (24-II-1-III).

Aún más profundamente siento que me encuentro totalmente en las Manos de Dios, y permanezco continuamente a disposición de mi Señor, confiándome a Él en Su Inmaculada Madre (*Totus Tuus*).

Juan Pablo II
5-III-82
En relación con la última frase de mi testamento del 6-III-1979 («sobre el lugar, el lugar del funeral, decida el Colegio Cardenalicio y los Connacionales), aclaro que tengo en mente: el metropolitano de Cracovia o el Consejo General del Episcopado de Polonia, al Colegio Cardenalicio pido en tanto de satisfacer en cuanto sea posible las eventuales preguntas de los nombrados arriba.

1-III-1985 (en el curso de los ejercicios espirituales) Todavía, en lo que se refiere la expresión «Colegio Cardenalicio y los Connacionales», el «Colegio Cardenalicio» no tiene ninguna obligación de interpelar sobre este argumento; «los Connacionales, sin embargo, pueden hacerlo, si por algún motivo lo consideran justo.

JP II

Los ejercicios espirituales del año jubilar 2000
(12-18-III)

(para el testamento)

1. Cuando el día 16 de octubre de 1978 el cónclave de los cardenales escogió a Juan Pablo II, el Primado de Polonia Card. Stefan Wyszynski me dijo: «La tarea del nuevo Papa será la de introducir a la Iglesia en el Tercer Milenio». No sé si repito exactamente la frase, pero por lo menos ese era el sentido de aquello que entonces escuché. Lo dijo el Hombre que ha pasado a la historia como Primado del Milenio. Un gran Primado. He sido testimonio de su misión, de Su total confianza. De Sus luchas: de Su victoria. «La victoria, cuando suceda, será una victoria mediante María»; estas palabras de su Predecesor, el cardenal August Hlond, solía repetir el Primado del Milenio.

En este modo he estado preparado en algún modo para la tarea que el día 16 de octubre de 1978 se ha presentado a mí. En el momento en que escribo estas palabras, el Año Jubilar del 2000 es ya una realidad en acto. La noche del 24 de diciembre de 1999 fue abierta la simbólica Puerta del Gran Jubileo en la Basílica de San Pedro, seguidamente aquella de San Juan de Letrán, después de Santa María la Mayor; en año nuevo, y el día 19 de enero la Puerta de la Basílica de San Pablo Extramuros. Este último hecho, dado su carácter ecuménico, ha quedado impreso en la memoria en modo muy particular.

2. En la media en que el Año Jubilar 2000 va adelante, de día en día se cierra tras de nosotros el siglo veinte y se abre el siglo veintiuno. Según los designios de la Providencia, me ha sido concedido vivir en el difícil siglo que está yendo al pasado, y ahora en el año en el que la edad de mi vida alcanza los ochenta años (*octogesima adveniens*),

es necesario preguntarse si no es tiempo de repetir con el bíblico Simeón *Nunc dimittis*.

El día 13 de mayo de 1981, el día del atentado al Papa durante la audiencia general en Plaza San Pedro, la Divina Providencia me ha salvado en un modo milagroso de la muerte. Aquel que es único Señor de la vida y de la muerte Él mismo me ha prolongado esta vida, en un cierto modo me la ha donado nuevamente. Desde este momento mi vida pertenece aún más a Él. Espero que Él me ayudará a reconocer hasta cuándo debo continuar este servicio, al cual me ha llamado el día 16 de octubre de 1978. Le pido de querer llamarme cuando Él mismo lo quiera. «En la vida y en la muerte pertenecemos al Señor... somos del Señor» (cf. Rm 14, 8). Espero también que hasta que me sea donado cumplir el servicio Petrino en la Iglesia, la Misericordia de Dios quiera prestarme las fuerzas necesarias para este servicio.

3. Como cada año durante los ejercicio espirituales, he leído mi testamento del 6-III-1979. Continuo manteniendo las disposiciones contenidas en él. Aquello que entonces, y también durante los sucesivos ejercicios espirituales, fue agregado constituye un reflejo de la difícil y dura situación general que ha marcado los años ochenta. Desde el otoño del año 1989 esta situación ha cambiado. El último decenio del siglo pasado ha estado libre de las precedentes tensiones; esto no significa que no haya portado consigo nuevos problemas y dificultades. En modo particular sea alabada la Providencia Divina por esto, que el periodo de la así llamada «guerra fría» ha terminado sin el violento conflicto nuclear, cuyo peligro pesaba sobre el mundo en el periodo precedente.

4. Estando en el umbral del tercer milenio *in medio Ecclesiae*, deseo aún una vez más expresar gratitud al Espíritu

Santo por el gran don del Concilio Vaticano II, al que junto con la entera Iglesia, y sobre todo con el entero episcopado, me siento deudor. Estoy convencido que aún por largo tiempo será dado a las nuevas generaciones descubrir las riquezas que este Concilio del siglo xx nos ha dejado. Como obispo que ha participado al evento conciliar desde el primer hasta el último día, deseo confiar este gran patrimonio a todos aquellos que son y serán los futuros llamados a realizarlo. Por mi parte, agradezco al eterno Pastor que me ha permitido servir a esta grandísima causa en el curso de todos los años de mi pontificado.

In medio Ecclesiae... Desde los primeros años del servicio episcopal, resalto que gracias al Concilio, me fue dado experimentar la fraterna comunión del Episcopado. Como sacerdote de la Archidiócesis de Cracovia había experimentado qué cosa fuese la fraterna comunión del presbiterio; el Concilio ha abierto una nueva dimensión de esta experiencia.

5. ¡Cuántas personas debería nombrar! Probablemente el Señor Dios ha llamado a Sí la mayoría de ellas; en cuanto a aquellos que aún se encuentran en esta parte, las palabras de este testamento las recuerden, todos y por todas partes, donde sea que se encuentren.

En el curso de más de veinte años en los que realizo el servicio Petrino *in medio Ecclesiae* he experimentado la benévola y como nunca fecunda colaboración de tantos Cardenales, Arzobispos y Obispos, tantos sacerdotes, también personas consagradas; Hermanos y Hermanas; en fin, tantísimas personas laicas, en el ambiente curial, en el Vicariato de la Diócesis de Roma, así como fuera de estos ambientes.

¡Cómo no abrazar con grata memoria a todos los Episcopados del mundo, con los cuales me he encontrado en el sucederse de las visitas, *ad limina Apostolorum*! ¡Cómo no recordar también a tantos Hermanos cristianos, no católicos! ¡Y al rabino de Roma y a numerosos representantes de las religiones no cristianas! ¡Y a cuantos representan en el mundo de la cultura, de la ciencia, de la política, de los medios de comunicación social!

6. En la medida en que se acerca el límite de mi vida terrena regreso con la memoria al inicio, a mis Padres, al Hermano y a la Hermana (que no he conocido, porque murió antes de mi nacimiento), a la parroquia de Wadowice, donde he sido bautizado, a aquella ciudad de mi amor, a los coetáneos, compañeros y compañeras de la escuela elemental, del gimnasio, de la universidad, hasta los tiempos de la ocupación, cuando trabajé como obrero, y enseguida a la parroquia de Niegowie, a aquella Cracoviana de San Floriano, a la pastoral de los académicos, al ambiente... a todos los ambientes... a Cracovia y a Roma... a las personas que en modo especial me han sido confiadas en el Señor.

A todos quiero decir una sola cosa: «Dios os recompense».

In manus Tuas, Domine, commendo spiritum meum.
A.D.
17-III-2000

Anexo V

Texto de la homilía del funeral de Juan Pablo II

(Impartida por el cardenal Joseph Ratzinger, hoy Benedicto XVI)

Viernes 8 de abril de 2005

¡Sígueme! Esta palabra lapidaria de Cristo puede ser considerada la llave para comprender el mensaje que viene de la vida de nuestro llorado y amado papa Juan Pablo II, cuyos restos trasladamos hoy a la tierra como semilla de inmortalidad; el corazón lleno de tristeza, pero también de alegre esperanza y profunda gratitud.

Estos son los sentimientos de nuestro ánimo, Hermanos y Hermanas en Cristo, presentes en la Plaza de San Pedro, en las calles adyacentes y en otros lugares de la ciudad de Roma, poblada estos días de una inmensa multitud silenciosa y en oración. A todos saludo cordialmente. También, en nombre del Colegio de Cardenales, deseo dirigir mi deferente pensamiento a los jefes de Estado, de Gobierno y a las delegaciones de los distintos países. Saludo a las autoridades y representantes de las Iglesias y Comunidades cristianas, así como a los de diversas religiones. Saludó también a los Arzobispos, los Obispos, los sacerdotes, los religiosos, las religiosas y los fieles venidos de cada continente; en modo especial a los jóvenes, que Juan Pablo II amaba definir como futuro y esperanza de la Iglesia. Mi saludo alcanza, además, a los que en cada parte del mundo se unen a nosotros a través de la radio y la televisión en esta participación coral en el solemne rito de despedida al amado Pontífice.

¡Sígueme! Como joven estudiante, Karol Wojtyla era un entusiasta de la literatura, del teatro, de la poesía. Trabajando en una fábrica química, rodeado y amenazado por el terror nazi, sintió la voz del Señor: ¡Sígueme! En este contexto concreto comenzó a leer libros de filosofía y teología, entró después en el seminario clandestino creado por el

Cardenal Sapieha y tras la guerra pudo completar sus estudios en la Facultad Teológica de la Universidad Jaghellonica de Cracovia. Muchas veces, en sus cartas a los sacerdotes y en sus libros autobiográficos, nos ha hablado de su sacerdocio, en el que fue ordenado el 1 de noviembre de 1946. En estos textos interpreta su sacerdocio en particular a partir de tres mensajes del Señor. Sobre todo este: «No me habéis elegido vosotros a mí, sino que yo os he elegido a vosotros y os he instruido para que vayáis y llevéis fruto y vuestro fruto permanezca» (Jn 15,16). La segunda frase es: «El buen pastor ofrece la vida por las ovejas» (Jn 10,11). Y finalmente: «Como el Padre me ha amado, así os he amado yo. Permanecéis en mi amor» (Jn 15,9). En estas tres frases vemos toda el alma de nuestro Santo Padre. Realmente anduvo a todos los lugares e incansablemente para llevar fruto, un fruto que permanece.

«¡Levantaos, vamos!», es el título de su penúltimo libro. «¡Levantaos, vamos!» Con estas palabras nos ha despertado de una fe cansada, del sueño de los discípulos de ayer y de hoy. «¡Levantaos, vamos!», nos dice también hoy. El Santo Padre ha sido un sacerdote hasta el final, porque ha ofrecido su vida a Dios por sus ovejas y por toda la familia humana, en un dono cotidiano al servicio de la Iglesia y sobre todo en las difíciles pruebas de los últimos meses.

Así se ha convertido en una sola cosa con Cristo, el buen pastor que ama a sus ovejas. Y, finalmente, «permaneced en mi amor»: el Papa, que ha buscado el encuentro con todos, que ha tenido una capacidad de perdón y de apertura del corazón para todos, nos dice, también hoy, con estas palabras del Señor: Viviendo en el amor de Cristo aprendemos, en la escuela de Cristo, el arte del verdadero amor.

¡Sígueme! En julio de 1958 comienza para el joven sacerdote Karol Wojtyla una nueva etapa en el camino con el Señor y detrás del Señor. Karol se había dirigido, como de costumbre, con un grupo de jóvenes apasionados de la canoa a los lagos Masuri para pasar unas vacaciones juntos. Pero llevaba con él una carta que lo invitaba a presentarse al Primado de Polonia, Cardenal Wyszynski, y podía adivinar el objetivo del encuentro: su nombramiento como obispo auxiliar de Cracovia.

Dejar la enseñanza académica, dejar esta estimulante comunión con los jóvenes, dejar el gran esfuerzo intelectual para conocer e interpretar el misterio de la criatura hombre, para hacer presente en el mundo de hoy la interpretación cristiana de nuestro ser —todo lo que debía parecerle como un perderse a sí mismo, perder precisamente cuanto se había convertido en la identidad humana de este joven sacerdote.

Sígueme; Karol Wojtyla aceptó, sintiendo en la llamada de la Iglesia la voz de Cristo. Y luego se dio cuenta de que la palabra del Señor es auténtica: «Quien trate de salvar su propia vida la perderá, quien en cambio la haya perdido la salvará».

Nuestro Papa —lo sabemos todos— nunca quiso salvar la propia vida, guardarla para sí; quiso darse sin reservas, hasta el último momento, para Cristo y también para nosotros. De tal manera pudo experimentar que todo lo que había dejado en las manos del Señor volvió de una nueva manera: el amor a la palabra, a la poesía, a las cartas, fue una parte esencial de su misión pastoral y ha dado nueva frescura, nueva actualidad, nueva atracción al anuncio del Evangelio, incluso cuando ello es signo de contradicción.

¡Sígueme! En octubre de 1978, el Cardenal Wojtyla oye de nuevo la voz del Señor. Se renueva el diálogo con Pedro traído de nuevo en el Evangelio de esta celebración: «Simón de Juan, ¿me amas? ¡Apacienta mis ovejas!». A la pregunta del Señor: Karol, ¿me amas?, el arzobispo de Cracovia respondió desde lo profundo de su corazón: «Señor, tú lo sabes todo: Tú sabes que te amo». El amor de Cristo fue la fuerza dominante en nuestro amado Santo Padre; quien lo ha visto rezar, quien lo ha oído predicar, lo sabe. Y así, gracias a este profundo enraizamiento en Cristo, ha podido llevar un peso que va más allá de las fuerzas puramente humanas: Ser el pastor del rebaño de Cristo, de su Iglesia universal. No es este el momento de hablar de los argumentos individuales de este Pontificado tan rico. Me gustaría solo leer dos pasajes de la liturgia de hoy, en los que aparecen elementos centrales de su anuncio. En la primera lectura nos dice San Pedro —y dice el Papa con San Pedro—: «En verdad me doy cuenta de que Dios no tiene preferencias entre las personas, sino que quien lo teme y practica la justicia, a cualquier pueblo que pertenezca, es aceptado por él» [...].

Y, en la segunda lectura, San Pablo —y con San Pablo nuestro Papa difunto— nos exhorta en voz alta: «Hermanos míos tan queridos y tan deseados, mi joya y mi corona, permaneced sólidos en el Señor así como habéis aprendido» [...].

En el primer periodo de su Pontificado, el Santo Padre, todavía joven y lleno de fuerzas, bajo la guía de Cristo iba hasta los confines del mundo. Pero luego cada vez más entró en la comunión del sufrimiento de Cristo, cada vez más comprendió la verdad de las palabras: «Otro te sostendrá...». Y precisamente en esta comunión con el Señor doliente anunció, incansablemente y con renovada intensidad, el Evangelio, el misterio del amor que va hasta el final.

Él interpretó para nosotros el misterio pascual como misterio de la divina misericordia. Escribe en su último libro: El límite impuesto al mal es, «en definitiva, la divina misericordia» (*Memoria e Identidad*). Y reflexionando sobre el atentado dice: «Cristo, sufriendo por todos nosotros, ha conferido un nuevo sentido al sufrimiento, lo ha introducido en una nueva dimensión, en un nuevo orden: el del amor... Es el sufrimiento que quema y consume el mal con la llama del amor y extrae también del pecado un multiforme florecer del bien». Animado por esta visión, el Papa ha sufrido y amado en comunión con Cristo, y por eso el mensaje de su sufrimiento y de su silencio ha sido tan elocuente y profundo.

Divina Misericordia: El Santo Padre ha encontrado el reflejo más puro de la misericordia de Dios en la Madre de Dios. Él, que perdió su madre a tierna edad, ha amado mucho más a la Madre divina. Oyó las palabras del Señor crucificado como dichas a él personalmente: «¡Aquí está tu madre!». E hizo como el discípulo predilecto: las acogió en lo íntimo de su ser: *Totus Tuus*. Y de la madre aprendió a parecerse a Cristo.

Para todos nosotros es inolvidable cómo en este último domingo de Pascua de su vida, el Santo Padre, marcado por el sufrimiento, se asomó una vez más a la ventana del Palacio Apostólico y una última vez dio la bendición *Urbi et Orbi*.

Podemos estar seguros de que nuestro amado Papa está ahora en la ventana de la casa del Padre, nos ve y nos bendice. Sí, bendícenos, Santo Padre. Nosotros confiamos tu alma querida a la Madre de Dios, tu Madre, que te ha guiado cada día y te guiará ahora a la gloria eterna de Su Hijo, Jesucristo nuestro Señor. Amén.

Bibliografía

ALLEN, JOHN L.: *Cardinal Ratzinger. The Vatican's Enforcer of the Faith,* Continuum Publishing, Nueva York, 2000.

BAUER, Hedí: *Espías, Enciclopedia del Espionaje,* 8 vols., Idées & Editions, París, 1971.

BERNSTEIN, Carl, y POLITI, Marco: *His Holiness,* Bantam Doubleday, Nueva York, 1996.

CAHILL, Thomas: *Pope John XXIII,* Viking Penguin, Nueva York, 2002.

CORNWELL, John: *El Papa de Hitler, la verdadera historia de Pío XII,* Planeta, Barcelona, 2002.

DAIM, Wilfried: *The Vatican and Eastern Europe,* Ungar, Londres, 1989.

DISCÍPULOS DE LA VERDAD: *Bugie di sangue in Vaticano,* Kaos Edizioni, Milán, 1999.

FRATTINI, Eric: *Mafia S.A., 100 Años de Cosa Nostra,* Espasa Calpe, Madrid, 2002.

HURLEY, Mark J.: *Vatican Star, Star of David: The Untold Story of Jewish,* Sheed and Ward, Londres, 1998.

JONAH GOLDHAGEN, Daniel: *La Iglésia Católica y el Holocausto, una deuda pendiente,* Taurus, Madrid, 2002.

JUAN PABLO II, *Memoria e identidad,* La Esfera de los libros, Madrid, 2005.

KERTZER, David I.: *Los papas contra los judíos, la postura antisemita del Vaticano,* Plaza & Janés, Barcelona, 2002.

KOVALIOV, Eduard: *Atentado en la plaza de San Pedro*, Editorial Novosti, Moscú, 1985.

LO BELLO, Nino: *Vaticanerías. Anécdotas y curiosidades de los papas*, Martínez Roca, Barcelona, 2000.

MACCA, José: *Wojtyla, de la A a la Z*, Planeta, Barcelona, 1998.

MESTAYER DE ECHAGÜE, María: *Enciclopedia Culinaria. La Cocina Completa*, Espasa Calpe, Madrid, 1997.

OTMAR VON ARETIN, Karl: *El papado y el mundo moderno*, Ediciones Guadarrama, Madrid, 1964.

PALMOWSKI, Jan: *A Dictionary of Twentieth-Century World History*, Oxford University Press, Oxford, 1998.

PAREDES, Javier; BARRIO, Maximiliano; RAMOS-LISSÓN, Domingo; SUÁREZ, Luis: *Diccionario de los Papas y Concilios*, Ariel, Barcelona, 1998.

PASSELECQ, Georges; SUCHECKY, Bernard: *Un silencio de la Iglesia frente al fascismo. La encíclica de Pío XI que Pío XII no publicó*, PPC Editorial, Madrid, 1995.

PICHON, Jean-Charles: *Histoire Universelle des Sectes et des Societes Secretes*, Robert Laffont Editions, París, 1969.

— *The Vatican and Its Role in World Affairs*, Greenwood Publishing Group, Londres, 1969.

POLLARD, John: *Vatican & Italian Fascism*, Cambridge University Press, Cambridge, 1985.

RATZINGER, Joseph: *Milestones, Memoirs: 1927-1977*, Ignatius Press, San Fancisco, 1998.

RICCARDI, Andrea: *Il Secolo del Martirio*, Arnaldo Mondadori Spa, Milán, 2000.

VAN DEE, Eugene H.: *Sleeping Dogs and Popsicles: The Vatican Versus the KGB*, Rowman & Littlefield, Nueva York, 1996.

YALLOP, David A.: *In God's Name. An Investigation into the murder of Pope John Paul I*, Bantam Book, Nueva York, 1984.

VV. AA.: *Ciudad del Vaticano*, Editorial Atesina, Trento, 1971.

VV. AA.: *El Cine. Enciclopedia del 7º Arte*, 8 volúmenes, Buru Lan, San Sebastián, 1973.